新版 警察官の職務執行

金子仁洋著

東京法令出版

新版　まえがき

今度、この本は、東京法令出版から出ることになった。

この本が、初めて世に出たのは、一九八一（昭和五六）年、日本の絶頂期もそろそろ終わりか、と言われ出した頃であった。そうなれば、世の風も冷たくなり、警察の職務執行への風当たりも強くなる。

今二一世紀も八年経って、ここ一〇年余り、統治の仕組みを変えようとする努力が継続されているが、世情はおさまらない。警察官の職務執行は、ますますその比重を増してきていると言わなければならない。

こんなときに、東京法令出版から出るこの本が、少しでもお役に立てれば、著者にとって、こんなうれしいことはない。

二〇〇九（平成二一）年一月

元警察大学校長、桐蔭横浜大学・大学院教授　　金子　仁洋　識

まえがき

一

公務を遂行する者が、多くの注釈書に示された通説的見解に反することは、過失を意味する。これは、公務員の違法行為の責任を論じたドイツの判例の一節である。

公務員がその職務を遂行するに当たって、関係法規を知らなかったとか、必要な知識経験を欠いていたとかいうことは、一片の弁解にもならない。

二

警察官が、その職務執行に際して、その法的根拠と、それに対する通説や判例の見解を知らないということは、その警察官の致命傷を意味する。

警察官の職務執行は、国の権力行使を代表している。故に、警察官の職務執行の現実を見れば、その国の社会の在り方や、文化の程度を知ることができる、とある外国の警察官は言った。好きにつけ、悪しきにつけ、日本警察は、日本国の顔であり、民衆と日常を共にする第一線の警察官は、日本警察の顔である。

そして、日本国は、代表的な、民主的法治国家の途を歩んでいる。警察官の職務執行は法規に照らして公明正大なものでなければならない。

三

警察官が職務執行の法的根拠を知る、ということは、大工がノミを持ち、左官がコテを持つことに等しい。それは商売道具を持っているということである。

著者は、先に、この観点から、警察実務の道具の一つとして「警察官の刑事手続」を著し、今、また、その姉妹篇として、「警察官の職務執行」を世に送り得ることを望外の幸せと感じている。

四

この書物は、警察官職務執行法を中心として、警察官の職務執行の基本的な部分の解説を試みた。

周知のように、警察官の職務執行の種々相は複雑多岐であり、理論的整一性を追求するにふさわしくない。そこで研究の視角は、いきおいケースを中心とするものとならざるを得ない。

五

著者は、この書物において、判例の中から、第一線警察官の職務執行上の迷いを解き、自信を深めるに足る問題を選択し、それによって結論を示す方法を採用した。

これが民衆と共にある警察官の伴侶として、適正な職務執行の一助ともなれば、著者の幸いこれに過ぎるものはない。

一九七七年一〇月

著者　識

引用判例の見方

引用されている判例は次のように略して書かれている。（　）内は正式名である。

一　最高裁判所関係

最判昭和二九年一二月二七日集八・一三・二四三五（最高裁判所判決昭和二九年一二月二七日最高裁判所刑事判例集八巻一三号二四三五頁）

最決昭和五一年三月一六日判時八〇九・二九（最高裁判所決定昭和五一年三月一六日判例時報八〇九号二九頁）

二　高等裁判所関係

東京高判昭和四一年八月二六日集一九・六・六三一（東京高等裁判所判決高等裁判所刑事判例集一九巻六号六三一頁）

以下右により判決裁判所については次の略号を用いてある。

大阪高決（大阪高等裁判所決定）

札幌高函館支判（札幌高等裁判所函館支部判決）

出典については次の略号を用いてある。

裁特（高等裁判所刑事裁判特報）

判特（高等裁判所刑事判決特報）

東高刑時報（東京高等裁判所刑事判決時報）

高検速報（高等検察庁判決速報）

下刑集（下級裁判所刑事裁判例集）

刑裁月報（刑事裁判月報）

刑資（刑事裁判資料《労働関係事件判決集》）

三　地方裁判所関係

大阪地判昭和三二年一月一四日一審刑集一・一・七（大阪地方裁判所判決昭和三二年一月一四日第一審刑事裁判例集一巻一号七頁）
新潟地高田支判（新潟地方裁判所高田支部判決）
岡山地決（岡山地方裁判所決定）
下民集（下級裁判所民事判例集）

四　その他

判時七一〇・七二（判例時報七一〇号七二頁）
判タ三〇六・三〇〇（判例タイムス三〇六号三〇〇頁）

目次

第一章　警察の責務

第一節　警察のあり方

一　民主国家の警察官

一　第一線の警察官が警察を代表する
二　警察官と国民との伝統《でんとう》の関係
三　敗戦《はいせん》による破壊と独立後の再生

一　警察の中にいると、警察本部あり、警察庁あり、ということで、本体はそんなところにあり、第一線は末端《まったん》だ、と考えられがちだが、主権者国民は、別の見方をしている。

「警察」と聞いて、真《ま》っ先《さき》に思い出すのは、交通取締《とりし》まりをする警察官であり、犯罪と戦う刑事の姿であり、また、サリンなどのテロから、国民を護《まも》ってくれる警察官である。そして、その拠点は、まず、警察署であり、交番である。

中でも、交番を拠点に、国民生活の安全と安心を日常的に支《ささ》えてくれるお巡《まわ》りさんの存在は、警察そのものと言ってよい。

我が国の警察は、一時、世界一の治安をたもっていると賞賛《しょうさん》されたことがある。それは、警察と国民との連帯《れんたい》がうまくいっていたからである。駐在所《ちゅうざいしょ》のお巡りさんが、管轄地域《かんかつちいき》の住民の家畜《かちく》のお産まで情報を得《え》ていた、などという国民との連帯の中から、世界一治安の好《よ》い国日本の神話がつくられていったのである。世界一の検挙率《けんきょりつ》を誇《ほこ》っていた頃の刑事は、聞き込みに歩くとき、必ず最寄《もよ》りの交番に寄り、受け持ちのお巡りさんの日頃のつきあいと紹介《しょうかい》を活用してきた。それが日本警察の総力を高度なものにしていたのである。だから、その交番が空《から》っぽだ、ということは、この町は、警察から見放《みはな》されている、という感じになるのだ。

民主国家の主権者国民は、誰に教えられるともなく、そう言う見方を当然《とうぜん》としている。

そして、この傾向は、あの警察不祥事《ふしょうじ》の続いた頃でも消えていなかったのである。

二〇〇〇年三月、朝日新聞は、国民がなお警察を信頼しているかを調査し、二六日の朝刊に発表した。そこでは、国民の六〇パーセントが、警察不信を抱《いだ》くという深刻な警察不信の結果が表示されたが、国民に身近な「お巡《まわ》りさん」に対する信頼度は七〇パーセントを割らなかったのである。だから、第一線の警察官の働きをみて、その上でなされる多くの批判は、国民の期待と裏返《うらがえ》しになっていることを知らねばならない。警察官に、耳ざわりな批判ほど、そのウラには、切実な期待が込められているのである。

二　こういう見方は、別に、最近《さいきん》のことではない。実は、古い伝統《でんとう》を背景《はいけい》にしている。日本の警察には、もと、二つの系統《けいとう》がある、とされている。警視庁史は言う。「我が国ノ警察ニハ二個《にこ》ノ系統アリ一《ひとつ》ハ人民保護ノ系統ニシテ一ハ政権確立ノ系統ナリ」（警視庁史）。近代警察を創始《そうし》した明治の大警視《だいけいし》（今日の警視総監）川路利良《かわじとしよし》は、その二つの系統の創始者であった。

川路利良は維新前夜の一八三三年に鹿児島藩士として生まれた。一八七二（明治五）年九月から約一年間欧州を旅し、各国の警察制度を研究した。一八七三（明治六）年に帰国すると直《ただ》ちに、「建議」を起草《きそう》し、[1]翌年の明治七年には、大警視となって警視庁をはじめ近代日本警察の創設《そうせつ》のために働いた。

その頃の日本は、一九世紀の半《なか》ば頃から始まった国家の近代化作業で急がしかった。当時の指導者たちがもっとも苦心したのは、植民地獲得競争時代に入っていた欧米列強の侵略から、どうしてわが民族の独立と生存を維持するか、ということであった。

あの頃の欧米諸国は、弱小民族の土地を収奪《しゅうだつ》し、その人民を奴隷《どれい》にするのが常識であり、ためにまずアフリカ、そして、日本を除くアジアの分割占領、植民地化を進め、日本の近海をもうかがいつつあった。圧倒的な軍事力を背景《はいけい》とするこれらの諸国に対抗するには、二六一の小国に分立する幕藩体制《ばくはんたいせい》を改め、強力な中央政府をつくり、国民の総力を挙《あ》げて日本の近代化を押し進めなければならなかった。一八七〇年代の政府は、こうして、外に、平和の維持に努《つと》め、内に、旧勢力を中心とする反革命、反体制勢力の弾圧《だんあつ》による治安の確保を図《はか》り、乏《とぼ》しい富、乏しいエネルギー、人材の総力を挙げて西洋文物の輸入定着に努力したのである。

この時期の警察は、「政権確立ノ系統《けいとう》」すなわち、「国事警察」が中心であった。この頃、先人《せんじん》は、内乱・反革命に対処しつつ、主として、ドイツ・フランスの制度の移植《いしょく》に努めた。その先頭に立っていたのが、川路利良であった。

しかし、川路には、欧州巡遊《じゅんゆう》中に勉強した近代警察のもう一つの面が、気にかかっていた。それは、幼少の頃から身につけていた武士道の「仁」にも通ずるものであった。それが、警察における「人民保護ノ系統」であり、その頃の川路の言動を集録した「警察手眼」(2)には、こういうくだりがある。

警察官は、「仁慈《じんじ》」いつくしみをもって、人民と「憂《うれ》いを共《とも》にする」のでなければならない、と。(3)

その成果であろう。明治の文豪泉鏡花の書いた「夜行巡査」は、我が身をかえりみず、真冬の堀《ほり》に落ちた人民を助けようとする謹厳《きんげん》な巡査を主人公にしている。

これこそ、民事不介入《ふかいにゅう》の原則がある。警察は、外《ほか》に忙《いそが》しいなどと言って、国民の切《せつ》なる訴《うった》えをおろそかにすると非難《ひなん》された現代の警察官にも通ずる教訓ではないか。

川路には、さらに、こういう言葉もある。

警察官は人民のためには、つき添《そ》いであり、もり役である。だから、警察官に対して、人民の側からいかなる無理非道《むりひどう》のふるまいがあっても、道理《どうり》をもって懇切《こんせつ》を尽《つ》くし、その事には忍耐《にんたい》勉強をしなければならない。非《ひ》を治めるには理《ことわり》をもってすること、たとえば酒を温《あたた》めるには、酒よりは温かい湯をもってしなければならない。警察官は、尊敬される言動によって相手を感化するので、警察官の心はすべて仁愛補助《じんあいほじょ》の外に出てはならない。そうすることによって警察権の発動もまたすべて仁慈、いつくしみの外に出ることがないはずである。(4)

川路利良にとって、開化の行き届《とど》かない一般の民はいまだ一人歩きのできない幼者のようなものであった。しかし、その幼者に対して、ただ権威《けんい》をもって臨《のぞ》むだけでなく、憂いを共にすることを説《と》いた点に、仁を基本とする武士道もさることながら、それに共鳴《きょうめい》した欧州人権主義の影響の深さをも知るのである。

当然《とうぜん》、警察は予防をもって本質とすることになる。すなわち、人民が過《あやま》ちを犯《おか》さないようにすること。罪に陥《おちい》らないようにすること。また損害を受けないようにすることである。(5) これは、まっすぐ、今日の警察の責務に連結《れんけつ》している。その上の日本国憲法である。川路の説《と》いた人民は、成長して「主権者国民」になっている。二一世紀の警察は、この「人民保護ノ系統《けいとう》」をますます鄭《てい》重《ちょう》に進めなければならないのである。

また、大正期、デモクラシーの進展《しんてん》を背景《はいけい》に、その身を警察教育にささげた松井茂《まついしげる》博士(6)は、警察の根本義《こんぽんぎ》を説いて、警察官はその性質上国民に対して個人的接触《せっしょく》をなすものであるから、警察事務はこれら一人一人の警察官の活動を主とすべきものである、とした。

すなわち、警察事務の質の善悪は、その警察全体を構成するひとりひとりの警察官の注意力や勇気や常識等のいかんによって定まる。警察の組織や機関の働きを完全にすることはそれほど難しいことではないが、各警察官の頭脳《ずのう》を聡明《そうめい》にし、警察知識を完備させ、ことに、その公共的精神を養《やしな》うには、組織や設備の問題とは異《こと》なり、実に警察官の教養や訓練がよく行き届《とど》くかどうかにかかっている、としたのである。(7)

松井博士は、この信念から、愛知県知事の要職《ようしょく》をなげうち、それよりも等級の低い警察講習所長をみずから希望して、警察官教育の再建に余生《よせい》を賭《か》けたのである。今、警察幹部を養成する警察大学校は、その後進にあたる。

大正時代は、こういう雰囲気《ふんいき》の中にあった。内務省の先進的な官僚たちは、当然《とうぜん》、この風になじんだ。この頃、内務省警保局事務官として、全警察の指導にあたっていた桑原幹根《くわばらみきね》（戦後第一回の民選愛知県知事）は、警察を「国民警察」と規定して地域住民との関係を深めることを唱導《しょうどう》した。(8)

このようにして、川路の願った「人民保護ノ系統《けいとう》」は、あの昭和期の苛烈《かれつ》な軍事独裁の中でも、地をはうようにして国民の間に浸透《しんとう》させる、その力を失わなかった。また、その第一線を受け持った交番のお巡《まわ》りさんは、多くの文学者に親しく取り上げられるほどになった。(9)

敗戦《はいせん》後、戦時警察から、民主警察に生まれ変わるとき、いちはやく転換《てんかん》ができたのは、「ローマは一日にしてならず」のたとえ、こうした先人《せんじん》の努力の跡《あと》と伝統《でんとう》が、その背後に枯《か》れずにあったからである。

警察と地域住民との間柄《あいだがら》が良好ならば、地域住民は、あらゆる問題を、取りあえず警察に投げかけてくる。そのなかに、放置できない捜査情報の数々《かずかず》が、ふくまれている。警察は、住民の生活が平和に営《いとな》まれるのを見まもりつつ、その職務を高度なものにすることができる。警察官は、法の番人《ばんにん》であると同時に、「平和の番人」でもある。(10)

そうした警察官の献身《けんしん》する姿を見るとき、これに、感動し、感謝する国民の輪が、自然にできてくる。それは、万国共通の現象である。

世界でもっとも早い時期に、国民の支持に基盤《きばん》を置く警察を創《つく》ったのは、イギリスであった。そのイギリスでは、国民が警察官の働きに共感し、それこそ、命がけで、応援する事例が今でも後を絶たないという。イギリスの国民は、犯罪の中でも、警察官を傷つけ殺害《さつがい》する行為をもっとも憎《にく》む。その事例は、いっぱいある。(11)かえりみて、我が国の現状は、どうだろう。

その我が国も、昔から、駐在所《ちゅうざいしょ》の警察官は、「駐在《ちゅうざい》の旦那《だんな》」と言われて、その働きは村の大事な存在とされてきたのだ。もともと、その制度のはじめは、村の総意《そうい》によっていた、ということを、知らねばならない。

明治の初め頃のことである。各藩の国境が取り払《はら》われて、国民は、自由に往来《おうらい》できるようになった。とたんに、平和だった村が、よそ者に荒らされ、治安が悪くなった。村人は、額《ひたい》を寄せ集めて相談した。

「警察官を、村においてもらう」

「そうだ、それしかない」

「さっそく、陳情《ちんじょう》しよう」

「警察官にかかる費用は、どうする」

「みんなで出すしかないだろう」

こうして、村のもてる者は、もてる者らしく、もたない者は、大根《だいこん》一本でも、出し合って警察官をおいてもらう決心をする。

今でこそ、村や町は、国や県に頼《たよ》り切《き》っているが、ひと頃前までの村や町は、みんなで力を出し合って支えるのが、日常になっていた。

そこで、一八七五（明治八）年の地方官会議である。「万機公論ニ決ス」る勅諭《ちょくゆ》(12)を奉《ほう》ずる明治政府は、地方人心にも注意を払《はら》っていた。この会議の当初の計画は有力藩《ゆうりょくはん》の藩主《はんしゅ》による列侯《れっこう》会議だったが、廃藩置県《はいはんちけん》が成功したので、地方官会議に変わった。

この会議のメインの議題に「警察の事」がのせられ、近頃村々に警察官駐在《ちゅうざい》の陳情《ちんじょう》これあるにつき、いかが取《と》り扱《あつか》うべきや、が議論された。結果は、住民に全額出させるのはいかがなものか。さりとて、国庫《こっこ》にその余裕《よゆう》なし。そこで、三分の二を国庫が支弁《しべん》する。そして、住民の要望に応える、ということにきまった。(13) 駐在所《ちゅうざいしょ》の淵源《えんげん》はまさに、民設《みんせつ》警察であったのである。

こうした成果は、あの第二次世界大戦のさなか、日本占領の準備を進めていたアメリカ当局にも認識されていた。

日本警察を分断する政策の基本文書とされ、占領係官のバイブルとされた「日本の警察制度の運用（民政ガイド）三一―九」(14)を見ても、日本の第一線のお巡《まわ》りさんたちが、日本人の伝統的《でんとう》遵法《じゅんぽう》精神とあいまって、かなり高い尊敬の念《ねん》を集めているという認識を示していることに驚《おどろ》くのである。

三　しかし、敗戦《はいせん》後、一時その伝統《でんとう》の連帯も壊《こわ》そうとされた。そういう警察も敗戦後、左翼《さよく》の方から、弾圧《だんあつ》警察としての非難《ひなん》を浴《あ》びせられ、占領軍は、警察を一六〇五の自治体警察に分割するようなこともあったが、(15)独立回復後、現行制度に改められた。

その頃、攻撃のターゲットにされたのは、日本警察の中でも、「政権確立ノ系統《けいとう》」すなわち「国《こく》事《じ》警察」の流れをくむ特別高等警察（特高）(16)であった。たしかに、この特高は、大正末期の一九二五年、普通選挙法と抱き合わせで作られた治安維持法を武器に、社会主義運動を中心とする弾圧を繰り返した。国事警察は、明治のはじめ、内乱、反革命の鎮圧《ちんあつ》を受け持ち、危《あや》うきにあった初期の明治政府の土台《どだい》を確立する功績はあったのであるが、ロシア革命後は、共産革命に焦点《しょうてん》を定《さだ》め、このために、後世、人民抑圧《よくあつ》の暴力装置《そうち》とまで、ののしられることになったのである。占領軍は、この特別高等警察を解体した。

　しかし、攻撃は、そのうち警察全体に及ぶことになった。「人民保護ノ系統《けいとう》」すなわち、「国民警察」の流れも、その例外にはなり得《え》なかった。スターリンと、その手先《てさき》は、日本をソ連の衛星国《えいせいこく》にするため、むしろ、国民警察の伝統《でんとう》をも破壊し、警察を、人民の敵、人民弾圧《だんあつ》の暴力装置《そうち》であるとして、主権者国民との間を裂《さ》き、共産革命のできやすい国情にしようとした。

　しかし、警察と暴力革命破壊勢力及びその同伴者の死闘《しとう》をみて、ソ連の衛星国になるよりは、自由社会の一員足らんとする一部の国民は、立ち上がった。慶応義塾《けいおうぎじゅく》の塾長を勤《つと》めた小泉信三博士は、「警察の味方をすることは、今日、それを攻撃するよりむずかしい。少なくとも今の日本では、より多くの勇気を要する。だが、そのむずかしいことをすることが、今最《もっと》も必要なのではないか」として憂国《ゆうこく》の一文を起草《きそう》し、新聞社に持ち込んだが、一世《いっせい》を覆《おお》う警察攻撃の大合唱に恐れをなしたか、各社はその掲載《けいさい》を渋《しぶ》った。その時、戦前共産党の闘士《とうし》でならし、戦後は、サンケイ新聞社長をしていた財界人水野成夫が趣旨に賛同《さんどう》し、産経新聞への掲載に尽力《じんりょく》した。こうして日の目をみた小泉博士の勇気ある一文は、たちまち天下に鳴り響いた。いつのまにか、だれというともなく識者《しきしゃ》、文化人を中心とする「警察官友の会」(17)が発足《ほっそく》し、たちまちこの組織は、全国を覆うことになった。伝統の民警関係が息を吹き返したのだ。

ＤＮＡは、生きていた。われわれは、みな、ＤＮＡ（遺伝子《いでんし》）の連続《れんぞく》の上にいる。意識《いしき》で過去を否定してみたところで、ＤＮＡの連続は消えはしない。いつかは、どこかで、無意識のうちに顔を出してくる。だから、敗戦《はいせん》直後のように、過去や歴史を全面否定する、それも流行になるのは、一種の敗戦後遺症にしか過ぎない。その敗戦後遺症とでも言うべき現象として、暴力革命運動や、警察を人民の敵のようにして、民警の伝統的《でんとうてき》な連携《れんけい》を壊《こわ》そうとする動きも見られたが、ソ連邦の崩壊《ほうかい》とともに、もう終わったと言っていい。それどころか、ますます交番を拠点とする警察官の働きに期待をしている。警察官は、よい伝統を、むしろいつでも思い出し、さらに、好《よ》い実績《じっせき》をその上に積み重ねて、かつては、世界のお手本だった先人《せんじん》の実績を継承《けいしょう》発展させることを忘れてはならない。それこそが、進化である。

二　民主国家の警察管理

一　二〇世紀の総括《そうかつ》　二　主権者国民が管理する警察

一　かかる伝統《でんとう》の警察にも危機が訪《おとず》れた。

二〇世紀も終わろうとしていた頃、まるで、世紀末の堰《せき》が切って落されたかのように警察に不祥事《ふしょうじ》が相次《あいつ》いだ。末端《まったん》の警察官から、警視監の最高位の者までが、世論の指弾《しだん》を浴《あ》びた。現場では、住民の泣訴《きゅうそ》や、他機関の通報を放置するなどの怠慢《たいまん》が嘆《なげ》かれた。上層ではあるまじき身内《みうち》の事件のもみ消しをして警察の公正と信頼を泥土《でいど》に踏《ふ》みにじったと攻撃された。さてこそ当局は、民間有名人をメンバーとする警察刷新会議《けいさつさっしんかいぎ》を起こし、(18)警察法の改正に及ぶ大改革を実行することになった。

人も物も組織も年月の退化《たいか》に弱い。何もしなければ、組織にガタがくる。だから、定期的に点検《てんけん》と修復《しゅうふく》の措置《そち》を怠《おこた》ることはできない。二〇世紀の最後の年、二〇〇〇（平成一二）年は、ちょうど、その節目《ふしめ》に当たっていたのであろう。

マスコミや識者《しきしゃ》からは、警察を監視する第三者機関がいる、と攻め立てられた。しかし、警察には、すでにそういう機関はおかれていたのである。それが、敗戦《はいせん》後占領軍が持ち込んだ「公安委員会」である。

敗戦は日本に前例のない混乱と無秩序をもたらした。

日本警察は一六〇五の弱小自治体警察に分立させられたことは、すでに述べた。民主化はいいが、これでは、弱体化して、治安がたもたれない。

そこで、占領軍が帰り、独立を回復する目安《めやす》がついた頃の一九五一（昭和二六）年、自治体警察の存続を住民投票に委《ゆだ》ねることとした。そのとき、四分の三の自治体は廃止《はいし》に傾《かたむ》き、結局四〇二の自治体警察が残った。(19)

それを、四六（後、沖縄が加わって現在は四七である。）の都道府県警察にまとめたのは、一九五四（昭和二九）年であるが、その警察法改正の時、警察の管理は、民主的な第三者機関によらなければならないとされ、公安委員会が残されたのである。

公安委員会は、任命前五年間に、警察又は検察の職務を行う職業的公務員の前歴のない者、すなわち「第三者」でなければ、委員にはなれない（警察法第七条・第三九条《以下単に条文のみを記す》）。また、委員は、政党の役員になったり、選挙運動等の政治活動も禁止される（第一〇条・第四二条）。公平中正な警察を管理するための機関として創《つく》られたのである。

だのに、なぜ、平成になってから、再び第三者機関がいるなどと言われるようになったのか。そこに、日本の民主主義の問題がある。

民主国家の機関は、いうまでもなく主権者国民の意識《いしき》的な関与《かんよ》を必要とし、警察がよく機能していたから、お上《かみ》のすることは、間違《まちが》いないから、などという甘えや、依存体質の国民の中ではよく機能しないのである。ところが、人々は、空気や水のように、公安委員会それ自体の存在を忘れていたのである。それは、投票所で閑古鳥《かんこどり》がなくのと同根《どうこん》の現象と見られる。

公安委員会は、主権者国民を代表して警察を管理する。それだけに、地域住民の風が、吹いていない限り、浮揚《ふよう》することは難しい。

都道府県の公安委員には、そうそうたる人物が、知事により、都道府県議会（指定都市を含む都道府県では指定都市の市議会も参加して）の同意を得《え》て任命されている（第三九条）。しかし、地域住民とそれを代表する議会の関与が、希薄《きはく》になれば、その働きも鈍《にぶ》くなる。なんとなく、お上にまかせるというのが、日本の風土《ふうど》である。公安委員会が、その本来の働きを鈍らせていたことも又、事実と言わなければならない。そこで、警察刷新会議《けいさつさっしんかいぎ》では、公安委員会の機能を活性化《かっせいか》する方策《ほうさく》が、提案され、警察法改正のかたちをとって、国会で審議《しんぎ》されたのである。

二　知事は、主権者国民から直接選ばれた住民代表として、公安委員会に対して、人事と予算と条例の提案という側面から影響力を行使するが、直接、警察や公安委員会を指揮監督《しきかんとく》することはない（第三八条）。国家公安委員会と総理大臣との関係も同様である（第七条）。この関係を法律用語では、「所轄《しょかつ》」という（第四条・第三八条）。都道府県公安委員会は、知事の所轄の下におかれるから、知事に多くを期待することはできない。

そして、都道府県警察の警察活動に関し、具体的な事件や事故の処理は、警察本部長を最高指揮官として遂行される（警視総監は、戦前からの呼称を用いているが、東京都を管轄する警察本部長のことをいう)。

公安委員会は、その警察を「管理する」のであるが、この「管理」の手段方法は、あらかじめその大綱《たいこう》方針を定《さだ》め、それにのっとって事前事後の監督を実施する、というものであり、事案に即《そく》して時々に監督することは、警察本部長に任《まか》されている。(20)

しかし、そこには、住民代表として、警察活動を地域住民の安心と安全に結びつけていく配慮《はいりょ》が、その要請されていたことは、当然《とうぜん》である。だから住民の泣訴《きゅうそ》を見過ごすようなことでもあれば、その行為の非《ひ》なることを指摘《してき》し、是正《ぜせい》を指示するのが、公安委員会の重大な役割であり、また有効に動くこともできたはずであるが、しかし、従来、ややもすると、この辺の活動にあいまいなところがあったとされた。二〇〇〇(平成一二)年の警察法改正(平成一六年法八四号で条文繰り下げ)では、その辺を明文でしめすことになった。

まず、苦情処理の点については、「第七九条」が、おかれる。

警察職員の職務執行に苦情のある者は、国家公安委員会規則で定《さだ》める文書で都道府県公安委員会にその苦情を申し出る。都道府県公安委員会は、第三者として、これを誠実に処理し、かつ、申し出た者にその処理の結果を通知することになった。

また、監察権能《かんさつけんのう》については、「第四三条の二（国の段階では第一二条の二）」がおかれた。

都道府県公安委員会は、都道府県警察の事務又は職員の非違《ひい》に関する監察について、必要があるときは、大綱《たいこう》方針ではなく、「具体的又は個別的な事項にわたる」指示が、できることとされた。また、必要を認めれば、委員の中から指名して、その者に、指示にかかる履行《りこう》の状況を点検《てんけん》させたり、管理下の警察職員は、もとより、警察庁からの係官にも、その点検の補助をさせたりすることもできるようになった。警察本部長は、職員を指揮《しき》して、公安委員会の指示を誠実に処理し、その結果を公安委員会に報告することになる。

さらに、第一線機関としての警察署のためには、「第五三条の二」がおかれた。

各警察署には、「警察署協議会《きょうぎかい》」という、署長の諮問機関《しもんきかん》がおかれ、管内の警察事務の遂行《すいこう》に関して意見を述べることができるようになった。警察署協議会《きょうぎかい》の委員は、都道府県公安委員会が、委嘱《いしょく》する。その資格は、非常勤の特別職地方公務員であるとされる。

以上が、職務執行に関係の深い都道府県警察の問題であるが、国家的ないし全国的な観点を必要とするような事案については、一定の範囲《はんい》で国の関与《かんよ》が、いることになる。国には、そうした任務を遂行《すいこう》する機関として、総理大臣の所轄《しょかつ》の下に国家公安委員会がおかれ、さらに、その下には、警察庁がおかれている（第四条・第一五条）。そして、都道府県警察を指揮《しき》する警視総監、警察本部長、及び警視正以上の階級にある警察官は、この国家公安委員会が、任命する（第四九条・第五〇条・第五五条）。それでは、国家警察色が濃《こ》くなり過ぎないか、という心配に対しては、その任命のとき、都道府県公安委員会の同意がなければならないとしておくのである。

こうして、国と自治体警察としての都道府県警察の間に橋がかかるが、都道府県公安委員会こそは、都道府県警察の管理者として、国のその人事に拒否権を発動することもできるのである（第四九条・第五〇条）。

都道府県公安委員会の委員長は委員の互選《ごせん》だが（第四三条）、国家公安委員長には国務大臣が充《あ》てられ、内閣は、この大臣を通して治安責任を明らかにする（第六条）。しかし、内閣総理大臣と国務大臣は、知事の都道府県公安委員会におけると同様、国家公安委員会や、警察組織を指揮監督《かんとく》することはできないとされている。こうして、警察の政治的中立は確保されることになる。ただし、例外がある。緊急事態《きんきゅうじたい》である。

大規模な災害又は騒乱《そうらん》その他緊急の事態に際して、治安維持のため特に必要があると認めるとき、内閣総理大臣が、一時的に警察を統制《とうせい》することがある（第七一条）。ふだんは都道府県公安委員会の管理の下、地域的な判断が優先されているのに対し、非常の時になると、全国的な見地《けんち》から、全警察力が挙《あ》げて内閣総理大臣の指揮《しき》の下に動き出すことになる。この措置《そち》は、「緊急事態の布告《ふこく》」をもって始まるが、その際は、都道府県公安委員会も一時的に管理権限を失うのである。

しかし、民主国家の警察法は、この非常の措置を利用して、民主体制を、独裁体制に変えられる危険を考慮《こうりょ》した規定を置いている。

その第一は、「特に必要あるとき」の判断は、内閣総理大臣がするのであるが、「国家公安委員会の勧告《かんこく》」が必要とされている。また、国家公安委員会には、内閣総理大臣に対し、「必要な助言」を与える義務が、発生する（第七五条）。

この布告《ふこく》があると、一時的に国家公安委員会の管理権限は排除《はいじょ》されることになるので、同委員会は、前後を通じて、慎重に考慮することになると考えられている。

第二は、「その区域、事態の概要《がいよう》及び布告の効力を発する日時」が、特定される。無差別、無際《むさい》限《げん》に、この非常の権限が発動されることはない。

第三に、主権者国民の代表たる国会の監視統制《とうせい》がある。内閣総理大臣は、非常事態の布告《ふこく》を発した場合には、これを発した日から二〇日以内に国会に付議《ふぎ》してその承認を求めなければならない（第七四条）。承認がなかったら、その布告は、すみやかに廃止《はいし》されることになる。

平時《へいじ》においても、国家公安委員会と警察庁には、人事に限らず、全国的に関連のある警察業務について、都道府県警察への関与《かんよ》がある。すなわち、国の公安に係る警察運営をつかさどり、教養・通信・鑑識・犯罪統計及び装備を統轄《とうかつ》し、さらに、警察行政に関する調整を行う（第五条）。その具体的な内容は、第五条第二項に列記《れっき》されている。

（1）建議は「夫《そ》れ警察は国家平常の治療《ちりょう》なり人の兼《かね》て養生《ようじょう》に於《おけ》るが如《ごと》し是《これ》を以《もっ》て能《よ》く良民を保護し内国の気力を養ふ者なり……」に始まり、内務省の設置《せっち》。行政警察と司法警察の確立。警部・巡査の創設《そうせつ》、そのための旧武士の起用。軍警分離、国内治安は警察とすること。消防、警察官の格式《かくしき》、警察の国費支弁《しべん》、首都警察の確立、等につき、縷述《るじゅつ》している。太政官はこの建議を容《い》れ、まず、明治七年に内務省を創設、以下順次実現を図《はか》った。

（2）川路利良《かわじとしよし》述「警察手眼」明治九年。原本は植松直久の編纂《へんさん》になり、権中警視丁野遠影の緒言《しょげん》をつけて明治九年九月に刊行され、大正一三年八月再刊され、さらに、一九七三年五月、「警察手眼」復刻《ふっこく》刊行会の手によって復刻された。以下、頁数は、この一九七三年版による。

（3）同右書六～七頁

（4）川路利良はこれを次のように表現している。「一国は一家なり、政府は父母なり、人民は子なり、警察は其保《そのほ》傅《ふ》なり。我国の如《ごと》き開化未《いま》だ洽《あまね》ねからざるの民は、最《もっと》も幼者と看做《みな》さざるを得《え》ず。此幼者を生育するは保傅の看護に依らざる可《べか》らず、故《ゆえ》に警察は今日我国の急務と為さざるを得ざるの理《ことわり》あるなり」（川路利良述「警察手眼」明治九年三頁）。

（5）川路の指導になる行政警察規則（明治八年三月太政官達二九号）第一条は、「行政警察ノ趣意《しゅい》タル人民ノ凶害《きょうがい》ヲ予防シ安寧《あんねい》ヲ保全スルニアリ」と規定している。

また、川路利良述「警察手眼」一頁には「行政警察は予防を以《もっ》て本質とす、則《すなわ》ち人民をして過《あやま》ちなからしめ非《ひ》に陥《おちい》らざらしめ、損害を受けざらしめ以て公同の福利を増益するを要するなり」としている。

（6）松井茂《まついしげる》は一八九三（明治二六）年帝国大学法科大学を卒業、二年間の試補《しほ》を経て、赤坂警察署長、香川県警部長（後の警察部長）、内務事務官（警保局）と累進《るいしん》して、愛知県知事になる。この時警察刷新《さっしん》の先頭に立つ志を起こし、大県知事より官等の低い警察講習所長（警察大学校の前身）をあえて希望し、警察官教育を振興《しんこう》した。法学博士。

（7） 法学博士松井茂「警察の根本問題」六頁〜七頁には、「若《も》し夫《そ》れ警察改善の方法は、警察組織は勿論《もちろん》、設備の完成等忽諸《こっしょ》に附すべからざることの多々あるのは言ふ迄もないが、併《しか》し此等《これら》の事は畢竟《ひっきょう》警察改善の手段に属し、未だ警察其《そ》のものの根本問題に触れないのである。然《しか》れば其の所謂根本義《いわゆるこんぽんぎ》とは何であるかと言ふに警察官は、其の性質上国民に対し個人的接触《せっしょく》をなすの結果、換言《かんげん》すれば、警察の活動は、警察官庁の人々が衆合的《しゅうごうてき》に一団となりて働くことよりも寧《むし》ろ個々の警察官が各別に直接に民衆に接し、活動的に社会奉仕を行ふことが多いので、結局警察事務は此等各個の警察官の活動を主とすべきものである。然れば警察事務の質の善悪と言ふ事は、其の警察全体を形成する各警察官の注意力や勇気や常識等の如何《いかん》に依りて定まるものである。而《しか》して警察の組織や機関の働きを完全にすることは、格別困難でないとするも、之に従事する各警察官の頭脳《ずのう》を聡明《そうめい》にし、警察知識を完備せしめ、殊《こと》に公共的義勇精神を涵養《かんよう》せしめる事は、組織や設備の問題と異《ことな》り、実に警察官の教養や訓練が能《よ》く行き届《とど》き、且《か》つ其《そ》の社会的意義が十分に分明徹底することに於《おい》て、初めて警察に於《お》ける真の成効が期し得《え》られるのである。要するに警察能率の発揮上、警察教育が今日の時勢に於て愈々《いよいよ》急務なる事は何《いず》れの点より見るも一点の疑いなき次第である。」と書いた。また同右書一一頁には「警察官教育は、警察的能力を発揮せしむべく、警察官各自が自然に内面的に具有《ぐゆう》し居《い》る警察精神を誘発すべく努《つと》め、教育者に於て之《これ》に力を添《そ》へ、自然に警察官の自律心を惹起《じゃっき》せしむべく努むることを以《もっ》て、目的とするのである。」

（8） 桑原幹根《くわばらみきね》「警察風景（昭和五年刊）（二一〜二二頁）」「いわゆる警察国家時代においては、警察は単に少数支配者の自己利益の保全と増進とのために、多数民衆を圧迫するについての、この上なき手段であった。そこには国民の意思はなく、従って警察は決して国民の一つの文化ではなかったのである。……法治《ほうち》国時代に至っては、警察は明らかに単に支配者のためのみのものでなく、国民のためのものとなった。しかし『国民のため』の警察であっても、それは『国民によって』の警察ではなかった。警察が各個人の意思で、従って社会の意思であるとするならば、来《きた》らんとする社会の理想的連帯の時代における警察は、『国民のため』の警察であるばかりでなく、『国民によって』の警察でなければならぬ。文化国家の警察理想は、実にここに在って存する」

(9)　泉鏡花「夜行巡査」のほかに、井伏鱒二「多甚古村」、山本有三「嬰児殺し」、石坂洋次郎「若い人」、伊藤永之介「警察日記」等、多々ある。

(10)　ディビッド・ベイリー新田ほか訳「ニッポンの警察」一一七頁は、アメリカと日本の警察を比較《ひかく》して「一般的な相談業務は、アメリカの警察もやっていることである。数多くの研究例が繰り返し示すところでは、アメリカの警察にかかる電話のほとんどは法執行に関係しないものである。その比率は5件のうち4件にものぼるかもしれない。警察官はそのほとんどの時間を、忠告・仲裁、しかるべき筋への紹介《しょうかい》、事情聴取に費やしている。日本と違う点は、アメリカの警察組織はこの役割を果たそうと前向きに取り組んでいないことにある。警察の仕事の非執行的部分は、アメリカの警察社会で最近《さいきん》気づかれたもので、ここから警察官は『法の番人《ばんにん》』というよりはむしろ『平和の番人』であるという決まり文句が生まれてきた。」としている。

(11)　J・コートマンはその著「警察（Police © oxdord University Press 1959）の中で、「毎年イギリスでビネイ功労章（Binney medal）候補者として申請された氏名と功績の表は、一般大衆がどんな危険にも臆《おく》せず進んで警察に協力しようとしていることを――したがって附随的《ふずいてき》に、警察に対して抱《いだ》かれている敬意を――印象深く立証している。海軍大佐ビネイは一九四五年に、ロンドン市無差別爆撃の時に使用されていた自動車を止めようとしている最中に、ロンドン橋上で斃《たお》れた、そこでビネイ功労章がその友人の何名かの者によって設《もう》けられ、毎年、首都圏地区又はロンドン市において法及び秩序を守るために最《もっと》も勇敢な行為を行った民間人に与えられることになった。非常に多くの氏名が同功労章の候補として申請されたし、また、そこに挙《あ》げられた功績が非常に印象深かったので、「次点者」でもその行動が献身《けんしん》の基準要件に達しているものには表彰状を与えることに決定した。この表彰状を与えられた者の中には婦人もいるのである」（同書七頁〜八頁）と報告している。

(12) 明治新政府は、その初期の頃、「基礎補強のために一方ならず苦慮《くりょ》したこととの連関で、注目すべき第二の点は、新政府がしき連関で、……中略……新政府がしきりに公議世論の尊重《そんちょう》を標榜《ひょうぼう》したことである。たとえば、……中略……慶応三年一二月二二日の諸藩への諭告《ゆこく》には、このたび大政奉還となり今後は朝廷が政治をとり行うについては『博《ひろ》く天下之公議を取り、偏党之私なきを以《もっ》て衆心《しゅうしん》と休戚《きゅうせき》を同《おなじ》ふ』されるとあり、翌慶応四年三月の五ケ条の御誓文《ごせいもん》にも『廣《ひろ》く會議《かいぎ》を起し萬機《ばんき》公論に決すべし』の一条が冒頭に掲げられた。」（岡義武著作集第×巻×頁）

(13) 明治文化全集・憲政篇　二八七頁

(14) アメリカは、第二次世界大戦の最中、一九四三（昭和一八）年頃から、戦勝を期して日本占領の諸問題の研究を始めていた。警察関係で言うと、同年三月、陸軍省に民事部（ＣＡＤ）が設置《せっち》された。「民政ガイド」は、占領軍要員の訓練に使用されるために七〇項目ほどを目安《めやす》につくられ、占領行政官の指針として使われた。（竹前栄治「占領戦後史」二八七〜二九二頁参照）

(15) 一九四七（昭和二二）年、警察法（法一九六号）が制定され、日本警察は、全国一本の警察から、自治体警察と国家地方警察に二分され、自治体警察は、市警察と、人口五〇〇〇以上の市街的町村におかれる町村警察に分断された。そして、それにもはいらない弱小町村は、国家地方警察に管轄《かんかつ》されることになった。自治体警察の数は、当時、一六〇五を数えた。

(16) 特別高等警察（特高）は、大逆事件と称される明治天皇爆殺未遂事件に端を発し、一九一一年に警視庁に課が設置されたところから始まり、主として、共産革命防止を目的に膨張《ぼうちょう》を続け、一九二八年には、全国の警察に課が設置されるようになり、警視庁は一九三二年に部に昇格した。これは、「過激な共産主義を鎮圧《ちんあつ》することを中心の目的としたものであったが、……その目的も、過激な共産主義者を弾圧《だんあつ》するという限界内に止《とど》まることができず、進歩的な自由主義者に対しても、弾圧を加えるようになったことは、おそらく、必然の過程であったといわねばなるまい。すなわち昭和八年には、京都大学の刑法講座担当者の瀧川教授の免官に抗議して数名の京都大学教授が辞表を提出し、京都大学法学部が事実上その機能を停止するに至った、いわゆる瀧川事件を生じ、昭和一〇年には、わが憲法学の碩学《せきがく》として多年朝野《ちょうや》の尊敬の的となっていた、美濃部東京大学名誉教授が貴族院議員の地位を追われることになった。その他、この二つの事件の間に、自由主義進歩的思想の持ち主であった多くの大学教授が、直接間接の弾圧《だんあつ》によって、その職を追われ、又は、罪に問われたのであった。」（我妻栄・矢内原忠雄編「現代日本小史下巻」三一頁～三三頁）

(17)　警察官友の会の発会式は、一九六〇（昭和三五）年七月三一日、安保反対、岸退陣を叫ぶ全学連デモの渦巻く日比谷の近く、これまた左翼《さよく》の巣窟《そうくつ》とささやかれていた朝日新聞講堂で、催《もよお》された。会長に推《お》された政治評論家阿部真之助は、「この会は自然発生的に生まれたものです。今の日本はこのままではすこぶる困ると考えた人びとによってだれというなしにできた会です。国民にとって、悪い警察官だったらそんな気持ちにはなれないが、戦後の警察官は苦難《くなん》に堪《た》えて職責を遂行《すいこう》されたので、大多数の国民は感謝していますし、私共も友となることを声明したわけです……」と挨拶《あいさつ》した。副会長には徳川夢声（日本ユーモアクラブ会長、話術家）村岡花子（評論家）が、常任理事には坂西志保（評論家）渋沢秀雄（随筆家）鍋山貞親（政治評論家）中沢不二雄（パ・リーグ会長）細川隆元（政治評論家）御手洗辰雄（政治評論家）三角寛（作家）森田たま（随筆家）矢次一夫（政治評論家）、理事には、稲葉秀三（経済評論家）伊志井寛（新派俳優）木村義雄（十四世将棋名人）今東光（作家）サトウハチロー（詩人）鈴木竜二（セ・リーグ会長）武見太郎（日本医師会会長）中村研一（洋画家）

中村汀女（俳人）宮田重雄（洋画家）吉田秀雄（電通社長）横山隆一（漫画家）渡辺紳一郎（評論家）の諸氏が、評議員には、安西愛子（声楽家）池田潔（慶大教授）市川猿之助（歌舞伎俳優）岩国専太郎（日本画家）唐島基智三（政治評論家）小西得郎（野球評論家）近藤日出造（漫画家）西条八十（詩人）式場隆三郎（医博）島田正吾（新国劇俳優）獅子文六（作家）土屋清（経済評論家）時津風定治（相撲協会運事長・元双葉山）長谷川伸（作家）花柳章太郎（新派俳優）藤原義江（オペラ歌手）宮本三郎（洋画家）水谷八重子（新派俳優）山岡荘八（作家）吉川英治（作家）の諸氏が、そして、顧問《こもん》に、安倍能成（学習院院長）大谷竹次郎（松竹映画社長）小泉信三（東宮職）三船久蔵（柔道家）武者小路実篤（作家）山田耕筰（作曲家）など八十人が名を連《つら》ねた。

(18) 警察庁は、アサヒビールを盛り上げた樋口廣太郎、ジャーナリストの大宅映子、不良債権と格闘した整理回収機構の中坊公平、内閣法制局長官を勤《つと》めた法律の専門家大森政輔の諸氏を委員に、新聞放送の代表、氏家齊一郎日本民間放送連盟会長を座長にする「警察刷新会議《けいさつさっしんかいぎ》」をこしらえた。さらに、そこには「政」「官」に声望の高い後藤田正晴元副総理も顧問《こもん》として加わった。その第１回会議が二〇〇〇（平成一二）年三月二三日（木）に実施された。会議を原則公開として会議終了後の会見で議論の内容を紹介《しょうかい》すること、刷新《さっしん》会議のホームページを開設し議事概要《がいよう》を掲載すること、公聴会《こうちょうかい》を実施すること、月三～四回の頻度《ひんど》で会議を行い、六月末から七月初めを目途《めど》に提言をまとめること等が決定された。

(19) 警察制度研究会編「警察法解説」一〇頁～一一頁によると、占領下の警察が改められなければならなかった欠陥は次の四点に要約される。①国家地方警察と市町村自治体警察により地域を分担する二本立ての制度が不合理であること。②市町村自治体警察制度による警察単位の地域的細分化が、警察の効率的運営に適合しないこと。③この制度は、国民の負担から見て不経済であること。④この制度の下においては、国家ないし政府の治安上の責任が不明確であること。

(20)　田村正博「重要条文解説警察法」一五四頁は「都道府県警察への指揮監督《しきかんとく》は、国家公安委員会が自《みずか》ら行うのではなく、警察庁長官によって行われる」として、次の補足説明をつけている。「国家公安委員会の管理権限の行使に関して、平成一二年に国家公安委員会運営規則が改正され、

・国家公安委員会は、第五条第二項各号の事務について運営の大綱《たいこう》方針を定《さだ》める
・大綱方針は、運営の準則など、その事務を処理するに当たって準拠すべき基本的な方向又は方法を示すものとする
・大綱方針に適合していないと認めるときは、委員会は警察庁長官に適合するための措置《そち》に関して必要な指示を行う
・指示を行った場合（法第一二条の二の監察《かんさつ》に関する指示を行った場合を含む）には、指示に基づいてとった措置について、警察庁長官から報告を徴する

ことが定《さだ》められた。これは、「管理」概念を明確化するという見地《けんち》から行われたものである」とする。また、都道府県公安委員会については、その四四頁に、「都道府県公安委員会は、都道府県警察（狭義《きょうぎ》）という組織を管理する権限と責任を有する。管理の意味は、基本的には大綱《たいこう》方針を定め、それにのっとって行われるように事前、事後に監督《かんとく》することを意味する。個々の犯罪捜査で特定人を逮捕すべきであるといった指揮《しき》監督権限は含まれていないが、大綱方針に反することが行われている場合に是正《ぜせい》を指示するといったことは含まれる（監《かん》察《さつ》に関して、指示を個別具体的なものに及ぼすことができることについて、平成一二年の法改正により明確化された。第四三条の二参照）。都道府県警察に対しては、第一六条により警察庁長官の指揮監督が行われる場合もあるが、その場合でも都道府県公安委員会が都道府県警察を管理する権限と責任があることに変わりはない（第七一条の緊急事態《きんきゅうじたい》の布告《ふこく》があった場合に限り、その範囲《はんい》内で都道府県公安委員会の管理権限は失われる）」としている。

第二節　責務の遂行《すいこう》と法的根拠

一　警察法二条にいう責務の内容

一　責務の内容　二　責務遂行《すいこう》上の注意
三　私的自治の原則と相談業務

一　警察の責務は、警察法第二条に次のように書かれている。

・第二条　警察は、個人の生命、身体及び財産の保護に任《にん》じ、犯罪の予防、鎮圧《ちんあつ》及び捜査、被疑者の逮捕、交通の取締《とりしまり》その他公共の安全と秩序の維持に当《あた》ることをもってその責務とする。

要約すると、「個人の生命・身体及び財産の保護」と、「公共の安全と秩序の維持」である。人は、おぎゃーと生まれたときから、人と人との間柄《あいだがら》の中にいる。まず、接するのは、家族であり、やがて、保育所、幼稚園、小学校と進むにつれて社会生活に深入りしていく。孤立した個人などというものは、現実にはいない。都会の砂漠《さばく》でさびしく一人で死んだつもりでも、その死はニュースになり、警察沙汰《ざた》になる。個人は、家族、そして社会から、はなれることはできない。しかし、日本の子供達は、間柄《あいだがら》を忘れて「本人の自由」を優先し、その上そういう自分には満足していないという傾向があるという。(1)治安の乱れには、そういうことも影響している。「個人の生命・身体及び財産を保護」することだけでは、「公共の安全と秩序の維持」につながらない。

しかし、主権者国民が、成熟した段階を考えると、「個人の生命・身体及び財産を保護」すれば、自立した社会人の集団として、公共の安全と秩序の維持も成立する。また、公共の安全と秩序の維持ができていれば、個人の生命・身体・財産も安全になる。もともとは、「公共の安全」の一言で足りる事柄《ことがら》であるが、警察法第二条は、それを分けて規定する。基本的人権をする憲法の建前を明確にするために、「個人の生命・身体及び財産の保護」を明示し、また、「公共の安全と秩序の維持」では、拡大解釈の危険を避けるために、その中身の一部を「犯罪の予防、鎮圧《ちんあつ》及び捜査、被疑者の逮捕、交通の取締《とりしまり》その他」と例示してみせる。

その昔、日本警察は、公共の安全のために、衛生・建築・産業・労働など、多方面にわたる行政取り締まりを引き受けていた。警察法は、明確にそれらの権限をそぎ落とし、犯罪の予防・鎮圧と捜査・被疑者の逮捕、それに交通取り締まりとその類《たぐい》に特化《とっか》し、警察権の無限性を閉ざすことにした。そのかわり、昔は、刑事警察を、司法に属する検察官の支配下におき、警部以下（明治一九年からは警視以下）の警察官に補助させることとしていた[2]のをあらためて、警察自体が独立捜査機関になり、警察本部長以下が、検察官の協力を得《え》て、捜査の責任を担《にな》うことになった。

二　この警察法第二条に書かれた警察の責務はおよそ、警察官の仕事の限界を画《かく》するものであり、たとい、公安委員会規則であろうと、条例であろうと、また命令であろうと、この範囲《はんい》を超えて一物たりともつけ加えることは許されない。

警察官の職務執行が濫用《らんよう》にわたるかどうかは、その職務執行の目的が、法に定《さだ》める責務の範囲内にあり、その手段方法が法に定める要件・態様《たいよう》及び程度《ていど》に適合し、さらに、国民の自由を最大限に尊重《そんちょう》する諸原則を考慮《こうりょ》して妥当《だとう》であったかどうかが問われるのだ。[3]

警察法第二条は、第二項に、こう書いている。

・警察法第二条①略

・②　警察の活動は、厳格に前項の責務の範囲《はんい》に限られるべきものであって、その責務の遂行《すいこう》に当《あた》っては、不偏不党且《か》つ公平中正を旨《むね》とし、いやしくも日本国憲法の保障する個人の権利及び自由の干渉《かんしょう》にわたる等その権限を濫用《らんよう》することがあってはならない。

何よりも重視しているのは、個人の権利及び自由である。警察活動は、その性質上、何人《なんぴと》かの権利や自由を制限することにならざるを得《え》ない。そして、それは、憲法や法律に照らして逸脱《いつだつ》するところがなければ、それなりに合理性があり、かつ、公安の維持に不可欠《ふかけつ》であるとされるのであるが、まかり間違《まちが》うと濫用にわたるおそれがある。警察法第二条第二項は、そこを戒《いまし》めているのである。(4)

また、古今東西《ここんとうざい》、政権をにぎる者は、とかく権力をもって自派を有利に導きたがる。警察官が、それに乗って権力者がやりたがる政敵の弾圧《だんあつ》に手を貸すとしたら、それは、民主主義の破壊につながる。

もちろん、法令に忠実というのは、重箱のすみをほじくるような、冷血な、実生活のさわりになる動きを期待しているわけではない。人の世は、それほど、理屈《りくつ》どおりではない。だから、法令の理屈どおりにきちきちし過ぎると、世間《せけん》は、そういう人を、昔から「法匪《ほうひ》」と言って軽蔑《けいべつ》の対象にする。匪賊《ひぞく》は、徒党《ととう》を組んで個人の生命、身体財産を犯《おか》す盗賊《とうぞく》のことをいう。法匪《ほうひ》は、法をたのんで人の権利や自由を不当に犯す者をいう。法の執行こそ警察官の仕事だが、警察官は、法匪になってはいけない。逆に、法の精神を生かしつつ「気はやさしくて、力持ち」、人の子の痛みに共感する暖《あたた》かい存在でなければならない。

三　もちろん、私的自治の範囲《はんい》というものがある。警察官は、日常、そこに踏《ふ》み込む必要はないし、また、迷惑がられることにもなる。

しかし、国民が、その私的自治の範囲内で、どうにもならなくなり、

「お巡《まわ》りさん、助けて下さい」

と、駐在所《ちゅうざいしょ》や交番に駆け込んでくることがあったら、そのときは、親身に相談にのってやらなければならない。

「交通取締《とりし》まりが忙《いそが》しいから」

などといって、困り果てている国民をじゃけんにあつかっては、「力持ち」でも、「気はやさしく」ない警察官になり、国民はだれも親しみをもたない。親しみをもたなければ、協力もない。国民の協力がなければ、治安はたもたれない。

このように、警察官は、たんに、法律の番人《ばんにん》では、終わらない。町や村の福祉の担《にな》い手でもある。実際の警察の仕事は、そのような限定を超えて無限のひろがりを見せている。すなわち、警察官の機転と裁量《さいりょう》によって動く場面が少なくない。警察法第二条第一項に規定される二つの責務を果

たすに当たって、警察官のとっさの判断や動きは重要である。最近《さいきん》では、福祉国家の第一線に立つ者として、国民の面倒を見る場面も少なくない。

「困り事相談」「警察相談」「家事相談」「生活相談」などの名称の下に、警察官は、日常の業務に多くのエネルギーをさくこととされている。それは、国民の願いにそうようにするからである。あるとき、その国民の一部から警察官は、干渉《かんしょう》し過ぎだ、と非難《ひなん》されることがあった。ときたま権力的執行に忙《いそが》しく、ならば、と「民事不介入《ふかいにゅう》の原則」などの理屈《りくつ》を掲《かか》げて相談業務を縮小するときもあった。しかし、国民から、今度は、そのために助からなかった人がいる、と、実例の発生ごとに、きついお叱《しか》りを受けた。そのお叱りが、最高裁の判例になることもあった。(5)

警察官は、私的自治を侵《おか》してはならないということから、民事不介入を戒《いまし》める職務執行を日常にしてきた。こんどは、これが、裏目に出た。女性につきまとうことは、男の方からすれば、恋愛という私的自治内のことがらだから、警察官の干渉は無用のこと、となりそうである。しかし、それで、女性が、命を落とすという事件になり、情勢は急変した。その翌年二〇〇〇（平成一二）年、国会では、ストーカー規制法が、議員立法で成立することになった。神戸の遺族は事前に予防の措《そ》置《ち》をとらなかった警察を怠慢《たいまん》として、その賠償《ばいしょう》責任を問う訴《うった》えを起こした。判決は二〇〇四（平成一六）年二月に下された。捜査の怠慢が殺人事件につながったとする遺族の主張は退《しりぞ》けられた

が、一方、裁判所は、こうした警察の怠慢が被害者に精神的苦痛を与えたとして、賠償責任を認めている。(6)

国民は、日常生活の安全と安心を求めている。警察官は、国民が、めんどうなことや、危険なことに巻き込まれかかっていたら、その親ならどうするか、を考えることだ。親なら火の中、水の中、身を挺《てい》して子を守るだろう。警察官には、昔から、この親のような働きも期待されているのである。(7)

女性警察官が、身寄りのない弱者を訪問して生きる力と連帯感《れんたいかん》を与える働きをするようなことも、これは、すでに、日本のどこかで行われてきたことである。それこそ、正に、警察法二条一項のいう「個人の保護」の仕事である。権力的な仕事だけが、警察官だと考えたら大間違《おおまちが》いである。

しかし、だからと言って、ここにも限界があることを知らなければならない。警察官は、分を守らなければならない。権力執行に限界があるように、この種の働きにも限界がある。「民事不介入《ふかいにゅう》の原則」は、その限界を説明するものであったが、行き過ぎて、国民の信頼を毀損《きそん》した。もとより、私的自治の世界に、権力的に入っていくことは、許されることではないし、また、社会福祉は厚生労働省や市町村等の所管、民事調停は弁護士の業務である。警察は、強いて《し》そこまでは手を出さないが、そこまでに至る前段階で、住民の要望は、警察に応急の処理を求める。それをおろそかにすることは許されない。たとえば行路病人《ゆきだおれ》がいる。それは警察が保護する。しかし、市町村や病院に任《まか》せるまでの応急の措置《そち》をするのである。

二　警察官の職務と法令

一　法治《ほうち》国家の職務執行　二　職務執行の一般的法的根拠
三　その他特殊な法的根拠

一　前節で、警察の責務は限定され、さらに、その遂行《すいこう》に当《あた》っては、必ず守らなければならない諸原則があることを知った。また警察活動は、その包括的《ほうかつてき》な根拠を警察法第二条第一項におくとしてもそれ自身があまりにも抽象的《ちゅうしょうてき》で、それだけ警察官の裁量《さいりょう》の余地《よち》を大きくし過ぎているという問題があることも知った。とくに、警察活動のうち、強制手段は、警察官の自己規制には、なじまない。なぜなら、日本は「法治《ほうち》国家」であって人治の國《くに》ではないからである。

すなわち法治国家では、国家の働きのすべてが法律で明らかにされ、国民は、それによって権利や自由の行使のための、明確な予定を立てることができ、いつでも安定した活動をすることができるということが、必要とされる。そう考えてくると、警察法第二条第一項だけでは足るものではないということが明らかになるであろう。

とくに、警察官の仕事は、個人の権利や自由にかかわることが多い。国家の諸活動のうちでも警察官の責務の遂行《すいこう》は、とくに、明確に、あらかじめ、国民の前に明示されている必要がある。そして、その活動の仕方は、厳格に規制されていなければならない。このように、警察官は、法律に根拠がない場合は、その仕事をすることを許されないのである。

二　それでは、毎日遂行されているあの複雑多岐《ふくざつたき》にわたる警察活動は、そのいちいちが、明確に法律に書かれているのだろうか。

警察官職務執行法（昭和二三年法律一三六号）（以下「警職法」という。）は、わずか八条しか規定を置かない。犯罪捜査に関する刑事訴訟法（昭和二三年法一三一号）第二篇第一章は六〇か条である。警察活動の多くが、ここではつくされていない。

たとえば巡回連絡に行く。尾行張込をする。聞込をする。検問をする。そのような警察官の日常活動ですら、具体的な直接の規定をもっていない。

これらは、法的根拠が別になくても、警察官の活動にとってはなくてはならないことであるから当然《とうぜん》、してよい、とされるのであろうか。しかし、日本は法治《ほうち》国家である。法的根拠がないのに、権力的な活動である警察活動が許されるはずはないことはすでに述べた。法的根拠はいるのである。警察官の職務執行の隅《すみ》から隅までをおおいつくすだけの法律の規定がいるのである。立法技術上は、抽象的《ちゅうしょうてき》な文言を採用すればよい。そこに何でも入ってしまうような抽象的規定がどうしても必要なのである。

そういう要求をもってみると、前節でふれた警察の責務、その根拠規定とされる警察法第二条第一項が浮かび上がってくる。

再掲してみよう。

・第二条①　警察は、個人の生命、身体及び財産の保護に任《にん》じ、犯罪の予防、鎮圧《ちんあつ》及び捜査、被疑者の逮捕、交通の取締《とりしまり》その他公共の安全と秩序の維持に当《あた》ることをもってその責務とする。

こういう責務を果たせ、といっているのであるから、果たすために必要な諸活動の根拠は、当然《とうぜん》、この規定にこめられている。そう考えることはできないか。

もちろんこれに対しては、すぐ反論がなされる。警察法は組織法である。警察の組織を明らかにするものである。警察法第二条第一項は、組織体としての警察が担任すべき事務の範囲《はんい》を明らかに

しているものである。活動根拠を規定したものではない、と。(8)

それでは、警察活動の根拠に穴があく。その空白はどうしてくれるか、というと、論者は、それは法の不備である。仕方のないことである。困るならば立法によるほかはない、という。

ならば、警察活動のある部分は、立法によって明確化されるまで、中止しなければならないか。

このような見解が、現実的でないことは明らかである。国民の生命・身体・財産を保護するために、警察は、不断の努力を払《はら》わなければならない。しかも、社会は複雑であり、警察活動の対象もまた多岐《たき》である。そのすべてを、具体的に細かく法律に規定することは、不可能に近い。だから、規定は抽象化《ちゅうしょうか》される。それによって、千変万化《せんぺんばんか》する警察活動の全部をおおっておく必要がある。

警察法第二条一項は、そういう要請にこたえることができるものであるとしなければならない。

そこで、結論。警察法第二条第一項は、組織体としての警察が担任すべき事務の範囲を明らかにしたものであると同時に、警察が合理的かつ妥当《だとう》な手段を用《もち》いてその任務を遂行《すいこう》すべきことを定《さだ》めたものでもある。

警察法第二条第一項は、警察官の職務執行に関する一般的な根拠規定である。(9)

警察法第二条は、第一項で責務の範囲《はんい》を明確にし、第二項でその職務執行が濫用《らんよう》にわたらないよう、入念《にゅうねん》な規定をおいた。

だから、警察官の働きをとらえて、その法的な根拠は、と問われたら、この警察法二条になる。西遊記《さいゆうき》(10)の孫悟空《そんごくう》は、雲に乗って一気に地の果てまで飛ぶことができる神通力《じんつうりき》の持ち主だったが、地の果てで見た五本の柱に、ここまできた印を書き込んだ。ところが、それは、お釈迦様《しゃかさま》の指だったという。孫悟空の超凡《ちょうぼん》の神通力を持ってしても、お釈迦様の手のひらからは抜け出せないでいるという物語である。警察官の働きは、複雑多岐《ふくざつたき》、千変万化《せんぺんばんか》するのであるが、この警察法二条の域が、お釈迦様の手のひらになる。どんなことをしても、これを超えることはない。そのすべてがここに包み込まれている。この警察法二条は、膨大《ぼうだい》な警察の仕事の全域を包みこむのである。

三　さて、警察法第二条第一項が、警察官の職務執行の一般的な根拠である、とすると、次の疑問を生ずる。

それは、このような抽象的《ちゅうしょうてき》・一般的な規定によって、人の自由を束縛《そくばく》したり、権利を制限したりすることができるのか、ということである。

なるほど警察法第二条第一項を、ひとたび警察活動の法的根拠とすると、その抽象的一般的性質によって、論理的には、すべての活動をおおいつくすことができるように見える。

しかし警察活動の中には、巡回連絡や、聞込や、尾行・張込・情報収集等、相手方の明示ないしは黙示《もくじ》の承認を得《え》て行うものもあれば、職務質問のように、初めは渋《しぶ》っている相手を、説得によって、ついには承諾《しょうだく》させてしまう活動もある。また、逮捕のように、有無もいわさず強制力を行使する場合もある。

それらの全部が、警察法第二条だ、というのは、少し、きめが粗すぎる。きめの粗いのは、民主的国家・法治《ほうち》国家の警察活動としては許されない。

すべて国民は、個人として尊重《そんちょう》される。生命・自由及び幸福追求に対する国民の権利については、公共の福祉に反しない限り、憲法その他の国政の上で、最大の尊重を必要とする（憲法一三条）。

そして、このように尊重されなければならない人権の制限にわたる行為は、とくに、注意を必要とされるからである。

何人も、法律の定《さだ》める手続によらなければ、その生命若《も》しくは自由を奪《うば》われることはない。まして刑罰にかかることはない（憲法三一条）。

もし、制限したければ、よろしく法律の定める手続によりなさい、という考え方である。

今、人を逮捕する、という自由の制限を例にとってみよう。なるほど警察法第二条第一項には「被疑者の逮捕」という文言が見えている。それでは、これを根拠として、だれでも、いつでも逮捕をしていいか、というと、常識ある者はノーと言うであろう。

これだけでは、いかにも抽象的《ちゅうしょうてき》に過ぎる。これだけでは、憲法のいう「法律の定《さだ》める手続」というにはお粗末《そまつ》過ぎる。もう少し何とかならないか。

そこで、刑事訴訟法が捜査活動に占《し》める役割が明らかになってくる。強制捜査は、これによって手続が明確になる。

また、保護の問題を例にとってみる。警察法第二条第一項には、個人の生命・身体及び財産の保護に任《にん》じることが書いてある。しかし、同じ保護でも、強制にわたる保護はこれでは足りない。警察官職務執行法や、その他の法律が浮かび上がってくる。

これを要するに、国民の権利義務を制限する、それも、相手方が承知していないのに、むりやり制限するような警察活動については、警察法第二条第一項では間に合わず、別に、法律の根拠を必要とする、ということである。

これを言い換えると、警察法第二条第一項は、警察の事務の範囲《はんい》を明らかにしただけではない、さらに、警察官が活動するために必要な手段についても規定しているのであるが、この規定を根拠にする手段は、任意手段に限られているのだ。強制手段については、その手段の性質に従って、それぞれ特別の法律の規定を必要とするのだ、ということである。

（1）　文部科学省所管の財団法人、日本青少年研究所と一ツ橋文芸教育振興会《しんこう》が、日本と米中韓の四カ国の高校生に行った生活・意識《いしき》調査（調査は二〇〇三年秋行われ、四カ国の高校生約千人ずつが回答した。）によると、日本の高校生は何でも「本人の自由」で、物事の判断基準に「自分の判断」を優先する傾向が著《いちじる》しいことが指摘《してき》された。しかもその判断には責任を負うことには消極的な傾向のあることもわかった。以下の項目の下の数字は「本人の自由」と応えた割合を示す。

「授業中にメールのやり取りをする」49・7％と四カ国中トップ。

「過激なファッションをする」79・3％「先生に反抗する」51・4％「親に反抗する」55・1％との回答は、他の三カ国に比べて群を抜いて高かった。

「偉くなると責任が多くなるからいやだ」55・6％

「スーパーやコンビニでの万引」12・4％「覚醒剤《かくせいざい》や麻薬の使用」13・8％「売春など性の売り買い」24・0％は、アメリカの次だが、中韓の倍ぐらい。

「クラスのリーダーになりたい」も「そう思う」は男子（14・8％）女子（12・7％）でいずれも四カ国中最低。

それでいて「自分に満足している」は米中韓を下回る35・7％（男子38・9％、女子34％）だった。（産経平成16・3・29）

(2)「警察」の観念は、もと、ギリシアの「ポリテイア」から始まり、欧州大陸で発達推移《すいい》した。それは、初め、憲法・組織及び一切の国家活動を意味するものであり、また、文明そのものをも指していた。この用例は一九世紀中葉まで続いた（J・コートマン「前掲書（本章一節注(11)参照）」二項）。警察が今日的《こんにちてき》な狭《せま》い意味に使われ出したのは、フランス革命を経て、欧州に自由主義が栄えるようになってからである。その最初の法律的表現は、プロイセンの一般州法である。すなわち、同法には「公共の静穏《せいおん》、安全及び秩序を維持し、並びに公衆又は個人に切迫《せっぱく》する危険を防止するために、必要な措置《そち》をとることを警察の責務とする（一七九四年プロイセン「一般州法」二章一七節一〇条）」の規定がおかれた。川路は、これを学んで明治六年九月、欧州視察を終え、帰朝してから建議書を出している。警察が、法律用語になるのは、司法警察規則（明治七年太政官達一四号）と、行政警察規則（明治八年太政官達二九号）が、はじめである。川路の建議はその「警察手眼」七五頁〜七六頁に一節として「一　若《も》し司法行政の両権を分明《ふんみょう》する時は内務省を置き内務卿全国行政警察の長となり首府の警察令此権《このけん》を府下《ふか》に行ひ其他《そのた》の府県は知事令に於《おい》て警察令の権を兼ね正権《せいごん》警部をして是《これ》を奉《ぶ》行《ぎょう》せしめ（司法警察に付《つい》て検事の探索捕亡《たんさくほぼう》等必ず警部に依る所に寄り警部或《あるい》は検事の職を代理す）司法卿は全国司法警察の長となり各裁判所の検事是《こ》の権を奉行す（検事の探索捕亡等内務管下の警部に依ること前注に言へるが如《ごと》し）是《こ》れ欧州各国の例たり」と述べている。また四頁には、「警察官たる者は、能《よ》く行政司法両警察の権限を領会す可《べ》し。其一例を挙《あげ》ん、爰《ここ》に人あり、争闘を生せり、之《これ》を停止和解するは行政の権なり。既に殺傷を為す者を捕押《ほおう》する等は司法の権なり。其事相牽連《あいけんれん》し一人にして両箇《りょうこ》の権を行ふと雖《いえど》も判然区域あるものとす。」としている。

川路のこの建議は、日本の刑事手続きの流れを決定した。わが国の刑事手続はパリ大学教授ボアソナードの指導の下に、まず治罪法（明治一三年七月太政官布告、同一五年一月から施行）に結晶し、次いで刑事訴訟法（明治二三年公布同二六年施行）となり、最後にドイツ法の影響を入れ、刑事訴訟法（大正一一年法律七五号、大正一三年一月一日施行）となり、戦後の改正まで続いた。

行政警察については、行政警察規則（本章一節注(5)参照）があり、司法警察については、司法警察訓則（明治一九年三月司法省刑第二二三号訓示）が作られていた。これによると、「司法警察権ハ司法大臣ノ統轄《とうかつ》ニ属ス」（八条）とされ、「司法警察ハ犯罪ノ証憑《しょうひょう》及ヒ犯人ヲ捜査シ公訴ノ提起及ヒ実行ノ資料ニ供スルヲ目的」としていた（一条）。そして、「警視・警部長・警部」は、「検事ノ補佐トシテ其指揮《しき》ヲ受ケ各其管轄《かんかつ》地内ニ於テ司法警察ノ職務ヲ行フ」（一一条）のである。

警察責任者は警視総監と知事であるべきであるとされたが、これらは行政警察の長であり、司法警察については附随的《ふずいてき》に権限を認められるという構成をとっていた。すなわち「警視総監府知事（東京府知事ヲ除ク）県令ハ各其管轄《そのかんかつ》地内ニ於《おい》テ司法警察ノ職務ヲ行フニ検事ト同一ノ権ヲ有ス但《ただし》国事犯其他重大ナル事件アル場合ニ限リ其職務ヲ行フヲ例トス」（一二条）。行政警察の長が乗り出す事件は国事犯をはじめ、重大事件だけであった。

（3） なぜ法に定《さだ》めるもの以外に条理上の原則をかまえて、さらに警察権を制限しなければならないか、というと、もともと、警察目的は多義であり、「警察は、将来発生することあるべき一切の障害を予見して、その対策を定めておくことが不可能であるから、警察権発動の対象・条件・態様《たいよう》等について、多義的の規定をなし、警察機関が臨機《りんき》の措置《そち》をとり得《う》るものとすることが要請されるからである。」（田中二郎「新版行政法」（下）四五五頁）

（4） 前法に見られるように、憲法の下に法治《ほうち》主義をとるわが国の法制としては、警察法第二条第一項の規定は、警察活動の実態に照らして抽象的《ちゅうしょうてき》に過ぎ、何らかの歯止めをこれにかける必要があるわけである。第二項はそういう配慮《はいりょ》の下におかれた。それは、「警察の責務の範囲《はんい》の限定とともに、警察活動の民主的並びに中立的保障のために権限の濫用《らんよう》を禁止した訓示規定である。」（警察制度研究会編「警察法解説」五七頁）

（5） 最判昭五七年一月一九日民集三六・一・一九「Aの本件ナイフの携帯は銃砲刀剣類所持等取締法二二条の規定により禁止されている行為であることが明らかであり、かつ、同人の前記の行為が脅迫罪にも該当《がいとう》するような危険なものであったのであるから、D警察署の警察官としては、飲酒酩酊《めいてい》したAの前記弁解をうのみにすることなく、同人を警察に連れてきたBらに対し質問するなどして「スナックC」その他でのAの行動等について調べるべきであったといわざるをえない。そして、警察官が、右のような措置《そち》をとっていたとすれば、Aが警察に連れてこられた経緯や同人の異常な挙動等を容易に知ることができたはずであり、これらの事情から合理的に判断すると、同人に本件ナイフを携帯したまま帰宅することを許せば、帰宅途中右ナイフで他人の生命又は身体に危害を及ぼすおそれが著《いちじる》しい状況にあったというべきであるから、同人に帰宅を許す以上少なくとも同法二四条の二第二項の規定により本件ナイフを提出させて一時保管の措置をとるべき義務があったものと解するのが相当であって、前記警察官が、かかる措置をとらなかったことは、その職務上の義務に違背《いはい》し違法であるというほかはない。」

（6）神戸地判平成一六年二月二四日「女性から十分な事情聴取をすれば、危険性を認識、予見できたはずであり、加害者に対しても厳重に警告すべきだった。それもせず、警察署間の緊密な連携《れんけい》も欠いた警察活動の不作為は、不合理であり、違法である」。

（7）注（3）参照

（8）福岡地決昭和四五年八月二五日刑裁月報二・八・八八一は、「そもそも警察法は単なる組織法であって、同法第二条は警察の責務について定《さだ》めたものにすぎず、なんらその責務遂行《すいこう》のための権限を警察官に与えたものではなく、右所持品検査の直接根拠とすることはできないというべきである。」とした。

学者の反対論としては、荘子邦雄「自動車検問と公務執行妨害罪の成否」（法律時報三四・六・五二）がある。

（9）警察制度研究会編「警察法解説」五六頁は、「本条は、組織体としての警察（活動主体としての都道府県警察）が担任すべき事務の範囲を明らかにしたものであり、その活動は、本条の責務の範囲内で行われなければならない。」「本条の責務を達成するための活動には、国民の権利・自由を制限するものと、そうでないものとがある。……中略……国民の権利・自由を制限しない活動は、本条の責務を達成する上で必要なものであれば、個別の法律の根拠がなくとも行うことができる。」これを、自動車検問の問題をとらえて肯定したのが、次の最高裁決定である。

最決昭和五五年九月二二日刑集三四・五・二七二「なお、所論にかんがみ職権によって本件自動車検問の適否について判断する。警察法二条一項が「交通の取締」を警察の責務として定めていることに照らすと、交通の安全及び交通秩序の維持などに必要な警察の諸活動は、強制力を伴《ともな》わない任意手段による限り、一般的に許容されるべきものであるが、それが国民の権利、自由の干渉《かんしょう》にわたるおそれのある事項にかかわる場合には、任意手段によるからといって無制限に許されるべきものでないことも同条二項及び警察官職務執行法一条などの趣旨にかんがみ明らかである。しかしながら、自動車の運転者は、公道において自動車を利用することを許されていることに伴う当然《とうぜん》の負担として、合理的に必要な限度で行われる交通の取締に協力すべきものであること、その他現時における交通違反、交通事故の状況などをも考慮《こうりょ》すると、警察官が交通取締の一環《いっかん》として交通違反の多発する地域等の適当な場所において、の予防、検挙のための自動車検問を実施し、同所を通過する自動車に対して走行の外観上の不審な点の有無にかかわりなく短時分の停止を求めて、運転者などに対し必要な事項についての質問などをすることは、それが相手方の任意の協力を求める形で行われ、自動車の利用者の自由を不当に制約することにならない方法、態様《たいよう》で行われる限り、適法なものと解すべきである。

(10) 中国の四大奇書《きしょ》のひとつ、明代の長編小説で作者は呉承恩（？―一五八二？）といわれている。現存する最古の明刊本は一五九二（万暦二〇）年刊の世徳堂本。唐初の三蔵玄奘《げんじょう》（六〇二―六六四）の西天取経の旅（六二九―六四五）を骨子《こっし》として、猿の化身《けしん》孫悟空《そんごくう》を主人公とする冒険物語。

第三節　職務執行における任意と強制

一　任意手段による職務執行の法的根拠

一　任意手段と強制手段　　二　指針としての判例
三　警ら中の出来事　　四　情報収集　　五　写真撮影

一　警察官がその責務を遂行《すいこう》する態様《たいよう》、すなわち職務執行の態様をみると、それは、任意手段によるものと、強制手段によるものとに分けられる。
職務質問をして、相手方の承諾《しょうだく》を得《え》て鞄の中身を改めるのは任意手段による職務執行である。逃げる相手を追いかけて逮捕するのは、強制手段による職務執行である。

強制手段による職務執行の法的根拠は、それぞれの法律によって与えられる。任意手段による職務執行の法的根拠は、警察法第二条第一項である。

任意手段と強制手段とを分けるメルクマール（標識）は、相手方の承諾である。人の権利義務に関することは、必ず相手方の承諾《しょうだく》を前提にしなければならない。承諾がないのに処分をするとすれば、それは強制手段による職務執行である（例外として隠密行動については後述五参照）。

警察法第二条第一項を根拠とする警察官の職務執行にも限界がある。承諾が明示されているときは問題がないが、黙示《もくじ》の承諾による場合、説得の結果承諾を得《え》る場合は、まかり間違《まちが》うと強制手段と受け取られ、警察官の職務執行が違法視《いほうし》ないしは不当視《ふとうし》される。

たとえば、写真を撮《と》る行為がある。大臣や犯罪人のように、ニュースカメラマンのターゲット（目標）になることを甘受《かんじゅ》しなければならない立場にある人々は別として、通常一般の人は、写真に撮られるのがいやならいやだ、と、はっきり言う権利と自由を持っている。これを肖像権《しょうぞうけん》ということもある（後述五参照）。

承諾を得《え》て撮る場合は問題ない。隠《かく》し撮《ど》りをしたらどうなるか。遠くから望遠《ぼうえん》レンズで、気付《きづ》かれないように撮るのはどうか、ということになると、にわかに結論がつけにくくなる。それは、警察法第二条第一項に基づく職務執行が、その限界すれすれのところへ行っているからである。

それでは、警察法第二条第一項に基づく職務執行の限界は何か、ということになると、抽象的《ちゅうしょうてき》に表現するのは大変難しい。ケースによるからである。警察官の職務執行自体が複雑多岐《ふくざつたき》であって、一律に表現しにくい。その限界ということになると、一層難しいことは理解できるであろう。

二　それでは、警察官の職務執行上の指針は、どこに求めたらよいか、というと、それは、ケース、すなわち判例だ、ということになる。判例によって結論の出た職務執行の態様《たいよう》から類推《るいすい》して、できることと、できないこととの区別を、ある程度《ていど》はっきりさせておくことはできる。

警察官の職務執行が、警察法第二条第一項に基づく適法なものであるかどうかは、警察官の職務執行を保護する刑法第九五条（公務執行妨害罪）をめぐって鋭《するど》く現れる。(1)

すなわち、公務執行妨害罪は、公務員の職務を執行するに当たり、これに対して暴行又は脅迫を加える者を処罰して、公務の執行を保護するものであるが、その保護される公務の執行を、強制手段による場合に限定せず、広く職務の範囲《はんい》にある仕事に従事する場合をも包含《ほうがん》することとしているからである。(2)

たとえば、当直勤務中の警察官が、本署の事務室で事務をとっていたとする。これは、何も、国民の権利義務を制限することとは直接関係がないが、刑法第九五条では「職務を執行するに当《あた》り」に該当《がいとう》するものとして、刑法上の保護の対象となる。(3)

ところで、刑法第九五条で保護される「職務の執行」は、適法でなければならない。刑法第九五条には、はっきりそう書いていないが、解釈論上当然《とうぜん》にこのような要件を加えなければならないとするのが、わが国の通説《つうせつ》であり、判例の一般的立場でもある。(4)

そして、職務執行が適法であるためには、まず、それが、職務権限に属していなければならないのだ。(5) 言い換えると、それは、警察官の職務として、法律に書かれているものでなければならない。それは抽象的《ちゅうしょうてき》であってもかまわない。ともかく、法律に根拠をもっていることが先決《せんけつ》である。すなわち、警察官の職務執行のうち、任意手段によるものならば、まず、警察法第二条第一項に根拠をもっているものでなければならない。

逆にいうと、刑法第九五条で保護されるに値《あたい》するとされた警察官の任意手段による職務執行は、警察法第二条第一項に根拠をもっている。そう一般的にいうことができる（特別法があればそれによるがそれは例外と考えておけばいい）。

それでは、どのような職務執行が、警察法第二条第一項に根拠をもつとされているか。その主なるものを次に見よう。

三　地域警察官のもっとも日常的な職務である警らや巡回連絡については、これが警察法第一条第一項所定の警察の責務であることは明らかである。(6)

警ら中、知人にあって雑談することがある。雑談は職務執行に当たらないか。

地域警察の任務は、国民の日常生活の安全と平穏を確保することである。そのため、いつでも即《そく》応《おう》できる警戒体制をとる。しかし、その任務の遂行《すいこう》に当たっては、まず、良好な公衆関係を維持す

るとともに、管内の実態を的確に把握《はあく》しなければならない。(7)

知人にあって、話しかけられたときには、たとえそれが雑談であっても、それによって良好な公衆関係を維持し、さらに、雑談のはしはしに、管内の実態を把握する神経がゆき届《とど》いていなければならない。

判例もこの理《ことわり》を説《と》き、警らはもとより警察法第二条第一項に基づく適法な活動であるけれども、その途中雑談することもまた、とくに休憩していたという状況でもない限り、適法な職務執行のうちであるとする。(8)

たまたま警ら中、同僚《どうりょう》の巡査が、無灯火と無免許の疑いで自動車を止めて職務質問をしているのにぶつかる。見ると、相手の男は、威丈高《いたけだか》に怒鳴《どな》り散《ち》らしている。そこで近づいていって一応《いちおう》の注意を与えた。この当たり前のような行動でも、昔は、職務執行に当たるのか当たらないのか、争いになったことがある。

それによって警察官のいわゆる説諭《せつゆ》行為は、やはり、警察法第二条第一項に基づく適法な職務執行であることが明らかにされた。(9)

四　犯罪情報の収集は、警察官にとって、極《きわ》めて重要な仕事である。犯罪情報は、すでに発生した特定の犯罪に向けてなされるときは、比較《ひかく》的問題が少ない。司法警察職員は、捜査については、その目的を達するため必要な取調をすることができる（刑訴一九七条一項）。ここでいう「取調」は、捜査目的を達成するためにとられるすべての処分であり、[10]捜査官はこれを根拠として、必要な聞込や、尾行張込等の捜査活動を展開することになる。

強制手段を用《もち》いる場合は、別に、刑事訴訟法や警察官職務執行法に必要な規定がおかれている。

しかし、これが、犯罪の事前情報であると、いろいろ問題になる。犯罪は発生していないのだから、その情報収集行為は、犯罪捜査とはいえない。[11]刑事訴訟法でいう捜査ではないが、捜査に密接関連した警察活動であり、犯罪が、複雑かつ大規模なものになればなるほど、欠くことのできない職務執行である。通常、聞込・視察内偵《ないてい》・職務質問・尾行・張込等の手法を駆使《くし》して行われる。

これらの活動は、任意手段による職務執行であり、職務質問を例外として、警察法第二条第一項にその法的根拠が求められる。通説《つうせつ》判例はそうなっている。[12]

まず、人の出入りの自由な所へ警察官も入って情報収集のできることは言うまでもない。たとえば、道路や公園で張込や尾行をするとか、飲食店や、パチンコ屋で情報を得《え》ようとすることである。[13]

それが、相手の私生活、プライバシーを侵害するようなことになると、その限界が問題になってくる。たとえば、相手の家の中をのぞき見るとする。普通の人がやったら軽犯罪法第一条第二三号の違反になるかも知れない。

そのように、相手が承諾《しょうだく》しないと考えられることを、こっそりする場合は、その手段の相当性が、情報収集の目的に照らして問題になってくる。具体的な例でみよう。

集会の場所へ入り込んで視察することが、時々問題になる。

憲法第二一条第一項が、集会・結社及び言論・出版その他一切の表現の自由は、これを保障する、と書いているので、これを誤解して、警察官が入り込んだという、ただそれだけで騒ぐ傾向がある。

しかし、問題は、二つに分けて考えてみないといけない。まず、その集会を主催者が非公開と決め、場所を選び、参加者の資格審査を厳しくしているような場合である。

これを侵《おか》して中に入ろうとすれば、非合法な手段を選ばなければならないであろう。これが許されないのは明らかである。(14)

その集会が公開のものであり、だれでも入場できる場合、また有料であっても入場券は不特定多数の者に売っているような場合は、これへ警察官が入り込んだとしても別に非難《ひなん》するには当たらない。

この場合は、集会の場所が、たとい、大学内であったとしても同様である。

すなわち、大学における自由は、一般の自由よりはある程度《ていど》広く認められている。

それは、大学が、深く専門の学芸を教授研究する所であるという、その本質に基づいている。教授その他の研究者が、何ものにもとらわれずに真理を探究《たんきゅう》する。そして発表する。さらに、その研究結果を教授する。その活動は一国の文化を支え、国民の未来の幸福にかかわる。この大事な営《いとな》みを保障するために、大学には幅広《はばひろ》い自由が認められ、かつ、自治が認められる。大学における学生の集会もそのために自由であり、そのために自治が認められてる。

だからこそ、逆に、学問的な研究や発表の範囲《はんい》を超えて実社会の政治的社会的活動に似たようなことをするとしたら、それは、場所は学内であっても、もはや大学の自由を享受《きょうじゅ》することはできない。

まして、学生や教授だけではなく、一般の入場を許すような場合は、それはもはや場所的に学内であっても、内容的には学外の集会である。公園や劇場の集会と変わるところはない。

これに、警察官が立ち入ったとしても、非難《ひなん》されるいわれはない。(15)

たとい、特定の犯罪がすでに発生していなくとも、警察官はその責務を果たすため、事前の情報により情勢を的確に把握《はあく》し、有事即応《そくおう》の準備態勢を組まなければならない。(16)

さらに情報収集のためには常に必ず警察官が、直接立ち入って自《みずか》らの手でそれを得《え》なければならない、ということはない。国民の協力を得るという方法もある。

すなわち、警察官が直接入れない場合、また、入るのが得策《とくさく》でないような場合は、協力者を得て、間接に情報を得ることが許されている。国民の協力に待つことは、民主警察ならではの重要な職務執行である。(17)

五　写真撮影も時々問題になる。たとえば、犯罪現場における検証ないしは実況見分《じっきょうけんぶん》を考えてみよう。検証は、検証許可状によって問題なく、実況見分もまた、主として被害者の承諾《しょうだく》があるので別に問題はない。

それ以外の場合、とくに、デモ行進や集会等、警備事件になると時々騒ぎが起きる。写す警察官の方も、いちいち断《ことわ》って承諾を求めたりはしない。写される方は、集会や結社の自由、表現の自由が侵《おか》される。憲法違反だ、といって騒ぎ立てる。

写真撮影によって侵されるものは何かというと、学者は肖像権《しょうぞうけん》、それを支えるプライバシーの権利というものを持ち出す。プライバシーの権利とは、もともと英米法の中で発達したものであり、人はその私生活を他から干渉《かんしょう》されない。また、私的な問題をその承諾なしに公《おおやけ》にされない、という権利である。

わが国では、戦前の外務大臣をやり、戦後は東京都知事選挙に出た有田《ありた》八郎氏が、自分をモデルにした小説「宴《うたげ》のあと」に抗議し、三島由紀夫《みしまゆきお》氏を相手取って訴《うった》えを起こした。その時もち出したので一躍《いちやく》流行語となった。

しかし、プライバシーの権利は、まだ、法上の権利として定着したわけではない。とくに、その一種としての肖像権《しょうぞうけん》は、一部の学者が主張するだけで、独立の権利として保護されるに至っていない。(18)

だが、写真を無断で撮《と》られるということに対する抗議は跡《あと》を絶たず、少なくとも、警察官は、その職務執行に当たっては、写真を撮られる相手方には、このような言い分があること、したがって、その面からくる制約を考慮《こうりょ》にいれることなく職務執行をすることには、危険があることを銘記《めいき》していなくてはならない。

もちろん、承諾《しょうだく》がなければ、常に必ず顔写真を撮ることが許されないということではない。仮に、プライバシーの権利を認め、それを尊重《そんちょう》することに決めたとしても、なおかつ、相手方が、その権利ないし利益を放棄《ほうき》していると考えられる場合がある。

たとえば、デモ行進に参加している場合である。参加者は、一定の政治的主張をするためにその身を公衆の面前にさらしに来ている。どなたでもよく見てくれ、写真を撮《と》ってくれと、口では言わないけれども身体では示している場合に当たる。

ところが、集団としてまとめて撮られるのは仕方がない。参加している個人をピックアップしてその顔写真を撮るのはどうだ、という問題が起きた。

ある交差点でジグザグ行進をした。そのデモの許可条件には、ジグザグ・渦巻行進をすること、理由なく行進速度を落としたり止まったりして交通の妨害をすることを禁ずる趣旨のものがあった。しかし、ジグザグをやった。しかも交差点の中でやった。警察官は、二、三メートルの至近距離《しきんきょり》でフラッシュをたいてその先頭の組合員の写真を撮った。これは違法か適法か。

もちろん適法である。許可条件の遵守《じゅんしゅ》を求める条件に違反している実況を証拠写真に撮った。まさに、正当な職務執行である。(19)

これは、いまだ整然と、許可条件どおりに行進しているときの出来事とは違う。ジグザグ行進をしていた、というのは現行犯である。現行犯の採証活動だから適法であるとされた。現行犯はその場で逮捕してもいい。また、逮捕の現場では検証をすることができる。被疑者の意思に反しても写真撮影が許されることは疑いない。(20)

同様に、警察官が、逮捕に際して、後日の紛争を避けるために、その逮捕状呈示《ていじ》の状況を写真撮影した場合。(21)また、収監状執行のために被告人の所在捜査上必要だとしてある会合に出席する人物の写真を撮影した場合を、(22)いずれも適法な職務執行としているが、これらは、いずれも、特定の事件の捜査に関するものである。

最高裁も、一定の条件の下であるが、犯罪捜査の必要上写真を撮影することを適法とし、その際、被写体の中に、犯人だけでなく、第三者の顔写真が含まれていても、許容される場合があり得《う》ることを示唆《しさ》している。そして、その条件とは、身体拘束を受けている被疑者（刑訴二一八条二項）のほかは、まず、第一に対象の状態が現に罪を行い若《も》しくは行い終わって間がないと認められる場合（現行法ないし準現行犯に近い状態）（刑訴二一二条参照）であること。第二に、証拠保全《しょうこほぜん》の必要性及び緊急性があること。そして、第三に、撮影が一般的に許容される限度をこえないこと、すなわち、相当な方法で行われること、の三条件である。(23)

以上は、犯罪捜査について、それも、主として目の前に犯罪がある場合についてである。

いまだ、事件が発生していないとき、したがって、将来起こるかも知れない事態に備えて、あらかじめ写真を撮《と》っておく、ということは、前記のプライバシーの権利の制約からいって許されるのだろうか、が疑問になる。

もとより、警察官は、何か犯罪となるべき不正が行われたかも知れないと思われる段階から、すでに捜査を開始しなければならない場合がある。いわゆる内偵《ないてい》又は情報収集のうちのある部分がそうである。

しかし、それは、口に内偵捜査ということはできても、特定の犯罪の嫌疑があって開始される刑事訴訟法上の捜査ではなく、(24)したがって、刑訴第一九七条を根拠とすることはできない。もとへ帰って、警察法第二条第一項に基づく警察官の職務執行だ、と考えなければならない。

さて、いまだ犯罪は発生していない。デモ行進は許可条件どおり整然と行われている。そういう段階で警察官は写真撮影ができるか、というと、できないことはない。

それは、犯罪発生がありそうだ、と予測できる場合である。しかも、発生してからでは手遅れになる可能性がある。採証活動としては、今だ、と考えられる場合である。

すなわち、犯罪発生の予測ができ、かつ、あらかじめの採証が必要である場合である。(25)

二　強制手段による職務執行の法的根拠

一　強制手段による職務執行の基本法　二　その他の法律

一　任意手段による職務執行の法的根拠が警察法第二条第一項だとすると、強制手段による職務執行の法的根拠はどうなっているか。

警察官が街頭に出て交通取締をする。酔っぱらいがいればそれを保護する。質屋や古物商に立ち入り、帳簿を検査する。被疑者を見つければ逮捕する。議会から頼まれれば、行って乱闘を処理する。税務署が脱税容疑で捜索をするとき、求められれば行って立会をする。エトセトラ・エトセトラ。

このような働きは、それぞれ、該当《がいとう》の法律があればそれに従って職務執行をする。

今、右にあげた例だけ取ってみても、順番に、道路交通法・酒に酔って公衆に迷惑をかける行為の防止等に関する法律・質屋営業法・古物営業法・刑事訴訟法・国会法・国税犯則取締法、それに、警職法等がある。

このうち、人を逮捕する、すなわち司法警察については、刑事訴訟法を先頭に、刑事訴訟規則・刑事収容施設及び被収容者等の処遇に関する法律（以下「刑施法」という。）・少年法・逃亡犯罪人引渡法・交通事件即決裁判手続法などが、一群をなし、中でも刑事訴訟法が基本法ないし一般法として重きをなしている。一般法だから、他の諸法律がまず働いて、働き足りないときにこれを補充する。もちろん、自《みずか》らの固有の領域では、それを唯一の法律として、すばらしい働きをする。警察署長と署員のようなものである。これを一般法と特別法の関係といっている。

さて、行政警察の分野《ぶんや》では、そのように、中心に座る法律があるのか、というと、やはりあるのである。

それが、警職法（昭和二三年七月一二日法律一三六号）である。(26)

警職法は、さきの言葉を使えば、警察官が、強制手段による職務執行をする場合の基本法ないしは一般法である。(27)司法警察において刑事訴訟法が占《し》めている地位を、行政警察の中で占めている。(28)

さきの例でみると、まず、警職法があって、さらに、職務執行の特別の場合を規定するものとして、道路交通法・酒に酔って公衆に迷惑をかける行為の防止等に関する法律・質屋営業法・古物営業法等の諸法律があるわけである。そして、それらは、一般法と特別法との関係にある。(29)

その関係は、警職法第一条に明らかである。すなわち、この法律は、警察官が警察法第二条第一項に規定する責務及び「他の法令の執行」等の職権職務を忠実に遂行《すいこう》するために、必要な手段を定《さだ》めることを目的とする、と言っている。

警職法は、職務執行のための「必要な手段」を定めたものであるが、それは、警察法第二条第一項に規定された責務の執行に関する場合だけでなく、他の法令に関する場合についても規定しているわけである。

そして、警職法は一般法として臨《のぞ》むわけであるから、まず、他の法令が働き、必要に応じて警職法が補充をする。まず署員が働き、必要に応じて警察署長が補充をする。同じ理《ことわり》である。

たとえば、違法な工事や工作物によって道路に危険が生じていたとする。警察官は、その危険を防止又は除去するため、まず、道路交通法によって必要な措置《そち》をとる（道路交通法八一条）。そして、場合によっては、警職法によって警告したり制止したりすることがある。

このように警察官は、警察法のほか各種の法律によって職務執行をする。

警職法は第一条にそのことを規定しただけでは足りないと考えたのか、さらに、末尾《まつび》の第八条にも繰り返して同趣旨の規定をおいて締めくくりとしている。すなわち、

「警察官は、この法律の規定によるの外、刑事訴訟その他に関する法令及び警察の規則による職権職務を遂行《すいこう》すべきものとする。」（八条）

二　他の法律による警察官の職務執行は、警察法第二条第一項の責務の範囲《はんい》にとどまるのか、というと、実は、その範囲にとどまらない。

さきの例のように、たとえば、国会法第一一五条により、各議院の要求があって内閣により派出されることがある。この場合、議長の指揮《しき》下に入って職務執行をするのであるが、この任務は、議院警察権の作用に属する。警察法第二条第一項の責務の範囲ではない。

同じように、裁判所に呼ばれることもある。すなわち、裁判長（又は開廷した一人の裁判官）の要求があって派出されると、警察官は、裁判長（裁判官）の指揮を受けて法廷内で職務執行をする

（法廷等の秩序維持に関する法律）。しかし、これも、警察法第二条第一項の範囲に属しない。これは、いわゆる法廷警察権の分野《ぶんや》に属するものである。

国家権力は三つに分権されている。立法・司法・行政である。一つの権力が強大になって、封建《ほうけん》時代の殿様のように、気分次第で自由に人の首を切ったり、腹を切らせたりすることがないよう、民主国家は工夫《くふう》してつくられてある。警察権も、行政警察権のほかに、議院警察権・法廷警察権と分かれているのである。

また、民事関係の秩序の確立のために、警察官が立会を求められたり、援助を要求されたりすることがある。

税務署が税を取り立てたり、国税犯則を取締まったりする場合でも、警察官の立会や援助を求められることがある。

それらの職権職務は、警察法第二条第一項から出てくるのではなく、民法・商法・民事訴訟法・国税徴収法・国税犯則取締法・関税法等に由来するものである。(30) 警察法第二条第一項から出てくるのではない。

以上を整理してみると、警察官が強制手段による職務執行をするに当たってその法的根拠を見ると、警察官職務執行法のほかに、警察法第二条第一項の責務の範囲《はんい》に属する一連《いちれん》の法律があり、さらに、警察法第二条第一項の範囲《はんい》外にも、色々な法律がある。

そして、警察官は、それらの特別法の領域についてはその特別法によってまず働き、かつ、必要に応じて警察官職務執行法による活動をもって補充していく、ということである。

(1) 小野ほか「ポケット註釈全書(3)改訂刑事訴訟法」三五四頁は、「しかし、公務執行妨害罪が成立するかどうかということと情報収集の活動が許されるかどうかとは必ずしもその範疇《はんちゅう》を同じくする問題ではないと考える。犯罪防圧の責任を負う警察官が犯罪発生の蓋然性《がいぜんせい》のある場合情報収集を行うことは、その手段の妥当《だとう》である限り少しも差し支えないことであり、又、捜査権を持つ機関が犯罪発生後その犯罪についての情報収集を行うことも同様でなければならない。しかし、公務執行妨害罪が成立するには妨害の対象たる行為が一見しただけでも正当な公務の執行と認められる外形と実質を備えていることを必要とする。」としている。

(2) 刑法第九五条で保護の対象となる「公務員が職務を執行するに当《あた》り」ということが、強制手段による職務執行に限られるのか、任意手段による職務執行をも含めているのか、という点については、次の大審院明治四四年四月一七日、刑録一七・六〇一で結着がついている。

大審院明治四四年四月一七日刑録一七・六〇一は、「刑法第九五条第一項ニ公務員ノ職務ヲ執行スルニ当リトアルハ其《その》職務ヲ行フコトカ人ヲ強制スルニ至ルヘキ場合ノミニ限ラス汎《あまね》ク職務ノ範囲《はんい》内ニ属スル事項ヲ行フ場合ヲ包含《ほうがん》スルモノニシテ敢《あえ》テ執行ナル語辞《ごじ》ニ於《おい》テ強制ノ意義ヲ表彰シタルモノト云フヘカラス」としている。

(3) 東京高判昭和二五年一一月一八日判特一五・三一は、当直中の警察官が「其《そ》の事務室内で当直勤務中であり、被告人は同巡査を判示の通り脅迫したものであって為《ため》に同巡査が千葉県防犯統計課へ報告のため執筆中の経済事件延数《のべすう》件数統計表の作成を一時中絶するの止《や》むなきに至らしめた外当直勤務を不法に一時混乱におとしいれたこと」は、公務執行妨害罪に当たるとしている。

(4)　団藤重光編「注釈刑法(3)各則(1)」四七頁

(5)　大審院昭和七年三月二四日刑集一一・二九六は、「特定ノ行為カ職務ノ執行タル為ニハ該行為カ其ノ公務員ノ抽象的《ちゅうしょうてき》職務権限ニ属《ぞく》スル事項ニ該《かか》ルコトヲ要スルヤ勿論《もちろん》ナリ」とする。

(6)　大阪高判昭和四五年八月二六日刑裁月報二・八・四二は、「巡回連絡及び警らは、いずれも警察法第二条第一項所定の警察の責務である公共の安全と秩序の維持のために行われる派出所等勤務警察官の外勤活動である。」とする。

(7)　地域警察運営規則（昭和四四年六月一九日国家公安委員会規則五号）第二条は、「地域警察は、地域の実態を掌握して、その実態に即し、かつ、住民の意見及び要望にこたえた活動を行うとともに、市民の日常生活の場において、常に警戒体制を保持し、すべての警察事象に即応する活動を行い、もつて市民の日常生活の安全と平穏を確保することを任務とする（第一項）。」「前項の任務を遂行するに当たつては、地域警察官は、地域を担当する自覚と責任を持つて、市民に対する積極的な奉仕を行い、市民との良好な関係を保持するとともに、管内の実態を的確に掌握するよう努めなければならない（第二項）。」としている。

(8)　東京高判昭和三〇年八月一八日高刑集八・八・九七九は、「警邏《けいら》という執務はその本質上、歩行していても或《あるい》は立ち止まっていても絶えず警邏区域内における犯罪の発見、予防等に感覚を働かせてその職務をつくすべきものであるから、警邏という勤務状態につくことはとりも直さず公務の執行となるものと解せられ、その間たまたま他人と雑談を交《か》わしたからといって、その間公務の執行から離脱《りだつ》したものとは言えないのである。」といっている。

(9) 名古屋高判昭和二八年六月二九日高刑特報三三・三七は、「警ら中のN巡査として、同様警ら中の任務を帯び職務執行中の同僚《どうりょう》巡査が民間人から大声にて罵倒《ばとう》され同巡査の職務の執行に支障あるような情勢を看取《かんしゅ》した場合警察官としての職務上その民間人に対して一応の注意を与え、同僚の警察官の職務執行を円滑容易ならしめ、且《かつ》治安の維持を図《はか》ることは蓋《けだ》し当然《とうぜん》の職責と謂《い》わなければならない。従って、右巡査の措置《そち》も亦《また》警ら中の警察官としての職務行為と謂わざるを得《え》ない。」としている。

(10) 金子仁洋「新版　警察官の刑事手続」（東京法令出版）一五二頁参照

(11) 小野ほか「ポケット註釈全書(3)改訂刑事訴訟法」三三七頁は、「何か犯罪となるべき不正が行われたかも知れないと思はれる段階で捜査を開始することができるであろうか。強制捜査はもちろん許されないけれども、任意捜査の然《しか》も準備程度《ていど》の活動は差支えないものと思う。いわゆる内偵《ないてい》又は情報収集といわれるもののうちある部分はこれに属する。このような捜査機関の活動を捜査と呼ぶのは刑事訴訟法上困難である。」とする。

(12) たとえば、この問題を正面から論じたものとして、金沢地判昭和四四年九月五日判時五六八・二四は、「警察の行ういわゆる情報収集活動には具体的な犯罪の発生後に、その捜査のためになすもの（捜査情報活動）、具体的に犯罪又は公安を害する事実が発生するおそれがある場合に、その予防鎮圧《ちんあつ》のために行われるもの（事件情報活動）、あるいは具体的に右事案発生のおそれはないが、一般的に将来に備えて平素《へいそ》から公安の維持、犯罪の予防、鎮圧のために関連する情報を収集するもの（一般情報活動）などがあると思われる。……（中略）……、しかし、一般的に右のごとき強制力の伴《ともな》わない情報収集活動、すなわち、いわゆる警備情報収集活動が警察官の職務行為となるか否《いな》かについてはとくに明文の規定の存しないところである。

思うに、今日のごとく、科学が急速に進歩し、社会機構が複雑になるに伴《ともな》い、犯罪の態様《たいよう》は複雑を極《きわ》め、その規模も大型化しつつあることは公知の事実であり、かような犯罪が一旦《いったん》発生するや、警察がこれを取り締まり、鎮圧せんとしても、その損害は容易に回復しがたいものとなる。したがって、警察が警察法第二条第一項に定《さだ》める職責を全うするためには、公共の安全、秩序の維持に対する犯罪の発生を予防し、あるいは一旦発生した犯罪による損害を最小限度にとどめるため、警備体制を整え、その対策樹立《じゅりつ》に資する目的をもって、必要な範囲《はんい》内において各種の情報の収集や査察《ささつ》行為をなすことはその職責の一つといわなければならない。それは、警ら・巡回連絡・交通安全運動などとともに、警察官の事実行為として、警察法第二条第一項の予定するところと考えられる。」としている。

(13)　大阪高判昭和二八年二月六日警察庁警備局警備判例要録中巻一八一頁は、「公安の維持に当たる警察が組合の情報に限らず社会の情勢を知るため出入自由な場所において情報を蒐集《しゅうしゅう》することは違法差支えあるものではなくその責務に属するから、本件において組合情報を得《え》ようと隣家お好み焼店に入ったYに対し被告人等が実力に訴《うった》へ判示のように傷害を加え詫《わ》び状を強要した行為の正当性を容認しえないことは原判決がその末尾《まつび》において説明している通りで」あるとする。

(14)　大阪地判昭和二三年一二月二七日警察庁警備局警備判例要録中巻一八〇頁は、本件集会には、警察官の立会を必要とするような不穏な行動がなかったこと、警察当局と主催者側との話合で警察官は立ち会わず互に紳士的にやるという協定のあったこと、警察官が身分を偽《いつわ》って会場に入ったこと等をあげ、警察官の行動は「明らかに正当な職務執行の範囲《はんい》を逸脱《いつだつ》した違法のものと認める外はない。」とし、被告人の詫び状を強要した行為は「公序良俗の観念及び自救行為の精神に鑑《かんが》み正当な行為であって、刑法第三五条に基づきその違法性を阻却《そきゃく》するのである。」とし、無罪の判決を言い渡している。

(15)　最判昭和三八年五月二二日最刑集一七・四・三七〇は、「いわゆる反植民地闘争デーの一環《いっかん》として行われ、演劇の内容もいわゆる松川事件に取材し、開演に先《さ》き立って右事件の資金カンパが行われ、さらにいわゆる渋谷事件の報告もなされた。これらはすべて実社会の政治的社会的活動に当たる行為にほかならないのであって、本件集会はそれによってもはや真に学問的な研究と発表のためのものでなくなるといわなければならない。また、ひとしく原審の認定するところによれば、右発表会の会場には、東京大学の学生及び教職員以外の外来者が入場券を買って入場していたのであって、本件警察官も入場券を買って自由に入場したのである。これによって見れば、一般の公衆が自由に入場券を買って入場することを許されたものと判断されるのであって、本件の集会は決して特定の学生のみの集会とはいえず、むしろ公開の集会と見なさるべきであり、少なくともこれに準じるものというべきである。そうしてみれば、本件集会は、真に学問的な研究と発表のためのものでなく、実社会の政治的社会的活動であり、かつ公開の集会又はこれに準じるものであって、大学の学問の自由と自治は、これを享有《きょうゆう》しないといわなければならない。したがって、本件の集会に警察官が立ち入ったことは、大学の学問の自由と自治を犯《おか》すものではない。」とした（東大ポポロ事件）。

(16) 大阪高判昭和四一年五月一九日下刑集八・五・六八六は、警備情報活動について、警察官は、警察法第二条第一項の「職責を有することからすると、公安を害する犯罪に対する警備実施活動及び捜査活動を行うための資料として治安情勢に関する情報を適確に収集把握《はあく》し以《もっ》て警備警察活動に遺漏《いろう》なきを期する要があるから、警備情報活動が警察法第二条第二項にてい触《しょく》しない限り原則的には許容されるものと言わざるを得《え》ないであろう。」とする。

(17) 前出（注（14））の金沢地判昭和四四年九月五日判時五六八・二四は、「本件情報収集は、Oの協力によってなされたものであるが、元来、警察活動は国民の協力を得ずして効果的に目的を達成することは困難であることは明らかであり、法もこれを許容しているところと考えられる。そして、当該情報収集の対象が非公然体制をとっている場合には、警察官自身の直接的な行為による情報収集には限界が存することが明らかであるから、かような場合に情報収集活動の一方法として国民の協力を得《え》ることも、また法の許容するところと思われる。したがって、本件のごときいわゆる協力者による情報収集活動も、それ自体直《ただ》ちにとくに非難《ひなん》すべき性質のものとはいいがたい。」としている。

(18)　東京地判昭和四〇年三月八日判時四〇五・一二は、「人はその承諾《しょうだく》がないのに、自己の写真を撮影されたり、世間《せけん》に公表されない権利即《すなわ》ち肖像権《しょうぞうけん》を持つ。それは私人が私生活に他から干渉《かんしょう》されず、私的なできごとについて、その承諾なしに公表されることから保護される権利であるプライバシーの権利の一種と見ることができよう。それは憲法第一三条は個人の生命自由及び幸福追求に対する国民の権利が最大限に尊重《そんちょう》されるべきを規定し、その他憲法の人権保障の各規定からも実定法上の権利として十分認め得る」としたが、その控訴審、東京高判昭和四三年一月二六日判タ二一八・九九は、「憲法一三条……に鑑《かんが》みれば、自由及び幸福追求に関する国民の権利の一内容として、公共の福祉に反しない限り、国民はその承諾《しょうだく》なくして写真を撮影されたり、これをみだりに公表されたりすることがないことを内容とする利益をもつものであり、これは私生活をみだりに公表されないことを内容とする国民の自由及び幸福追求の権利に内包《ないほう》されるものと解される（これをいわゆるプライバシーの権利と称することはあるが、実定法上確定された権利であるとするにはなお疑問がある。）。しかし、権利ではなくて利益であるとしても、かかる利益が尊重《そんちょう》されなければならないことは当然《とうぜん》である。」として、未《いま》だ権利として確立したものとは解していない。

藤木英雄「可罰的違法性の理論」二一八頁は、わが憲法第一三条をあげて「ここにプライバシーの権利を認める手がかりを見出し得《う》るものと解せられるのであるが、いわゆる肖像権《しょうぞうけん》を民法第七〇九条にいう権利中に包含《ほうがん》せしめて民事上の救済を与うべきであるかどうかは別として、私人がその私生活の領域において他人から干渉《かんしょう》されない権利としてのプライバシーの権利は、個人の生命・自由及び幸福追求の権利の尊重を要請する憲法の精神からしてその存在を基本的に承認すべきものであり、顔写真の撮影の不法性もこの面から慎重に検討されなければならない。」として、刑事手続面におけるプライバシーの権利の認容を主唱されている。

(19) 大阪高判昭和三九年五月三〇日高刑集一七・四・三八四は、第一審判決（大坂地判昭和三六年一二月二三日下刑集三・一一＝一二・一二七〇）が、参加者は、集団としての姿を撮影されることは認容しているが、顔写真については認容していない。そして、「顔写真の撮影は一見任意捜査であるかのように思われるが社会通念《つうねん》上無形の強制力を馳駆《ちく》して、個人の平穏な生活を侵害するはもとより、憲法上保障された諸権利や個人の尊厳《そんげん》を害する恐《おそ》れある行為であり（なお、刑事訴訟法一九六条参照）、又一方実《じつ》定法《ていほう》の上より見ても刑事訴訟法第二一八条第二項の規定の反面として身柄の拘束を受けていない被疑者の写真撮影は令状を要し同法第九七条第一項ただし書にいう強制処分に含まれるものと考えられる。」として、警察官が令状なく顔写真を撮《と》ったのを違法としたのに対し、「しかしながら、……同法第二一八条第一項は強制処分に関する規定で身体検査について令状を要するとの原則を明らかにし、同条第二項はこれを受けて身体の拘束を受けている被疑者の写真撮影をする場合には、改めて令状を要しない旨《むね》を注意的に規定したにとどまり、この条文から強制の方法によらない場合に令状を要するとの結論を導き出すことは困難である。また同法第一九七条ただし書にいう強制の処分とは、物理的な実力を行使する処分や人に義務を負わせる処分をいうのであって、物理的に強制して撮影する場合は格別普通一般の写真撮影行為は強制の処分に含まれたのではない。したがって強制力を伴《ともな》わない写真撮影行為は従来の分類に従えば任意捜査の手段である。」としてこれを退《しりぞ》け、捜査の必要と人権尊重《そんちょう》の調和を求める問題として、現行犯の採証活動は、相手方の承諾《しょうだく》がなくても許される、としたのである。

(20) 前注大阪高判昭和三九年五月三〇日は、「少なくとも現に犯罪が行われており、写真撮影による証拠保全の必要があると認められるときは、現行犯であれば原則として令状がなくとも逮捕することができ、しかも逮捕の現場において令状がなくとも捜索・検証等の強制処分が許されていることに鑑《かんが》みて、被疑者の意思に反しても写真撮影が許されることに疑はないといわなければならない。」としている。

(21) 東京高判昭和二九年一〇月七日高刑集七・九・一四九四は、「その逮捕状の呈示《ていじ》並びに撮影の相手方が逮捕の執行を受ける本人である場合は勿論《もちろん》、その家族その他その家にいる者であっても、その者に対する逮捕状呈示は、係官が正当の権限を持ってその場所に来ていることを示す。すなわち職務執行の為にその現場に来て職務に従事していることを現わしているのであるから、その情況の撮影も亦《また》……これを公務の執行というに妨《さまた》げないものと解しなければならない。」とした。

(22) 福岡高判昭和三三年一一月二七日判時一七七・三〇は、「甲巡査は被告人Ｙの収監のため同人の所在調査と人物確認の手段として被告人Ｙと考えられる人物をひそかに写真を撮ったのであり、右手段は、被告人Ｙの所在並びに人物がＳ市警察署に確認されていなかった当時としては、やむを得《え》ない方法であったと解するのが相当であり、又右撮影の際被告人Ｙと考えられる人物以外に二名を同時撮影したのも、その二名が被告人Ｙと考えられる人物と同道しており、之と分離して撮影することが困難であったためやむなく同時に撮影したものであり、収監に関係ない二名が被告人Ｙと考えられた人物と同時に撮影されたからといって違法の行為であるということはできない。」とした。

(23) 最判昭和四四年一二月二四日昭和四〇年(あ)一一八七は、京都府学連デモ事件に関して、「犯罪を捜査することは、公共の福祉のため警察に与えられた国家作用の一つであり、警察にはこれを遂行《すいこう》する責務があるのであるから（警察法二条一項参照）、警察官が犯罪捜査の必要上写真を撮影する際、その対象の中に犯人のみならず第三者である個人の容ぼう等が含まれていても、これが許容される場合がありうるものといわなければならない。

そこで、その許容される限度について考察すると、身体の拘束を受けている被疑者の写真撮影を規定した刑訴法第二一八条第二項のような場合のほか、次のような場合には、撮影される本人の同意がなく、また裁判官の令状がなくても、警察官による個人の容ぼう等の撮影が許容されるものと解すべきである。すなわち、現に犯罪が行われ若《も》しくは行われたのち間がないと認められる場合であって、しかも証拠保全の必要性及び緊急性があり、かつその撮影が一般的に許容される限度をこえない相当な方法をもって行われるときである。」としている。

(24) 前注(10)参照。なお、同じ書物の三三七頁は、刑訴第一八九条にいう「犯罪があると思料するときは」の意味を、「特定の犯罪の嫌疑があると認められるときの意味である。その認定権は司法警察職員にある。もちろん恣《し》意的な認定は許されない。客観的な事情が特定の犯罪の存在を疑わしめる場合であることを必要とする。」としている。

(25) 東京地判昭和四二年五月三〇日下刑集九・五・六九九は、犯罪発生前に撮影された写真について、「当公判廷で取調べた写真証拠のうちには、警察官が許可条件違反行為であると主張する行為が行われる以前の状況を撮影した写真が含まれていることは、所論のとおりである。けれども、本来、集団行動は、既に述べたところからも明らかなように、集団が、公共の場合において、公衆に対し、集団の意思を表示するため、その存在を示して行われるという公開的性格を持っており、これを撮影する行為が、直《ただ》ちに、肖像権《しょうぞうけん》の侵害となるか、否《いな》かは疑問の存するところであるから、このようにして撮影された写真を目《もく》して、直ちに、違法に収集された証拠であるとは速断できない。もっとも、捜査官憲において、いまだ違法行為が行われない以前に、犯罪を予想して、その証拠保全の目的で、公共の場所における集団行動ないし人の行動を撮影することが許されるかどうかは、警察官の職務と警察権の限界とに照らし、その当時における犯罪発生の予測状況と犯罪捜査における必要性の程度《ていど》によって判定すべき事柄《ことがら》である。」として、本件はその場合に当たるとして当該写真を証拠として採用している。

(26) 行政上の強制手段としては、強制執行と直接強制があるわけであり、旧憲法下においては、そのための一般法として行政執行法があり、代執行・執行罰及び直接強制の三つの手段を定《さだ》めていた。新憲法下においては行政上の強制執行に関する一般法として行政代執行法（昭和二三年五月一五日法律四三号）が制定され、警察官の直接強制についての一般法として警察官職務執行法が制定された。

(27)　警察官職務執行法は強制手段に関する規定を主として定めているが、さらに、警察法第二条第一項を根拠とする任意手段に属するものを、確認的に定めている。すなわち、質問（二条一項）、同行要求（二条二項）、迷い子等の保護（三条一項一号）、避難措置《そち》としての警告（四条一項）、犯罪予防のための警告（五条）、立入り要求（六条二項）がそれである。これら、警察官職務執行法中に規定されている任意手段に関する規定と、警察法第二条第一項とは、また、一般法と特別法の関係になる。したがって、右の規定に不足があり、実態をカバーできないときは、ちゅうちょなく、警察法第二条第一項の本則にもどり、そこに法的根拠を見いだすことができるのである。たとえば、自動車検問や、所持品検査は、警察官職務執行法第二条第一項を拡張解釈してその中に含める考え方があり、また、直《ただ》ちに警察法第二条第一項にさかのぼって、そこに法的根拠を見いだそうとする見解もある。両者の現場における実務上の差《さ》異《い》はとくに存在しない。したがって、警察官としては、議論する実益に乏《とぼ》しい。

(28)　警察官職務執行法の中にも、司法警察に関係する規定はある。たとえば、職務質問は、犯罪の端緒になりうる。また、武器の使用は被疑者の逮捕に有力な手段を提供する。しかし、これらは例外とされる。宍戸基男「注解警察官職務執行法」一頁によれば、「本法は主として行政目的を実現するための手段を定《さだ》めたものである。」（宍戸氏の「注解警察官職務執行法」と、宍戸基男・渋谷力ほか「警察官権限法注解1」の中の警察官職務執行法関係は同一であるので、以下、宍戸氏の「注解警察官職務執行法」頁数を引用することにする。）

(29)　警察官職務執行法が一般法だとして、強制手段による警察官の職権職務を規定する特別法のうち、警察が所管するものを挙《あ》げると次のようなものがある。風俗営業等の規制及び業務の適正化等に関する法律・未成年者飲酒禁止法・未成年者喫煙禁止法・古物営業法・質屋営業法・銃砲刀剣類所持等取締法・道路交通法・酒に酔って公衆に迷惑をかける行為の防止等に関する法律・遺失物法・インターネット異性紹介《しょうかい》事業を利用して児童を誘引する行為の規制等に関する法律・サリン等による人身被害の防止に関する法律・自動車運転代行業の業務の適正化に関する法律・自動車の保管場所の確保等に関する法律・ストーカー行為等の規制等に関する法律・特殊開《かい》錠《じょう》用具の所持の禁止等に関する法律・不正アクセス行為の禁止等に関する法律・暴力団員による不当な行為の防止等に関する法律・無限連鎖講の防止に関する法律等

(30) 民事関係の秩序の確保のため、警察官の職権職務を規定したものとして、たとえば民法第九七七条（伝染病隔離者の遺言の立会）、商法第三九〇条（検査役に対する援助）、民事訴訟法第五三六条（強制執行の援助）・第五三七条（同立会）がある。

国税関係は財政権の作用に関するものであるが、国税徴収法第一四四条（捜査の立会）、国税犯則取締法第五条（臨時・捜索・差押の援助）・第六条（捜査の立会）、関税法第二〇条（不開港への出入）・第二一条（外国貨物の仮陸揚）・第二三条（船用品積込等）・第六四条（難波《なんば》貨物等の運送）・第九七条（警察官等の通報）・第一二九条（責任者等の立会）・第一三〇条（警察官等の援助）等がある。

第二章　職務質問

第一節　職務質問の対象

一　職務質問の要件

一　警察官の本領　二　不審者《ふしんしゃ》の取扱い戦前戦後　三　要件の分類

一　道路沿いに警察官の人形が立っている。遠くからそれを見た違反者は、あわててスピードをゆるめる。人形でも防犯上、危険の防止上役立つことがある。

しかし、警察官は、それだけではすまない。現実に違反者を現認したら、停車させて注意するなり、検挙《けんきょ》するなり、行動に出なければならない。ぼうっと見過ごしてばかりいれば、人形と変りがなくなってしまう。

やましい事のある者が、警察官の影を見てぎょっとするのは、警察官が、人形でなく、生きて活動する者だからである。警察官をみて、ふと、眼をそらして前を行き過ぎようとする。とたんに、もし、もし、とくる。すぐ逃げれば追いかけられる。止まって相手をすれば、やましい点が掘り出されるような気がする。身体谷《きわ》まる。そこに警察官の本領がある。

二　かような警察官の働きでも、これを規制する法律がある。それも厳重な要件が定められている。国民の日常の安全を守り、安全を脅《おびや》かす者をチェックする。だれが考えても、真《まこと》にありがたい、真に御苦労なこの働きでも、警察官一人一人の自由には任《まか》せられない、とする。一定の要件に従《したが》って、その範囲《はんい》内でやってくれ、という。

なぜか、というと、警察官はこわいからだ。警察官は諸刃《もろは》の剣《つるぎ》になる。玄関前のブルドッグは怪《あや》しい者を近づけない。近づけば喰《く》らいつくから番犬として有用だ。家の者や知っている人には喰らいつかないから、その範囲の人々にとっては、安心で頼もしい存在である。しかし、それ以外の者だと、友だちでも親戚《しんせき》でも跳《と》びつかれるおそれがある。やはり、鎖《くさり》でつないでおかなければならない。

戦前の警察官は「不審尋問《ふしんじんもん》」で猛威《もうい》を振《ふ》るった。「怪《あや》シキ者ヲ見認《みとめ》ルトキハ取紀《とりただ》シテ様子《ようす》ニ依《よ》リ持区内《もちくない》（出張所）ニ連行《れんこう》(1)」することができ、さらに、二四時間の「検束《けんそく》(2)」を加えることもできた。一旦警察官に怪しいと思われたが百年目、人身の自由はなくなるのだからこわかったのだ。

今は、警察官にもしもし、とやられる。その呼びかけに従《したが》わず、どんどん先へ歩いて行ってしまうと、警察官はますますこれを怪しく思い、跡を追いかけてくる。なぜ止まらない、と聞かれ、さらに本署までこい、と言われたので、しぶしぶついて行ったが、どうしてもいやだ。そこで、突《とつ》然《ぜん》、道路上に寝ころんでしまって、明日勤めがあるのだから帰してくれ、と哀願《あいがん》し、果《は》ては警察官の悪口を言い出す。さて、ここで、戦前と戦後の違いが出てくる。戦前ならば、ひきずり起こして連行《れんこう》する。戦後は、どうしても不審《ふしん》の念をぬぐい切れなかった警察官は、なんとか本署へ同行しようと、横たわっている相手の身体に両脚をまたぐようにして着衣《ちゃくい》に手をかけ引き起こそうとする。相手は両脚をばたつかせて抵抗する。その足は警察官の脚に当たる。さらになおも同警察官が相手を引き起こそうとするのに応じて、相手も同警察官の肩のあたりをつかんで立ち上がるとき、肩からかけた警笛《けいてき》の鎖《くさり》がちぎれた。

この場合の警察官は、どうすれば正しかったのだろう。同警察官は、これを公務執行妨害罪の現行犯として逮捕したので問題になった。

公務執行妨害罪（刑法九五条）は、警察官の適法な執行を保護する。これに暴行・脅迫を加えた者を逮捕することができる。しかし、その職務執行が違法ならば、これに抵抗する相手の行為《こうい》は正当防衛として許される。(3)

いやだ、いやだと言って寝ころんでまで同行を拒否する相手に手をかけてまで本署へ連《つ》れて行くことができるか、ということが争点になった。そして、裁判所は、相手の意に反してその身体や着衣《ちゃくい》に手をかけて引き起こし、連行《れんこう》を継続しようとすることは許されない、と結論した。

そればかりではない。相手が停止したとき、何故、そこで、まず職務質問をしなかったか。最初の呼びかけで、相手は逃げているのだから、警察官がこれを追いかけた所までは正当な職務執行だといえる。しかし、止まった相手に、すぐ様、本署へ来い、はひどかろう、というのである。それは、同行には、同行しなければならない客観的状況が必要であるからである。警察官が、本署まで行ってもらうのが好都合《こうつごう》であるとしても、それだけではだめだ、というのである。(4)

こうした制限の傾向は、警察官が質問を開始する、その相手の選択から問題になる。だれでも、勝手に呼び止めて質問ができるのではない。警察官が呼び止めて質問ができる相手というのは、やはり何らかの犯罪に関係ありそうな者でなければならない。そして、その関係の存在が外に現れて、警察官の眼にうつり、不審《ふしん》の念《ねん》を起こさせるものでなければならない。

もっとも、職務質問は、単に犯罪予防のために不審者《ふしんしゃ》をあらかじめチェックするにとどまるものではないことは言うまでもない。

職務質問は、右のほかに、不審者を発見、質問することによって、犯罪捜査の端緒《たんちょ》を得ようとするものでもある。(5)

それは、次の、職務質問の要件を見ることによっても明らかである。

三　以上のような、諸条件が警察官の職務質問の権限にまつわりついている。

法律は、これを、職務質問の要件と言っている。警察官は、その要件にはまる相手に対して、要件にはまる方法によって職務質問をすることとされている。

職務質問の要件は、警職法第二条に規定されている。

・第二条（質問）　警察官は、異常な挙動《きょどう》その他周囲《しゅうい》の事情から合理的に判断して何らかの犯罪を犯し、若《も》しくは犯そうとしていると疑うに足りる相当な理由のある者又は既《すで》に行われた犯罪について、若しくは犯罪が行われようとしていることについて知っていると認められる者を停止させて質問することができる。

・2　その場で前項の質問をすることが本人に対して不利であり、又は交通の妨害になると認められる場合においては、質問するため、その者に付近の警察署、派出所若しくは駐在所《ちゅうざいしょ》に同行することを求めることができる（ここでいう「派出所」は地域警察運営規則でいう「交番」と「警備派出所」をいう。）。

・3　前二項に規定する者は、刑事訴訟に関する法律の規定によらない限り、身柄《みがら》を拘束《こうそく》され、又はその意に反して警察署、派出所若《も》しくは駐在所に連行《れんこう》され、若しくは答弁《とうべん》を強要《きょうよう》されることはない。

・4　警察官は、刑事訴訟に関する法律により逮捕されている者については、その身体について凶器《きょうき》を所持しているかどうかを調べることができる。

これを、分類整理してみると、第一に、警察官は、どんな対象に対して質問をすることができるかが書いてある。その一は、「異常な挙動《きょどう》その他周囲《しゅうい》の事情から合理的に判断して何らかの犯罪を犯し、若しくは犯そうとしていると疑うに足りる相当な理由のある者」である。その二は、「既《すで》に行われた犯罪について、若しくは犯罪が行われようとしていることについて知っていると認められる者」である。これ以外の者に対して職務質問はできない。

第二に、警察官は、質問をするために、どのような方法を用《もち》いることができるかが書いてある。

その一は、対象を「停止させ」ることである。その二は、対象に「同行することを求めること」である。そして、「刑事訴訟に関する法律の規定によらない限り、身柄《みがら》を拘束《こうそく》され、又はその意に反して警察署、派出所、若《も》しくは駐在所《ちゅうざいしょ》に連行《れんこう》され、若しくは答弁《とうべん》を強要《きょうよう》されることはない。」（二条三項）。

第三に、警察官は、どういう対象に対して、凶器《きょうき》所持の有無について調べることができるかが書いてある。それは、「刑事訴訟に関する法律により逮捕されている者」である。

二　不審者《ふしんしゃ》――職務質問の対象（一）

一　不審者とはどういう者か　二　不審者認定の実際
三　認定に当たって注意すること　四　認定と事前情報

一　警察官が、警職法第二条の規定によって、職務質問をすることができるとされている第一のものは、不審者である。挙動不審《きょどうふしん》の者ともいう。

法律は、これを、「何らかの犯罪を犯し、若しくは犯そうとしていると疑うに足りる相当な理由のある者」と言っている。

「疑うに足りる相当な理由のある者」というのは、要するに客観的にだれが見てもそうだ、ということの法律的慣用語《かんようご》であるから、一応《いちおう》そのように客観性のある者に限って、この場合考察することにすると、対象は、次のように単純化《たんじゅんか》される。

㈠何らかの犯罪を犯したらしい者、㈡何らかの犯罪を犯そうとする気配《けはい》のある者、である。いずれも、何らかの犯罪に関係がある。殺人か、強盗《ごうとう》か、窃盗《せっとう》か。はたまた別の犯罪か。犯罪の種類まではわからないが要するに臭《くさ》い。何かやらかしている。いや、何かやろうとしている。そういう相手である。

法律は、その臭さ加減《かげん》を判断する一つのよすがとして、「異常な挙動《きょどう》その他周囲《しゅうい》の事情から合理的に判断して」という文言を書き込んである。

判断は主観的であってはならない。おれはこう思う、というだけではだめである。それは「合理的」でなければならない。でないと、「相当な理由」にならない。そして、その合理性を支える客観的な舞台が「異常な挙動その他周囲の事情」である。

芝居《しばい》を頭に描《えが》いてもらいたい。大きな風呂敷包《ふろしきづつみ》をかついだ役者が出てきた。手ぬぐいを頬《ほお》かむりして眼だけぎょろつかせている。

ははあ泥棒《どろぼう》だな、と速断《そくだん》するのは「合理的」でない。まだ、舞台装置《ぶたいそうち》がわかっていない。言い換《か》えると「周囲《しゅうい》の事情」がわからない。したがって、くだんの役者の挙動《きょどう》が「異常な」ものかどうかはいまだ断定することはできない。

背景に街並《まちなみ》が出ている。太陽は輝いていないが昼間の光景のようである。人通りも多い。ただ、皆、寒そうに襟《えり》に顔を埋《うず》め、背を丸めて歩いている。北風のひゅうという擬音《ぎおん》が聞こえる。くだんの役者が出てきた店には呉服問屋《ごふくどんや》の看板《かんばん》が出ている。

と、こうなると「異常」とは言うことはできまい。呉服屋が反物《たんもの》をかついで店から出てきた、と、ただそれだけの光景になる。

舞台《ぶたい》は夜になった。人っ子一人いない。くだんの役者は、とある商家の板戸をあけはなしたまま出てきて足早に立ち去る。と、こうなると、その「挙動」は「異常」性を帯《お》びてくる。なぜ板戸を閉《し》めないのか。そこで警察官が声をかける。やにわに荷物を投げ出して走り去れば、それこそ本物だ、ということになる。

以上のことを、法律用語で再現すると、「異常な挙動その他周囲の事情から合理的に判断して何らかの犯罪（窃盗《せっとう》か強盗《ごうとう》か、強盗殺人か）を犯し」「ていると疑うに足りる相当な理由のある者」と、いうことになる。

二　さて、こういう考え方を前提《ぜんてい》において、実際にあった例につき、認定の実際を見てみよう。

甲警察官は、今日《きょう》は、侵入盗犯検挙《けんきょ》月間の初日だぞ、と自分に言い聞かせて街へ出かけた。服装は、白シャツにネクタイ、水色の作業服に黒いズボン、私服である。

とある劇場の前へ来ると、ふと、一人の男が眼にとまった。粗末《そまつ》なジャンパーとズボンをまとい、天気がよいのに泥のついたように白く汚れた古い半長《はんなが》のゴム靴をはき、古新聞を折って入れた紙袋を提《さ》げている。男は劇場の看板《かんばん》をながめている。時計を見ると午前十時ころで、そんな時刻に看板を見ているのは不自然である。甲警察官はそう思った。その服装等から観察して、他で犯罪を犯してきた者ではなかろうか。

甲警察官が主観的に不審《ふしん》を感じたのはそれでいい。多くの場合は、それが、そのまま客観的合理性の裏打ちを得ることができるはずである。疑いはまず主観から始まる。警察官が、はて、と感ずる。すべてはそこから出発する。

しかし、それだけだと、相手が反抗し、警察官も興奮《こうふん》して公務執行妨害だ、と言いたくなったときに問題が起こる。「疑うに足りる相当な理由」があったのか、なかったのか。なかった、とすれば、その職務質問は違法であり、違法な職務執行に反抗するのは正当防衛だ、公務執行妨害などとはとんでもない。逮捕する。よし、逮捕して見ろ。後で吠《ほ》え面《づら》かくなよ、ということになってしまう。

そこで、右の例で、「疑うに足りる相当な理由」つまり、客観的合理性が認められるか認められないか、検討してみると、まず、そのためには、舞台装置《ぶたいそうち》を見る必要があることは先に説明した。「異常な挙動《きょどう》その他周囲《しゅうい》の事情」を判断することである。それも、主観的偏見《へんけん》でなく、客観的・合理的に判断するのである。

相手方、職務質問の対象となったゴム半長靴《はんながぐつ》の男は、劇場の看板《かんばん》を見ていた。時間は午前十時ころ。これは「異常な挙動」であるか。検証の結果裁判所はこれを次のように言っている。その劇場の界《かい》わいは繁華街《はんかがい》であって市民はもちろん各地からの旅行者も常時往来する。また、同劇場はじめ付近に散在する映画館等は、大体正午ころから開場する運びになっていて、とくに、問題の劇場は、団体客なら、午前十時ころから入場させている。「被告人（ゴム半長靴の男）が、午前十時ころの時刻に同劇場前で表看板をながめていたとしてもそのこと自体決して不自然な挙動と認めることはできない。」と。

次に、人相風体《ふうてい》であるが、まず、着衣《ちゃくい》は「いずれも粗末《そまつ》なものだったようであるが、とくに汚れていたり破れていたりしたものではない」。また、ゴム半長靴は「使い古したものではあるが、とくに汚れてもいないし……いたんでいるとも思えない」。所持していた「紙袋は、現に幾《いく》つかの箇所が破損し、しわだらけになっていて使用に耐《た》えない状態になっているものの……当時右紙袋はその把手《とって》の部分にわずかにしわができていた程度《ていど》であり、かつ、ほとんど破損されていなかったのでさほど見苦しい状態ではなく、物入れ用として十分使用に耐《た》えたものであることが認められる。そして被告人のその当時の頭髪も普通の状態であったことが明らかであるから、その際における被告人の服装や履物《はきもの》や所持品《しょじひん》等による様相《ようそう》は、一般労働者らのそれと多く異なるところがなく、それらのことからは、少しも不審《ふしん》を抱《いだ》かせると思われるふしは見受けられない。」と、こういう認定である。(6)

それにもかかわらず、甲警察官は、氏名・住所等を質問した上、付近の交番へ同行することを求めた。

裁判所はいう「甲警察官は、その当時における具体的諸条件に照らして、何ら犯罪を疑わせる等の客観的・合理的な理由が存しないにもかかわらず、その主観的な観察のみに頼って、被告人に対しいわゆる職務質問をあえてしたことに帰着《きちゃく》し、その行為《こうい》は適法な職務の執行と認めることはできない。したがって、右の職務質問を前提《ぜんてい》としてなされた付近の交番に同行することを求める行為も、またその適否自体を審究《しんきゅう》するまでもなく適法な職務の執行と認め得ないことは自《おのずか》ら明らかである。(7)

三　だれでも捕まえて質問することができるのではない。任意捜査の聞込と違う点をはっきりしておく必要がある。

すなわち、捜査情報を知っている人を捕まえて協力してもらう、というのと、警察官の職務執行として職務質問をすることとはニュアンスが違う。とくに、不審者《ふしんしゃ》と見て職務質問をするとなると、その不審点については、客観的・合理的に不審だと説明できるよう整理してからなければならない。

とはいえ、現実の職務では、カンが働く。おかしい、怪《あや》しい、不審だ、という警察官のカンが物を言う。いちいち理屈《りくつ》を考えているわけではない。

そこで、職務質問のとっかかりは、少しも主観的であるかどうかにこだわる必要はない。問題はその後である。だんだん質問を重ね、態度を観察しているうちに、これは、本当に不審者か、そうでないかを、それこそ、客観的・合理的に判断する余裕《よゆう》をもっていなければならない。

余裕。すべてを決するのは、これである。余裕は自信のあるところから生まれる。自信は、学習と努力の中から養《やしな》われてくる。「我に対して如何《いか》なる無理非道《むりひどう》の挙動《きょどう》あるも道理を以《もっ》て懇切《こんせつ》を尽《つく》し其事《そのこと》に忍耐《にんたい》勉強すべし」[8]と、明治の大先輩川路大警視（初代警視総監）は教えている。

もう一つ川路大警視の言葉をあげると、「警察官たる者は職務上如何なる凶暴《きょうぼう》の人に逢《あ》ふとも決して心を攪乱《かくらん》し憤怒《ふんぬ》を発するが如《ごと》きの挙動《きょどう》あるべからず」(9)腹を立てて相手と争うということは、結局相手と同等の者に身を下げることである。警察官の職務を捨てることである。というのである。真理は、一〇〇年前も今もかわりがないことがわかるであろう。

不審者《ふしんしゃ》を見たら、ちゅうちょなく質問を開始する。相手によっては不穏《ふおん》な挑発的言動《ちょうはつてきげんどう》をとるかもしれない。しかし、警察官は「異常な挙動その他周囲《しゅうい》の事情から合理的に判断する」冷静さを片時《かたとき》も忘れることがあってはならない。

そして、「何らかの犯罪を犯し、若《も》しくは犯そうとしていると疑うと足りる相当な理由のある者」であるかどうか的確に判断して次の言動を選択しなければならないのである。

四　不審だ、ということが、客観性をもたなければならない、ということは、眼の前の様子《ようす》が判断材料のすべてであるということではない。事前情報による判断もあることを注意しておかなければならない。

人相風体からして立派な紳士であり、ふつうはだれもが不審を感じない、そういう相手であっても、情報があって、たとえば、茶色の三ッ組背広を着し、チョコレートの短靴をはき、一見大学教授風であるが、こういう特徴がある、という知識を与えられている場合は別であることは当然である。

数日前に朝鮮人が火炎ビンを投げてA市方面に逃走した、という情報を得ていたA市の警察官が、見なれない朝鮮人を見て、一応《いちおう》職務質問をしようと思った。そして、外国人登録証明書の呈示《ていじ》を求めた。これが、正しいことは、右の説明で明らかであろう。怪《あや》しまれるような人相風体ではない。普通に街を歩いていた、としても、不審者《ふしんしゃ》と判断するについては、事前情報がきいているのである。(10)

飲み屋街で従業婦の後を追いかけたりして戯《たわむ》れるのは、日常普通のことである。これに警察官がいちいち口を出したら、きらわれるだけでなく、相手は怒りだすかも知れない。

午後一一時ころそれをやって暴行を受けた警察官がいた。その警察官は、Tが酒に酔って従業婦S子を追いながら眼の前に来たので同人に対し、いつまでもこんな所でうろうろせず早く帰れと言った。

Tは飲んでいた場所に帰って、仲間に今、表に駐在巡査が来て、遅くまで騒ぐな帰れと言われた、と告げた。怒りだしたのは、この仲間である。廊下伝《ろうかづた》いに勝手口《かってぐち》に行き、そこにいた巡査にくってかかった。巡査は私服であったが、そばにいたその家の女将《おかみ》が、この人は駐在さんだから乱暴しなさんな、と注意するのも聞かず同巡査につかみかかった。

巡査はこれを、公務執行妨害罪で逮捕した。さて、酒を飲んだり、従業婦に戯れたりするのを職務質問するのは、正当な職務執行になるのだろうか。以上の材料だけでは疑問になるだろう。Tは「何らかの犯罪を犯し、若《も》しくは犯そうとしていると疑うに足りる相当な理由のある者」であろうか。

この事件の結論は巡査が正当な職務執行をしていたことになった。何故そうなったか。種明《たねあ》かしをすると、それは、事前の申告があったのである。

すなわち、巡査がその家の前にさしかかったとき、女将《おかみ》から店に不良が来て酒を飲み暴れて困ると申告を受けた。たまたまその時、Tが酒に酔い、同家の従業婦S子を追いながらその場所に来た。「いつまでもこんな所でうろうろせず早く帰れ」という声がでたのはその時である。

こうなると、巡査の言動《げんどう》は、いきなり正当性を帯《お》びてくる。裁判所も、右の状況下で、巡査が相手を停止させて質問をするのは当然のことであるとし、これに暴行を加えたTの仲間を公務執行妨害罪で処罰した。(11)

三　参考人──職務質問の対象（二）

一　参考人とはどういうものか
二　参考人が不審者《ふしんしゃ》と同じ扱いになる理由

一　警察官が、警職法第二条の規定によって、職務質問をすることができるとされている第二のものは、いわゆる参考人である。

法律は、これを、「既《すで》に行われた犯罪について、若《も》しくは犯罪が行われようとしていることについて知っていると認められる者」と言っている。

これを書きなおすと、㈠すでに行われた犯罪について知っていると認められる者、㈡犯罪が行われようとしていることについて知っていると認められる者、であり、さらに単純化《たんじゅんか》すると、㈠既発の犯罪について知識のあるらしい者、㈡未発《みはつ》の犯罪について知識のあるらしい者、である。

これら、二種類とも、その本人が、直接、問題の犯罪について責任をもっているわけではない。ただ、他人のことについて、知識をもっているだけである。

この点が、不審者と異なる点である。不審者は、何らかの犯罪に自《みずか》らかかわっている。言わば、その犯罪についてある程度《ていど》責任を有している者である。

参考人は、どっちみち、聞きたくもない、あるいは見たくもない事柄《ことがら》を、不幸にしてたまたま眼にし、耳にしたものである。私は関係がありません、と言いたい者である。

その関係のない、言わば、問題の犯罪について責任を分担するいわれのない者たち、すなわち参考人が、不審者《ふしんしゃ》と一緒にされて、警察官の職務質問の対象に選ばれるについては、思い出しておかなければならない原則がある。それは、第一章第二節二の注3で述べた「警察責任の原則」である。

二　警察は、だれにでも権力を振《ふ》るってはいけない。警察が権力を振るわなければならない相手は、社会公共の秩序を維持するについて、何らかの障害をもたらした者、又はもたらそうとする者、たとえば、犯罪を犯し、又は犯そうとする者でなければならない。社会公共の秩序の維持に有害な事案につき、責任を有する者でなければならない。罪の償《つぐな》いは、罪を犯した者だけがする。また、チェックを受け、自由を制限されるのは、罪を犯そうとする者である。

参考人は、ただ、不幸にして、既発の犯罪若《も》しくは未発《みはつ》の犯罪について知識を得てしまった者である。その犯罪の発生について、責任を有しているわけではない。

そうすると、警察責任の原則上、警察官の職権職務の対象にはしてはいけない者なのか、どうかが、問題になるはずである。

確かに、参考人を不審者《ふしんしゃ》と同等に扱う、というのは、警察責任の原則にとっては重大な譲歩《じょうほ》であり、例外である。何故このような例外を認めたか。

その理由はすなわち、参考人を職務質問の対象とする目的でもある。それは、犯罪の予防又は捜査の端緒《たんちょ》を得るために必要であり、欠くことができない、ということである。(12) 犯罪を未然に防あつし、又は、発生した犯罪を早期に片付ける。それによって社会の安全が保《たも》たれる。そのためには、ある程度《ていど》のことは我慢してもらおう、という趣旨である。

(1) 行政警察規則（明治八年太政官達二九号）第二四条は、「怪《あや》シキ者ヲ見認《みとめ》ルトキハ取糺《とりただ》シテ様子《ようす》ニ依《よ》リ持区内《もちくない》（出張所）ニ連《れん》行或《こうあるい》ハ警部ニ密報シ差図《さしず》ヲ受クヘシ　倉卒《そうそつ》ノ取計《とりはからい》アル可《べ》カラス」と規定していた。

(2) 行政執行法（明治三三年六月法律八四号）の第一条を見ると「当該行政官庁ハ泥酔者《でいすいしゃ》、瘋癲者《ふうてんしゃ》自殺ヲ企ツル者其ノ他救護ヲ要スト認ムル者ニ対シ必要ナル検束《けんそく》ヲ加ヘ戎器、凶器《きょうき》其ノ他危険ノ虞アル物件ノ仮領置《りょうち》ヲ為《な》スコトヲ得《う》　暴行、闘争其ノ他公安ヲ害スルノ虞アル者ニ対シ之ヲ予防スル為《ため》必要ナルトキ亦《また》同シ　前項ノ検束ハ翌日ノ日没後ニ至ルコトヲ得ス　又仮領置ハ三十日以内ニ於《おい》テ其ノ期間ヲ定ムヘシ」とされていた。ここで「当該行政官庁」というのは、警察署長及び、その補助者としての警察官のことである。

(3) 団藤重光編「注釈刑法(3)各則(1)」四七頁～四八頁は、「ドイツ刑法第一一三条は『職務の適法な執行中に』(**in der rechtmäpigan Ausübung seines Amtes**) と規定している。わが刑法にはその旨《むね》は明示されていないが、解釈論上、当然にこのような要件を加えるべきものとするのが通説であり（……略……）、また判例の一般的立場でもある

（……略……）……中略……法規に従《したが》わない公務員の職務行為《こうい》を保護して、これによって国民個人の基本的人権が侵害されることを等閑視《とうかんし》し、その違法な公務員の行為を排除するために行われる国民個人の権利防衛行為に対して刑罰をもって臨《のぞ》むことは許されないものと言わなければならない。……中略……公務員の違法な行為によって権利を侵害される者が、防衛のために公務員の行為を妨害することも、本罪（公務執行妨害罪）の構成要件に該当するものではなく、また、事情によっては、正当防衛行為として、さらに暴行罪（二〇八条）又は脅迫罪（二二二条）についての違法性をも阻却《そきゃく》すべきである。」としている。

（4）　新潟地高田支判昭和四二年九月二六日下刑集九・九・一二〇二は、「本件では犯罪の成否はいつにかかって○○巡査の被告人に対する追跡《ついせき》・連行《れんこう》・身体強制等の行為が警察官職務執行法に照らし正当な職務行為と認められるかどうかにあるところ、当初被告人を挙動不審者《きょどうふしんしゃ》と考えた○○巡査が被告人に声をかけて呼び止めた行為、及びこれに応ぜず逃走した被告人を職務質問を行うため追跡した行為が正当な職務行為に該《かか》ることは問題がないとしても、停止した被告人に本署に来るように告げて同人の腕をとり電報電話局付近まで連行した行為が適法かどうかは疑問である。何故ならば、右被告人が停止し、甲巡査が追いついて向き合ったU方前付近は住宅街の中の比較的《ひかくてき》狭い路地状の通路上であり、時間的にも車はもちろん、人の往来も皆無《かいむ》に近いほどの所であって、付近に住宅があるとはいえ、同所で被告人に職務質問を行うことは被告人にとって何ら不利でなく、交通の妨害にもならないことは明らかである……中略……本件において被告人が……中略……同所に横になってしまい「明日勤めがあるから帰してくれ」と同行を拒絶し、かつ、同所が午前四時すぎで人車の往来もなく、付近が通常の人家よりも公共的建物の多い、その時刻としては人気《ひとけ》も少ない場所である以上、挙動不審者を取り扱う警察官に許される行為としては横になった被告人に対しそのままの状態で職務質問を行うか、又はあくまでも言語による説得によって納得《なっとく》させ本署・派出所等への同行を承諾《しょうだく》させることに限られたのであって、被告人の意に反しその身体・着衣《ちゃくい》に手をかけて引き起こし、連行《れんこう》を継続しようとすることはもはや許されなかったものと解さなければならない。」としている。

(5) 大阪高判昭和二九年四月五日判特二八・一一五は、「警察官及び警察吏員《りいん》は、犯罪捜査のためにも挙動《きょどう》不《ふ》審者《しんしゃ》に対し警察官職務執行法第二条第一項に基づき質問することができ、同条第二項の場合には質問のため付近の警察署又は巡査派出所に同行を求めることができるのであって所論のごとき犯罪予防の場合にのみ限られるものでないことは文理上極《きわ》めて明瞭《めいりょう》である。犯罪予防の段階においてのみ許されるものと主張する所論は法文の趣旨を故《ことさ》らに曲解《きょっかい》するものであって佐祖《さたん》し難《がた》い。」としている。

(6) 京都地判昭和四三年七月二二日未登載

(7) 同右判例

(8) 川路利良述「警察手眼」（明治九年）（この本については、第一章第一節注（2）を参照のこと。）

(9) 同右書

(10) 東京高判昭和二九年六月三〇日は、「数日前に朝鮮人が火炎ビンを投げてA市方面に逃走したという情報を得ていたA市警察官が市内で見かけない朝鮮人と見られる未知の通行人に対し一応《いちおう》職務質問をなし、外国人登録証明書の呈示《ていじ》を要求することは適法な行為《こうい》である。」としている。

(11) 福岡高判昭和二五年一二月二〇日高検特報二五・二一・八七は、「巡査甲が夜遅く特殊料理屋Sの女将《おかみ》から、不良が来て飲酒し暴れて困ると申告している際、偶々《たまたま》Tが酒に酔い従業婦を追いかけて来たので、これを停止させて質問するのは、前記警察官等職務執行法に基《もと》づく同巡査の職務執行の範囲《はんい》内にあるものと解すべきこと、誠に当然」としている。ここで「警察官等職務執行法」と「等」が入っているのは、旧法時代のものだからである。

(12) 宍戸基男「注解警察官職務執行法」五一頁は、「警察違反の状態の発生について責任がある者ではなく、むしろ、第三者の立場にあるものであるから、これらの者が本条の極限の対象とされているのは、警察責任の原則に対する一種の例外で、犯罪の予防又はその捜査の端緒《たんちょ》を得るための必要から認められたものである。」としている。

第二節　職務質問の手段

一　追跡《ついせき》すること

一　追跡することの問題点　二　実例と判例

一　不審者《ふしんしゃ》を見つけて職務質問しようとしたら、見向きもしないで通り過ぎようとした。さらに追いすがって質問を続行しようとする。相手は顔をそむけ、すたすた歩速を速《はや》めて行こうとする。一言も言わない。

こういう場合は職務質問をあきらめなければならないのだろうか。

警職法第二条を見ると、警察官は、対象を認めたときは、これを「停止させて質問することができる。」と書いてある。

「停止させて」、つまり、物も言わずに足早《あしばや》に過ぎ去るような者でも、その足を止めて質問することができるのだ、と、こう考えて手をかけることができるか。

職務質問をする警察官にとって、最大の問題は、この相手方に手をかけることが許されるかどうかである。腕をつかんで引き止める。逃げる相手は、抱《だ》きついて押《お》し止《とど》める。それができるかどうかで昔から争われてきた。

今その問題に入る前に、その前提《ぜんてい》としての追跡《ついせき》、追いかけることについての争いを顧《かえり》みてみよう。

職務質問をせよ、と言われても、これは任意手段だから、相手方の意図《いと》を尊重《そんちょう》しなければならない。相手がいやだということは強制できない、という大前提がある。許されている行動は、あくまでも説得である。

ところで、説得しようにも、相手が顔をそむけたまま、すたこら行き過ぎてしまう場合は、しばらく、その相手との距離を一定に保《たも》ちつつ話しかけを続けなければならない。その姿はまさに追随《ついずい》である。そして、相手が歩速を速《はや》めればこちらも速め、相手が走ればこちらも走り、相手が座《すわ》ればこちらも座《すわ》る、疑念をはらすまで、質問は続行されなければならない。

問題は、相手が走り出したときである。間髪《かんぱつ》入れず、こちらも走り出す。相手が何も悪いことをしていない。ただ、わずらわしいから避けようとした、という場合を想定《そうてい》すると、誠にうるさい警察官だ。人の自由を束縛《そくばく》して。一体《いったい》、何の権限があってそうするのだろう。ということになる。そこで腹を立てて、警察官に手をかけると、公務執行妨害罪の現行犯で逮捕される。腹にすえかねた相手は、とうとう最高裁判所まで、二年越しに争う、そういうケースがあった。お陰《かげ》で、追跡《ついせき》、という問題ははっきりした。

二　その男Aは、公園で仲間三人と立話をしていた。そこへ来あわせた警察官甲乙の両名はこれを怪《あや》しい者の密談と見た。

近寄って職務質問が始まる。まず、順次住所・氏名を聞いていくと、皆答える中に、Aだけは答えない。当然、質問はAに集中する。Aは風呂敷包《ふろしきづつみ》を持っているので、中身を見せろ、と言うと、これは、人からの預《あずか》り物だから見せられない、と相変《あいか》わらず拒否する。甲警察官が、外側から触《ふ》れた感触《かんしょく》ではどうも女のハンドバッグらしい。どうしても、ここで呈示《ていじ》できなければ、そこの交番まで来てくれ、と同行を求めると、別に悪いことをしているわけではないから行く必要はない、と徹底抗戦《てっていこうせん》の構えだ。

そこで警察官甲とAとの押問答《おしもんどう》が始まる。この押問答になったら、警察官としては、説得の方法について、振出しにもどって再考してみなければならない。相手が、どうしてもいやだ、と言い張り、押問答になっているのに、問答無用と引きずっていくような行為《こうい》にでたら、いっぺんにその職務執行は違法になってしまう。(1)

この例では、Aは、そうこうするうちに突然《とつぜん》逃げ出すという挙《きょ》にでたので、警察官の分《ぶ》がよくなった。逃げ出す、という行為は、何にもまして「異常な挙動《きょどう》」である。残る問題は、逃げる、という行為によって、職務質問の相手になることを拒否している相手をあきらめてそのまま見逃《みのが》してしまうのか、あくまでも追跡《ついせき》し、喰《く》い下がるのか、ということである。そして、その追跡する行為が、人の自由を拘束《こうそく》し、したがって正当な職務執行と言えなくなるのかどうか、と言うことである。

警察官甲と乙は、Aを追いかけた。Aは、追いつめられてころんだ。甲乙は、追いつき何故逃げるのか、と聞こうとした。その時、Aは、背を土につけたままの姿勢で、いまいましそうに甲乙を、蹴《け》とばしたのである。

甲乙は、Aを逮捕した。公務執行妨害罪の現行犯である。

問題の焦点はわかるであろう。甲乙両警察官が職務質問をした。職務質問の対象は不審者《ふしんしゃ》である。夜、しかも女物のハンドバッグらしい風呂敷包《ふろしきづつみ》を提《さ》げている。これを、折《おり》から、捜査中の特別傷害の犯人ではないかと考えて職務質問をする行為《こうい》は言うまでもなく正当な職務執行である。

問題はその先にある。押問答《おしもんどう》になり、そのまま続いていると、あるいは、相手方の拒否の意思が明確であるにもかかわらず、それを無視した、と言われるおそれはあった。しかし、この例では、そうならないうちに、相手の方で逃げ出すという「異常な挙動《きょどう》」に出てくれた。すると、次の問題

は追跡《ついせき》の是非《ぜひ》である。右の事案の第一審名古屋地方裁判所の意見を聞こう。(2)

「警察職員と謂《い》えども刑事訴訟法等相当な根拠《こんきょ》のない限り答弁《とうべん》を強要《きょうよう》することができないことは同条第三項に照らし明白であるから警察職員はよろしくその注意を体《たい》し苟《いやし》くも被質問者に対し強制がましき態度に出ないよう十分注意をなすべきものなること勿論《もちろん》である。」

「同条第三項」というのは、警職法第二条第三項のことであり、被質問者は「刑事訴訟に関する法律の規定によらない限り、身柄《みがら》を拘束《こうそく》され、又はその意に反して警察署、派出所若《も》しくは駐在《ちゅうざい》所《しょ》に連行《れんこう》され、若しくは答弁を強要されることはない。」ということである。強制は刑事訴訟法等によってはじめてできるので、警職法第二条はあくまでも任意手段によるものである、ということである。

法律制度は確かにそのとおりである。あとはあてはめの問題になる。右の意見の先を見よう。

「しかるに本件に於《お》いて被告人（A）は被害者（警察官甲乙）の質問に対し答弁を峻拒《しゅんきょ》したこと右認定のところにより明白であるから被害者（警察官甲乙）はこの程度《ていど》に於《おい》て質問を打切るべきであったのに被告人（A）が逃走したからといって之を追跡《ついせき》し被告人（A）が転倒するも更《さら》に質問を続行し、暗《あん》に答弁《とうべん》を強要《きょうよう》するが如《ごと》き態度に出たのは到底《とうてい》職務行為《こうい》とは認められない。」

逃走するのは、「答弁を峻拒《しゅんきょ》したこと」である。いやだ、ということを、これほど明白に表《あらわ》す行為はほかにはない、と言っていい。

そこだけを考えると、確かに、右の意見は正当なひびきを持ってくる。

そこだけを考えると、と言った。それでは、そこだけでない考え方というのはどういうものであるか。

それが、右の事実の第二審判決名古屋高等裁判所の意見である。(3)

それは、およそ警察官の職務質問の対象として、尋常《じんじょう》普通《ふつう》と、異常とは、どういう風に区別されるか、から説明して、次のように言っている。

「蓋《けだ》し斯《か》かる場合自己に何等疾《なんらやま》しいところがない通常人であれば快《こころよ》く質問に答え、所持品《しょじひん》を呈《てい》示開被《じかいひ》して警察官の疑いを解くの態度に出るのが寧《むし》ろ普通だと考えられる。」

疑われて気持のいい者はいない。かぶされた泥は、一刻も早く身ぶるいしてでも取り去ろうとする。そして、疑われるについては、疑われるだけの理由があるのだから、まず、何よりも、その理由を氷解《ひょうかい》させなければならない。そう考えるのが普通であり、普通人は一生懸命質問に答える。

ところが、この頃から、敗戦《はいせん》教育の成果が現れ始めて、そこまで公共のためにならなくとも、個人の自由のほうが大事だ、とする学者・知識人も現れ始めていた。(3の2)

問題の男Aは「自己の氏名を秘して語らず、且《か》つその所持品《しょじひん》につき前叙《ぜんじょ》の如《ごと》き応答を為《な》し（原判決は答弁を峻拒《しゅんきょ》したと認めているが、右の如き応答を為していることは明らかである。）警察官をして疑いを氷解せしむるに足る答弁を為さず、却《かえ》ってその疑惑を深めるが如き曖昧《あいまい》な言辞《げんじ》を構え、所持品の呈示《ていじ》を拒《こば》み、最寄《もより》の派出所〔今の交番〕への同行を肯《がえ》んせず、あまつさえ所持品を携帯した儘突如《ままとつじょ》その場を逃げ出すが如き挙動《きょどう》に出れば、その行動自体明らかに異常な挙動であると認めざるを得ない。」

さて、尋常普通《じんじょうふつう》と異常とがこのように区別理解される。それでは、異常に対してどのようにするのが、警察官として正しい態度であろうか。相手がいやがっているのだから、ここは、質問を打ち切り、相手の意思を尊重《そんちょう》すべきであろうか。名古屋高等裁判所の意見を続けて聞いてみよう。

「或種《あるしゅ》の犯人ではないかの疑《うたがい》を持たれた被告人（A）が逃走したからと言って質問を途中で打ち切りその逃走し行く姿を唯慢然《ただまんぜん》と拱手《こうしゅ》して見送り何等《なんら》かの措置《そち》を講ずべきでないと謂《い》うが如きは、警ら中にある警察官としてその重要な任務と職責を忠実に遂行《すいこう》したものと言うことは出来ない。」

打ち切るのは、「重要な任務と職責を忠実に遂行《すいこう》したものと言うことが出来ない。」というのである。しかし、名古屋地方裁判所の言っていることを思い出してみると「追跡《ついせき》し」、「質問を続行」することは、「暗《あん》に答弁《とうべん》を強要《きょうよう》する」ことになり、「到底《とうてい》職務行為《こうい》とは認められない」というのではなかったか。これに対して高等裁判所は「逃走する被告人を停止させて質問を続行する為《ため》には必然的に被告人の走る速度に順応《じゅんのう》して、その跡を追いかけることは普通の場合最も通常の手段と謂《い》わなければならない。即《すなわ》ち追跡なる行動自体を目《もく》して強制又は強制手段であるとは考えられない。」と断言する。すなわち、

「警察官としては故《ゆえ》なく逃走する被告人を強制に亘《わた》らない程度《ていど》において停止させ、警察官としての叡智《えいち》を傾《かたむ》け臨機《りんき》適切なる方法により被告人に注意を与え、その意を翻《ひるがえ》させ合法的に質問を行い、その疑いを解明する為に必要な努力を払《はら》い以《もっ》てその職責を忠実に遂行する責務があると解すべきである。」

「叡智を傾け臨機適切なる方法」によって、ともかく、逃げる相手の「意を翻させ」るのが、警察官の「職責」である、という。そして、「合法的に質問を行い」、いったん抱《いだ》いた「疑いを解明する為に必要な努力を払い以てその職責を忠実に遂行」するためには、逃走する「被告人の走る速度に順応して、その跡を追いかけることは普通の場合最も通常の手段」である。この「通常の手段」を目《もく》して「強制又は強制手段であるとは考えられない。」という。

この極《きわ》めて常識的な結論は、昭和三〇年七月一九日、最高裁判所の支持を受けた。

「巡査から挙動《きょどう》不審者《ふしんしゃ》として職務質問を受け、派出所〔今の交番〕まで任意同行を求められた者が突如《とつじょ》逃走した場合に、巡査が更《さら》に職務質問をしようとして追跡《ついせき》しただけでは、人の自由を拘束《こうそく》し

たものではなく、巡査の職務行為《こうい》として適法であること原判決の説示《せつじ》するとおりである。」(4)と。

しかし、ただ追いかけるといっても、いろんな態様《たいよう》がある。どんなことをしても強制手段に当たらない、ということにはならない。たとえば、「逃げると撃《う》つぞ」と叫びながら追いかけるのはどうであろうか。これを聞いて、もし、相手が止まったとしても、任意停止した、と言えるであろうか。

常識はノーと言うであろう。「逃げると逮捕するぞ」というのも同じである。単に逃走する被告人の位置に接近するのは、必要な自然の行動として許されるが、撃つぞ、逮捕するぞ、で脅《おど》かして止める行為は、もはや、任意手段ということはできない。警職法第二条第一項の範囲《はんい》を超え、違法とされるのである。(5)

追いかける行為は許されるが、追いかけ方には限界があることを知らなければならない。

二　停止と有形力《ゆうけいりょく》の行使《こうし》

一　前項で、追跡することが、適法な職務執行として許されることを説明したのであるが、追跡しても追跡しても相手は逃げ回り、「合法的に質問を行」うにも、その余地《よち》が与えられないとしたら、「疑いを解明する為《ため》に必要な努力を払《はら》い以《もっ》てその職責を忠実に遂行《すいこう》」することはできない。最高裁まで行って、ここまで認められたのであるから、もう一押《ひとお》し、相手に手をかけて停止させることができなければならない。

しかし、手をかけて引き止めるということは、法律用語を使えば「有形力の行使」である。有形力の行使とは、非常に幅《はば》のある概念である。たとえば、暴行罪を構成するに足る有形力の行使もあ(6)れば、また、単に、人の肩をぽんとたたく有形力《ゆうけいりょく》の行使《こうし》もある。

有形力の行使は、これを受ける方からすれば決してありがたくない方法である。そして、次第《しだい》によっては、自由意思を抑圧することにもなりかねない。

もし相手の自由意思を抑圧し、長時間、交番や駐在所《ちゅうざいしょ》においていたとすると、それは、逮捕と同視すべき強制手段によっていた、ということになる。

ここで問題にするのは、有形力の行使の中でも軽い方である。逃げる相手に手をかけて引き止める行為《こうい》である。

この程度《ていど》の行為でも、やはり、強制手段に含《ふく》めて考えられるのだろうか。それとも、任意手段の外郭《がいかく》ぎりぎりの所に位置づけられるものであろうか。

ともあれ、実際には、この程度の有形力の行使が許されなければならない。そうしないと、警察官の職務質問の職権職務は、一番ものになりそうなときに不能を強《し》いられることになり、その存在の意味が失われる。したがって、第二条第一項を存在させる以上、警察官職務執行法第二条第一項にいう「停止させて」には、手をかけて引き止める程度の有形力の行使が含まれていなければならない。(7)

この観点から、この問題の問題にされ方をもう一ぺん検討してみると、理屈《りくつ》の立て方に二とおりのものがあることが指摘される。

すなわち、その一は、警察官職務執行法第二条第一項にいう「停止させて」には、強制手段が含《ふく》まれているのだという考え方である。同条同項は、職務質問という任意手段による警察官の職権職務を規定したものである。しかし、「停止させて」には、実力による強制を含むとする理解の仕方である。こう理解してしまうと、多少の有形力《ゆうけいりょく》の行使《こうし》は、皆同条同項によって許されることになって好都合《つごう》である。

これに対してその二の考え方は、あくまでも、任意手段であるとして説明してしまう。すなわち、「停止させて」もやはり、任意手段を規定したものである。それでは、逃げる相手に手をかけて引き止める行為《こうい》は、「停止させて」に入らないか、というと、いや、やはり入る、という言い方ができないわけではない。それは、有形力の行使イコール実力による強制という考え方を改めることによって可能になる。

有形力の行使は、幅《はば》の広い概念である。そのもっとも軽いものは、なお任意手段の領域に属《ぞく》する。まずそこから始まり、限界に属するものを経て強制手段としか観念できないものに至る両方の世界にまたがる観念だと理解してしまう。すると、そのうちのある種のものは、なるほど有形力の行使であり、ある種の実力手段とされながら、なおかつ任意手段の領域に属し、したがって警察官職務執行法第二条第一項の職権職務の範囲《はんい》に属《ぞく》し、適法であるという理屈《りくつ》がでてくる。判例は後者の立場をとる。したがって、実務家として、警察官も後者の立場を理解しておく必要がある。(8)

すなわち、警職法第二条第一項は、警察官の任意手段による職権職務を規定したものである。「停止させて」も、その例外ではない。それは、任意手段に属するものであるが、理由があって、あえて、強制手段による職権職務を主として規定する警察官職務執行法に入れられたものである。(9)

それでは一切の有形力《ゆうけいりょく》の行使《こうし》は許されないか、というと、有形力の行使のうち、ある種のものは任意手段として、なお、警職法第二条第一項に包含《ほうがん》され適法である。

有形力の行使のうち、どのような手段がなお任意手段と観念されるかは、必要性・緊急性なども考慮《こうりょ》したうえ、具体的状況のもとで判断される。(10) 実例を見よう。

二　その日は、小降《こぶ》りながら雨が降っていた。夜更《よふ》けて時計の針はすでに一一時を回っている。甲巡査らは、その雨の中を警らに出かけるに先だち、市内に窃盗《せっとう》事件が発生したので本署から非常警らの指示を受けていた。街に出ると、道路上は人影も絶《た》え、あたりは森閑《しんかん》としている。

その時、雨具《あまぐ》も持たず、足早に通り過ぎようとする風態《ふうてい》のよくない二人連《づ》れの男を認めた。一人は風呂敷包《ふろしきづつみ》を持っている。甲巡査らは直《ただ》ちに職務質問をすることにした。物の順序《じゅんじょ》として、まず、停止を求める。相手はそのまま行き過ぎようとする。だが、再三《さいさん》の呼びかけに、一度は振り返ってこちらを見た。しかし止まらない。巡査は、もう一ぺん呼びかける。今度は止まったがどうも態度がよくない。挑発的《ちょうはつてき》にすら感じられる。職務質問に対しては、ただ、Y町へ行く、と言うだけであとは答えない。風呂敷《ふろしき》の中を見せろと言えば、お前なんかに見せる必要はないと突っぱねる。

甲巡査らは、ますます疑いを強めた。そこで、質問しやすいように最寄《もよ》りの街灯《がいとう》の下まで同行を求める。

この時である。相手方に逃げようとする気配《けはい》がみられたのは。甲巡査は、とっさにその男の右肩に左手をかける。

さて、問題はこの肩に手をかける行為《こうい》である。一九五二年の函館《はこだて》地方裁判所は、これを違法とした。(11)「警察官職務執行法第二条の規定の趣旨から言って、職務執行の正当範囲《はんい》を超えた違法のものと言い得よう。」と。

理由は何も言っていない。ただ、「規定の趣旨から言って」そうだと断言するだけである。おそらく、この規定は任意手段を法定したものである。これに対して肩に手をかけるという有形力《ゆうけいりょく》の行使《こうし》はすなわち実力による強制の一種である。到底《とうてい》「規定の趣旨から言って」その範囲に属《ぞく》しない、と、まあ、分析不十分のまま短絡《たんらく》させたのであろうか。

職務質問が本当に役に立つ相手は、警察官から逃げたいと思う相手であり、逃げようとする相手に手をかけて翻意《ほんい》を促《うなが》すことができないようでは仕事にならない。警察官の職責を果たすことができない。そこで高等裁判所は、右の短絡判断をくつがえした。「甲巡査が被告人の肩に手をかけた行為《こうい》は同巡査の職務質問に反抗的で、且《か》つ逃げようとする被告人を停止させて質問しようとする職務遂行《すいこう》上の妥当《だとう》な方法」であり、「その場においての職務執行上の正当な方法」であると。(12)

相手を止めようとして肩に手をかける行為は許されたのである。

三　さて、逃げようとする機先《きせん》を制してその右肩に手をかけた行為は是認《ぜにん》されたわけであるが、逃げて走り出した後、これを追跡《ついせき》して腕に手をかけて引き止めるのはどうであろうか。

ふと逃げる気がおきたのを機先を制せられて、再び職務質問に応ずるよう翻意する。というのは、右に左にゆれる心理状態の一こまとして、比較的《ひかくてき》任意性は守られているように思える。

しかし、一たん、警察官の支配を脱しかけて息せき切って走っている相手を追跡し、手をかけて引き止める、というのは、それよりは強制的な色彩《しきさい》が強い。裁判所はどのように判断したであろうか。

追跡が正当な職務執行であることはすでに述べた（二節一）。問題は、走っている相手を実力で引き止めることである。第二節一の追跡《ついせき》の例では、相手が、一人で転んでくれた。そこへ警察官は近づいて声をかけることができた。手をかけるようになったのは、相手が寝転《ねころ》んだまま警察官を足蹴《あしげ》にしたからである。

しかし、同じ手をかけるのでも、相手が疾走《しっそう》中であったらどうであろうか。警察官はこれに追い着き手をかけた。相手の腕をつかんだ。相手は怒って振り向き様《ざま》に警察官の顔面を殴打《おうだ》した。もし、その腕をつかんだのが、警察官職務執行法第二条第一項の範囲《はんい》を逸脱《いつだつ》し、違法なものだとすれば、殴《なぐ》った行為《こうい》は正当防衛になる。第一審裁判所はそう考えた。[13]「懸命に逃げる被告人を約一三〇メートル追って追い着き、同人を引き止めようとしてその体に手をかけ逮捕的行為に出た」と。

「逮捕的」と言っている。正当な職務質問の範囲は逸脱している。警察官職務執行法第二条第一項にいう「停止させて」にはあてはまらない、逮捕に類する行為である。そう見たのだ。さすがに「逮捕」とは言いかねた。逃げる相手に手をかけて引き止めるのは、押《お》さえつけて手錠《てじょう》をかけるのとは違う。しかし「逮捕的」である。そして、逮捕の親類ならば、それは同条第三項が働いて「刑事訴訟に関する規定によらない限り」できないことである。

この結論で問題になるのは、実力行使《こうし》の態様《たいよう》は、逃げようとするその瞬間《しゅんかん》に肩に手をかけた行為とは確かに違う。しかし、その意味するところの実質はそんなに違うものであろうか、ということである。

相手の自由意思という観点から考察しなおしてみよう。逃げる気が兆《きざ》して、ふっと、行動に移ろうとしたその瞬間《しゅんかん》、気配《けはい》を察した警察官に機先《きせん》を制せられて踏《ふ》み止《とど》まったとする。逃げたい、帰りたい。できれば警察官に会いたくなかった、という内心の動きは、職務質問の当初から一貫《いっかん》して存在している。しかし、それを、あえて翻意《ほんい》させて警察官の職務執行に協力させるのが職務質問の本質である。警察官が肩に手をおいたのは、そうした翻意を促《うなが》すための一種の説得行為《こうい》である。

今、一たんは警察官の周辺から離れることに成功した。このまま逃げ切れば面倒が省《はぶ》ける。そう思って疾走《しっそう》している。その相手に追いつき、「何《ど》うして逃げるのか」と言いながらその腕をつかんで引き止める行為は、なお、相手の翻意を促す、説得手段の一種とみることはできないか。できれば警察官の相手をして時間はつぶしたくない、逃げるのは、そういう意思の現れである。そして、それは、職務質問の当初から存在する意思と変りはない。

警察官に呼び止められて、まるで恋人にでもめぐり逢《あ》ったように、いそいそとこれに応ずる者はいない。わずらわしい。いやだ、不愉快だ、腹立たしい、と思っている者がほとんどであり、とくに、職務質問の対象として逃《のが》すことのできない、すねに傷もつ相手になればなるほど、拒否したい気持は強いはずである。それを説得して、警察官が一たん胸に抱《いだ》いた疑念をはらす。相手もそのために協力する。すねに傷もつ者ならば、何とか疑念を氷解《ひょうかい》させよう、自分を防禦《ぼうぎょ》する。というのが、職務質問を契機《けいき》として展開される心理戦争の内幕である。

第二審の高等裁判所はこの点に関連して言っている。[14]「警察官が被告人に対しその答弁《とうべん》を強要《きょうよう》し得ないことは同執行法第一条第三項の規定するところであるが、若《も》し被告人において……中略……警察官の任務や職責の重要性に対し深甚《しんじん》なる認識や理解を持ち又自《みずか》ら何等《なんら》咎《とが》むべき疚《やま》しいところがなかったとすれば快《こころ》よく進んでその書類の全部を提示且《か》つ開被《かいひ》して積極的に警察官の抱《いだ》く疑念を解くの態度に出るのが相当である」のに、被告人はそうしなかったのだ。それは「甚《はなは》だ遺憾《いかん》なことであると共に却《かえっ》て警察官の疑念を刺激し更《さら》に一層これを深からしめるに至ったことは事物自然の辿《たど》るべき過程である。」そのうえ、被告人は逃走した。これはてっきり、何かやっている奴《やつ》だと直感したとしても不思議はないし、これを停止させて質問しようとするのはまさに「忠実な職務の遂行《すいこう》」であるといい得る。「尤《もっと》も斯《かか》る場合停止させる必要な手段方法は客観的に妥当《だとう》であると判断される適切な手段方法を選ぶべく、決して暴行に亘《わた》るべき態度に出《い》ずべきでないことは勿論《もちろん》のことであるが斯る手段方法である限り多少の実力を加えることも正当性のある職務執行上の方法であると謂《い》わなければならない。」

この手段方法の選択で、原判決は判断を間違《まちが》えたとする。原判決は、「同巡査が被告人の背後より『何《ど》うして逃げるのか』と言いながらその腕に手をかけたこと」を「逮捕的行為《こうい》であると認め適法な職務行為の範囲《はんい》を逸脱《いつだつ》していると判断し」た。しかし、「任意に停止をしない被告人を停止させるためにはこの程度《ていど》の実力行為に出ることは真に止《や》むを得ないことであって正当な職務執行の手段であると認むるを相当とする。」

では、第一審地方裁判所と、第二審の高等裁判所とで、一体《いったい》、何が違ったのか、というと、それは、「逮捕行為」と「停止行為」の質的な差を認識するかしないか、ということである。両者の差は水と油、決してまざり合うことがない、とするのが、第二審の立場だとすると、第一審の方は、これを、水と砂糖水のように考えてしまったのだ。水に砂糖を加えれば砂糖水ができる。砂糖が少なくて、味が水っぽい間はこれは停止行為である。砂糖をふやして、味が少し出てきたら、これは、「逮捕的行為」になると。

しかし、この理解は間違っている。職務質問に必須《ひっす》の「停止させる」行為は、逮捕でもなければ、また、逮捕に類似《るいじ》する行為でもない。それは、全くその質を異《こと》にしている。「巡査が被告人の背後より『何うして逃げるのか』と言いながらその腕に手をかけたこと。」「この程度の実力行為は刑事訴訟に関する法律の規定によらない限りなし得ない逮捕行為《こうい》に該当するものではないと解すべきであり原判決においても敢《あえ》て逮捕的行為と謂《い》い『的』なる語を用《もち》いているのは恐らく逮捕自体ではないがこれに準ずべき行為であるという意味において理解したものであろうが逮捕と停止行為とは明らかにその観念を異《こと》にし、逮捕は被逮捕者の意思如何《いかん》に拘《かかわ》らず或程度《あるていど》の時間的拘束《こうそく》を含《ふく》む観念であるに反し、停止行為は停止のための一時的行為であって、停止を求められた者が任意に停止することによって直《ただ》ちに中止されねばならぬ性質のものであるから同巡査の本件停止行為は毫《ごう》も逮捕行為と目《もく》すべきものでなく又これに準ずべき性質のものであるとも謂い得ない。」

以上の考え方は、最高裁判所の支持を受けた。(15) 巡査が逃げる相手を追跡《ついせき》して「背後より『何《ど》うして逃げるのか』と言いながらその腕に手をかけ」る行為は、正当な職務行為である。逃げる相手を拱手傍観《きょうしゅぼうかん》して逃げるに任《まか》せるのは、忠実な職責の遂行《すいこう》に背《そむ》く行為である。

疾走《しっそう》する相手の腕をつかんで引き止めることが許されるのだから、どんどん、巡査の求めを無視して歩き去ろうとする相手の肘《ひじ》のあたりをつかんでちょっと引っ張ったとしても、それは言うまでもなく正当な職務行為である。(16)

四　このように、職務質問を実効あらしめるために、相手の非協力に応じてある程度の有形《ゆうけい》力《りょく》の行使《こうし》が認められるのであるが、職務質問の最中に、突然《とつぜん》、異常な挙動《きょどう》にでたら、警察官は、とっさのうちにこれに対応するため、相手の身体に手がかかったとしてもやむを得ない。

たとえば、質問中隙《すき》を見て突如《とつじょ》メモらしいものを口に入れ、飲み込もうとする者がいた。「何をするか、そんなことせんでもよいではないか」言うなり警察官は相手の首等につかみかかり、それを阻止《そし》しようとした。ところが例によって地方裁判所はこれを違法とした。「適法な職務行為《こうい》を逸《いっ》脱《だっ》した違法の処置というほかはない」(17)と言うのである。

しかし、突然《とつぜん》、メモらしいものを口に放りこんでえん下《か》しようとするのを見て、どうぞ、お好きなように、と見せ物でも見るような目つきをしていていいはずがない。とっさの間に手を動かしてそれを阻止しようとするのが、警察官の機敏《きびん》な措置《そち》である。第二審の高等裁判所は言っている。「かかる場合被告人の右挙動《きょどう》を目《もく》して贓品《ぞうひん》(今の盗品等)或《あるい》は犯罪の証拠物件を湮滅《いんめつ》する行為と解するのもまた事柄《ことがら》の成行上極《なりゆきじょうきわ》めて自然なことであり、而《しか》して甲巡査のとった前記措置は、これを制止するための行為と認められ、その程度《ていど》方法も敢《あえ》て非難《ひなん》するに当らない。……中略……同巡査の右措置は、一応《いちおう》職務執行行為とみるべきであって、これを目して被告人の身体に対する急迫不正《きゅうはくふせい》の侵害行為であると認定した原判決は失当《しっとう》たるをまぬかれない。(18)」

五

職務質問の相手が自動車に乗っていたら、何よりもまず、自動車を停車させなければならない。歩行者を「停止させて」質問するのと、自動車に乗車している者に質問するため、その自動車を停車させるのとは同じ行為《こうい》である。

ただ、相手が非協力な場合に、どのような手段方法によって自動車を止めるかが問題である。歩行者を停止させるために、ある程度《ていど》の有形力《ゆうけいりょく》の行使《こうし》が許されることは、すでにみてきた。自動車に対しても、同じように、ある程度の有形力の行使が認められる。

もちろん、その手段方法が必要かつ妥当《だとう》な範囲《はんい》内にあることを要することは、歩行者の場合と同じである。具体例を見よう。

警ら中、一時停止違反の自動車を見つけた。そこで職務質問しようとして、まず警笛《けいてき》と手信号で停車の合図を送る。しかし合図だけでは心もとないので、左側運転席のドアを両手でつかんで停車させるのはどうか、というと、「右は停車させるための措置《そち》として、いささかも不相当なものであったとはいえ」ない。(19)

相手は自動車という逃走のためには真《まこと》に都合《つごう》のいい道具を使っているのだから、警察官の合図だけで心もとなければ、これに手をかけて停車させることは必要かつ妥当な措置である。パンクさせて物理的に停車させるのとは訳が違う。

甲巡査は、深夜、飲食店から出てきて駐車した車に乗ろうとする相手を認め、まず免許証の提示を求めた。この時、甲巡査の鼻先にぷーんと酒臭《しゅしゅう》がただよってくる。酒酔い運転ではないか。と疑いを強めていると、相手は巡査を無視して発進を始めた。巡査は、とっさに右手にハンドルを、左手でドアをつかんで停止させようとする。これはどうか。

これも、さっきの例と同じである。それは、警職法第二条第一項の「停止させて」に当たる必要な手段であり、かつ、運転者に対して、財産的損害を与えることもなく、その精神的苦痛も軽微《けいび》であるから、社会通念《つうねん》上妥当《だとう》な範囲《はんい》内のものである、とされた。(20)

運転席の窓から手を差し入れ、エンジンキーを回転してスイッチを切るのも同様である。(21)

同じ自動車を止めるのも、「検問」となると、問題がやや複雑になってくる。自動車検問は、警察官が、一般通行中の自動車に停車を命じて停止させ、そのうえで、運転者又は他の同乗者に必要な質問をしようとするものである。

それは、チームを組み、ある一定箇所を通過する自動車に対して、外観上具体的異常がなくてもほとんど無差別に実行しなければ意味がない。

ところで、前二例の停車は、それぞれ、警察官において職務質問の対象とすることを相当とする者に対してなされたものであった。それは、警職法の要件に該当する犯罪を犯し、犯そうとしていると疑うに足りる相当な理由のある者であった。

これに対して、自動車検問の対象は、あらかじめそこまでわかっていない。むしろ、職務質問の対象者として必要な要件に当てはまる者が乗っているかどうか、それを確かめるためにまず、自動車を止めることが先行する。いきおい、職務質問を受ける対象者として、要件を備えていない一般人をも停車させることになり、しかも、その数の方が多い。

全く、警職法第二条第一項を根拠《こんきょ》として停車をさせることのできない、その要件に当てはまっていない者の車を止めるとなると、それは、相手の同意を必須《ひっす》の要件とし、いやだといって先を急ぐ者をパトカーで追っかけたり、前をふさいで物理的に停車させたりできるのかが、問題になるわけである。

争いは、大阪でおきた。

大阪府警は自動車強盗《ごうとう》の予防検問所を設《もう》け、六名の警察官を配置して自動車検問を実施していた。五人の警察官が東西にのびる道路に沿って三メートルないし五メートル間隔《かんかく》で配置され、最西端にいた甲巡査がまず、Mの車に対し、赤色灯を回し停車の合図をした。ところが止まらない。一番東の端にいた乙巡査と、その隣にいた丙巡査がこれを認めて警笛《けいてき》を鳴らして停車を命じた。Mの車は、少し過ぎてから止まった。乙巡査はどうして甲の赤色灯で停車しなかったのか不審《ふしん》を抱《いだ》き、走り寄って質問する。どこから客を乗せて来たか。南からや。南というのは、大阪では道頓堀《どうとんぼり》のある繁華《はんか》街《がい》である。乙巡査はほかに不審な点は感じられなかったのでそのまま行かせようとすると、客のKが窓から顔を出して何をポリ公と言いざま、乙巡査の顔面を殴打《おうだ》した。乙は、これを公務執行妨害罪の現行犯として逮捕する。そこで、自動車を止めたことが適法な職務執行かどうか問われることになった。

警察にとっての弱点は、車を無差別に止めているということである。職務質問の対象は法律で厳しく限定されている。職務質問の対象にできる者は、警察官職務執行法第二条第一項に書かれた者である。それは、不審者《ふしんしゃ》か参考人である。

自動車検問にかかる自動車がすべて不審者か参考人を乗せているわけではない。職務質問の対象としての要件を欠いている者があり、むしろその方が多いことに問題がある。要件を欠いた職務質問のそのまた前提《ぜんてい》としての停車が許されるのだろうか。

大阪地方裁判所は、これをだめだと言った。(22)「いわば自動車搭乗者《とうじょうしゃ》に対する職務質問の特殊応用形態としての自動車検問なる制度の今日《こんにち》における必要性は理解できないではないが、現行法の下においては、法的根拠《こんきょ》を欠き不適法なものであるといわざるを得ない。」乙巡査は、何をポリ公と顔面を殴打されたが、もともと停車を命ずる権限のない者が違法な停車を命じているのだったら、まさに何をポリ公である。顔の一つや二つ殴《なぐ》られて当たり前である。と、まあ、こういう結論になったから検察官はすぐさま控訴した。警察官は、かたずをのんで結果を待つ。上司の訓令通達に基づいて自動車検問をやる。たまたま、不審者《ふしんしゃ》か参考人が乗っているときはＯＫであるが、そのほかの時は、一発ずつ殴《なぐ》られて当たり前というのでは、自動車検問の時は剣道のお面でもかぶって出なければならない。

大阪高等裁判所は、さすがに、警察官の窮状《きゅうじょう》を見かねていい結論を出してくれた。(23)警察官職務執行法第二条第一項は、「職務質問の要件の存否を確認するため自動車利用者に停車を求める権限をも合わせて与えたものと言わなければならない。」というのである。

しかし、この結論には無理があった。

徐行しているオープンカーはさておき、ふつう疾走《しっそう》中の自動車に、職務質問の対象者が乗っているかどうかを確かめるすべはない。だから、止めて見るのだ、といっても、止められる相手のほとんどが、不審者でも参考人でもないのだから、始末に困る。職務質問の要件を欠いた職務質問であるという非難《ひなん》がついて回る。

一斉検問の必要性はよくわかる。だからといって、必要性が、ストレートに手段を正当化するというのは困る。それでは、法治《ほうち》国家が破れてしまう。

そうこうしているうちに、今度は、宮崎県で争いがおきた。事案は、交通検問である。

甲・乙両巡査は、飲酒運転の取締りを主目的にして交通検問を実施していた。

その方法は、北から南に検問か所を通過する車両を全部赤色灯で合図して止める、というものである。もちろん、外観上不審《ふしん》の有無は問題にしていない。

そこへ、被告人Xの車が来た。Xは合図によって車を止め、道路の左側に寄せた。甲巡査は、運転席の窓を開けてもらい、窓越しに運転免許証の提示を求める。その時である。甲巡査の鼻に、ぷーんと酒の臭《にお》いがした。それから、一〇から二〇メートル離れた派出所（今の交番）へ同行を求める。飲酒検知をする。結果が現れる。型どおり事が進んで、赤切符を切られたXは徒歩で帰る。これが、後に、争いになったのである。問題は、両巡査の行った検問が、法的根拠《こんきょ》のない違法なものであったか、どうかであった。

もともと検問は、無差別に自動車を止めることであるが、中には手配番号の車のように、外観上容疑ないしは異常の認められるものもある。これを止めて運転者等に質問して悪かろうはずはない。それは、正に、職務質問の要件を充足《じゅうそく》するものであり、前記の大阪高等裁判所の結論をまつまでもない。

しかし、何ら、具体的異常が認められないまま、無差別にすべての車を停車させる自動車検問の法的根拠をどこに求めたらよいのか、問題になるわけである。

最高裁判所はこれをどう解決したか。

まず、法律としては、警職法ではなく、警察法が選ばれた。

警職法第二条第一項は、不審者《ふしんしゃ》と参考人を相手とするように対象を限定している。だれでも彼でもが、呼び止めの対象となるのではない。大阪高等裁判所は、疾走《しっそう》中の自動車は、止めてみなければ、不審者も参考人も、一般人も、区別のしようがないではないか。自動車に乗っている者にも、職務質問の対象者がいるのだから、まず止めて、それから選別をするのが順序《じゅんじょ》ではないか、と言った。

これも一理ある。しかし、最高裁判所の方は、もっと簡明に結論を下した。(24)

警察官には、「交通の取締」という責務がある。警察法第二条に書いてある。これに照らすと、「交通の安全及び交通秩序の維持などに必要な警察の諸活動は、強制力を伴《ともな》わない任意手段による限り、一般的に許容されるべきものである。」

こういう責務があるのだよ、ということは、その責務を果たすに必要な合理的な手段方法は許されている。ということを意味する。すこぶる常識的な結論である。

問題は、この手段方法である。

注意しなければならないことは、任意でさえあれば何でもいい、とは言っていないことである。

それは、国民の権利、自由の干渉《かんしょう》にわたるおそれがあってはならない。なるほど、運転者には、自動車による公道使用の見返りとして、合理的に必要な限度で行われる交通取締りに協力する義務はある。

しかし、自動車検問を実施して無差別に停車質問を試《こころ》みるためには、それが「相手方の任意の協力を求める形で行われ、自動車の利用者の自由を不当に制約することにならない方法、態様《たいよう》」でなければならない。

検問の目的が交通以外であっても、考え方は同じである。

六 このように、自動車を疾走《しっそう》させている者に対して、職務質問をしようとすれば、まず、自動車を止めてかからなければならない。

同じように、職務質問に入る前段階の措置《そち》を必要とするものに、集団に紛《まぎ》れ込んだ容疑者がある。これに質問をしようと思えば、まず、集団の中から対象者を探し出す作業が必要である。ちょうど、自動車の中にいる対象者を探すために、自動車を無差別に止める必要があったように、集団の中にいる対象者を選び出すためにも、まず、その集団そのものの足止めをはかる必要がある。

ところで、警職法第二条第一項による職務質問は、その規定を見れば明らかなように、もともと個人を対象としたものである。そして、この規定にもとづき、歩行中の者を停止させる場合も、ほとんどの例が個人を対象としている。

しかし、現実の事象《じしょう》は複雑である。ついに、集団そのものに停止を求めなければならない事態《じたい》が発生した。

その日、甲巡査は、機動隊の一員として、某《ぼう》大使館になだれこもうとするデモ隊の規制に従事していた。

デモ隊は、およそ百数十名であり、「大使出てこい」「入るぞ」などと怒号《どごう》しながら大使館構内に侵入しようとしている。甲巡査の所属する部隊は、阻止線《そしせん》をはり、その侵入を防ごうとしていたが、次第《しだい》に集団に押《お》され、集団の中にいる者に、けられたり突かれたりしながら後退を余儀《よぎ》なくされていた。

その時、甲巡査の右斜《なな》め前方の一人おいて向こう側にいた男が、右手を伸ばして手拳《しゅけん》で甲巡査の眉《まゆ》の辺《あた》りを二回突くように殴打《おうだ》した。甲巡査は思わず、白手袋の手でやられた辺りを拭《ぬぐ》った。その手に、血がべっとりとついた。

さあ、こうなると、後退ばかりはしていられない。殴打した男を捕まえなければならない。幸い、甲巡査は、相手の男をよく見、よく覚えている。

男は集団の中へ紛《まぎ》れ込んだ。その集団は今、立ち去ろうとしている。

そこで応援を得て、この集団自体に停止を求め、甲巡査が見分して、被疑者以外の者は順次流していくという方法をとることにする。部隊は、歩道を下って行こうとする集団の真横に隊列による阻止線《そしせん》を組む。これによって、集団の中から車道の方へ逸脱《いつだつ》する者を防ぐ。そして、先頭から順次、甲巡査が見分していく。

この間、集団自体を一時停止させて職務質問のための態勢を作ったわけである。そして強制的に立ち止まらせるようなことはせず、ただ、集団自体の移動、分散を、六、七分ほどの間阻止することになっても、集団の中の個々人に対して強制力を行使《こうし》したりはしない。

さて、このような方法による集団自体の停止を求めることが、果たして、個人対象の警察官職務執行法第二条第一項にいう職務質問行為《こうい》に該当するのかどうか、争われたわけである。

そして、東京高等裁判所は、これを適法とした。

やっていることは、職務質問というよりは「面割《めんわ》り」である。しかし「集団の中に、犯人又は目撃者のいる蓋然性《がいぜんせい》が極《きわ》めて高く、被害者に確認させれば犯人又は目撃者を特定することもさほど困難ではないと思われる状況のもとでは、右集団が百数十名に達する人数であっても、その規制の方法において強制にわたるものでない限り、右集団を一時停止させて職務質問を実施するための態勢を作ることは、警職法第二条第一項の趣旨からして許されないこととはいえない。」「それがいわゆる面割《めんわ》りと称せられるものであっても、職務質問の可能な状態を準備するための措置《そち》として許容されるべきものと解される。(25)」としたのである。

これは、自動車検問に関する前述大阪高等裁判所の判例と通ずるところがあることがわかるであろう。

三　同　行

一

職務質問の対象者を見つけ、停止させたら、後は質問に入るのであるが、その場では都合《つごう》が悪いことがある。

たとえば、野次馬《やじうま》が寄ってくる。交通の邪魔になる等のほかに、雪の中の立話も何だから、交番の火にあたりながら、ということもある。

しかし、交番などに同行する最大のメリットは、電話照会と併用して質問応答の裏をとっていけることである。職務質問をより確実に、より有効に展開できることである。

職務質問のための同行要求は、警職法第二条第二項に根拠《こんきょ》規定がある。「その場で前項の質問をすることが本人に対して不利であり、又は交通の妨害になると認められる場合においては、質問をするため、その者に附近の警察署、派出所若しくは駐在所《ちゅうざいしょ》に同行することを求めることができる。」（ここでいう派出所は、交番及び警備派出所をいうことについては、すでに述べたとおりである。）

まず、どんな場合に同行要求ができるか、というと、場合は二つある。その一は、相手の都合《つごう》である。野次馬《やじうま》が来る、雨にぬれる、雪で凍《こご》える、などというのは相手方本人の都合である。その二は、交通の妨害になると認められる場合である。これは公共の都合である。

もう一つの公共の都合、警察官の都合というものは、ないのだろうか。たとえば、周囲《しゅうい》に人ッ子一人いない。本人は同行されるよりはその場の方が都合がよい。次第《しだい》によっては警察官を攻撃して逃走も可能だ。

逆に警察官からみると薄気味《うすきみ》悪い。薄気味悪いから職務質問の対象に選んだのだが、できれば、明るい所とか、交番など、いつでも応援が得られる場所を選んで本格的な質問をしたい。

そういう場合に、同行の要求ができないのではどうにもならない。要求することは差支えない、としなければばならない。

警職法第二条第二項は、無限に存在する同行理由の中から代表的なものをあげて例示したのであって、これのみに限定した趣旨ではない。したがって同条同項の場合でなくても、相手方が同意すれば同行を求めてもよく、また、交番・駐在所《ちゅうざいしょ》以外の場所に同行を求めても違法ではない。(26)

二　甲巡査は、午後一一時ころから管内のパトロールに出かけた。工業高校側の三差路まで来たとき、停車した自動車を認め、次《つ》いで一人の男が手提鞄《てさげかばん》を持って歩いてくるのを認めた。巡査の頭には、数月前この付近で発生した自動車強盗《ごうとう》事件が浮かんだ。ちゅうちょなく質問を開始する。この男は強盗事件に関係はなかった。が、ほかに隠したいことがあって身分を偽《いつわ》り、氏名を黙《もく》秘《ひ》し、鞄の検査を拒否した。甲巡査の疑いはますます高まる。そこで交番へ同行を要求する。その場所は暗くて質問を継続するには適当ではなかった。こうして種々問答《もんどう》をしながら第二現場に差しかかる。

ここで、男は、甲巡査を離れて右折しようとしたので巡査は阻止《そし》した。あくまでも鞄の中身を見せなければ交番へ同行すると迫《せま》る。男は、鞄《かばん》の中に凶器《きょうき》や盗品等が入っていないことさえわかってもらえば、同行しなくてもすむと考え、四〇ワットの街灯《がいとう》の下へ行って鞄をあけ、巡査に一瞥《いちべつ》させたうえでこれを閉じた。巡査が手をつっこんで中身を一つ一つ改めることは許さなかった。しかし、同人に対する強盗《ごうとう》容疑は消えた。また、第二現場は、第一現場と同様、往来はなかったが、街灯があり、その下でさらに職務質問をすることは可能な状況にあった。しかし、甲巡査は、他に何らかの犯罪を犯し若《も》しくは犯そうとしているものと解して、さらに強く同行を求めた。男は結局これに折れた(この後、男はメモをのみこみ、巡査は阻止《そし》しようとしてこれに跳《と》びかかった。この点については前記二の**四**を参照のこと)。

この事例で甲巡査の同行の態様《たいよう》を、警察官職務執行法第二条第二項の要件に照らして検討してみよう。

同条同項は、本人の都合《つごう》と、交通の妨害を同行を求める要件として掲《かか》げている。第一現場・第二現場とも、これにあてはまっていたであろうか。本人の都合ならばその場で質問されることが一番よかった。交通も夜ふけて往来はなかった。にもかかわらず、甲巡査は同行を求めた。なるほど、第一現場は暗くて鞄の中身を改めるには都合が悪かった。しかし、そんなことは同条同項には記載されていない。とくに、第二現場は街灯があって、そこでは鞄の検査も可能であった。それでも甲巡査は同行を強く求めた。

一体《いったい》、それが許されるのだろうか。例によって、この事件も第一審で違法とされ、第二審、高等

裁判所でくつがえされている。高裁は、甲巡査の職務執行を適法とした。(27)

「たまたま同所（第一現場）が暗い場所で、質問を継続するのに適当でなかったから、被告人の承諾《しょうだく》を得て交番へ同行を求め、種々問答《もんどう》をしながら……（第二現場）……まで進行したのであって、この間の同行は被告人の意思によるものであるから、警職法第二条の精神に反するとは認め難《がた》い。」と、してくれた。

つまり、警職法第二条第二項の同行の要件は、これだけをもって他は許さない、というのではなく、代表例として規定されているので、その規定された精神にもとることがなければ、他の態様《たいよう》・場合でも許されることがあるのである。

それでは、警職法第二条第二項の精神とは何か。というと、制定当初の立法趣旨を振り返っておく必要があるであろう。

「本項が立法されたのは、一つには、戦前において警察署への連行《れんこう》が濫用されたきらいがあったため、立法当時それを警戒する感情が強かったことと、二つには、規定の要件に合致《がっち》する場合には、同行要求をある程度《ていど》強く行い得ることを明確にしたいという意見からでたものと思われる。(28)」

警察官だけの都合《つごう》による連行をおそれた。これは当然のことである。警察官が同行を求める。それは一種の公共目的のためである。ついて行こうか行くまいか、それは個人の自由である。そして、個人の自由よりも、公共目的を優先させたのが、戦前の国家社会のありさまであり、警察官の活動の原理であった。

しかし、今は民主的国家の体制と社会を支えるのが警察の役割であり、公共の目的である。そして、個人の自由の尊重《そんちょう》こそは、民主的国家・自由社会の根本の価値であり目的である。それは、社会を形成することによってお互いの衝突《しょうとつ》を生ずることがある。その衝突を調和させるためにある程度《ていど》の制限が必要とされ、その限りにおいて法令や規則が存在する。角《つの》を矯《た》めて牛を殺すというが、衝突調和を重視して、自由を殺すことがあってはならない。

警察官の活動原理には、常に、このバランス感覚が働いていなければならない。

自由社会の警察の連合体として、国際刑事警察機構がある。そのシンボルマークは、破邪顕正《はじゃけんしょう》の剣と衡平《こうへい》を表《あらわ》す秤《はかり》である。民族を超え、国家を超越《ちょうえつ》しても共通の原理として存在するのがこのバランス感覚である。

警職法第二条第二項には、この精神がこめられている。警察の都合《つごう》にかかるような表現をあえて避け、個人の都合を真先《まっさき》に掲《かか》げた。これが、同条同項の精神である。

そして、前例で「暗い場所で、質問を継続するのに適当でなかったから、被告人の承諾《しょうだく》を得て派出所（今の交番）へ同行を求め」たのは「警察官職務執行法第二条の精神に反するとは認め難《がた》」

い、とした高裁の判断の背後には、こうした自由社会の原理と警察官の役割との間にある透徹《とうてつ》した考えが秘められていることを、味読《みどく》しておかなければならない。

第二現場については、どのような判断がなされたか。それは、失当《しっとう》であった。しかし、結局は、本人の承諾があったのだから違法ではない、と、いうものである。

第二現場で「被告人が甲巡査から離れて右折南進しようとしたので、それを制止し、同人に鞄《かばん》の内容物を検査させるか、さもなくば交番へ同行を求める旨《むね》強く要望し、被告人が同行を拒否するため鞄を四〇ワットの街灯《がいとう》下で寸時開披《すんじかいひ》したが、充分に調査させなかったので、再び同行を求めたのであるが、当時すでに被告人に対する強盗《ごうとう》事件の指名手配犯人としての容疑は解消していたことであり、かつ被告人が何らかの犯罪を犯し若《も》しくは犯そうとしていると疑うに足る相当の理由があると認めるにはやや不充分の感を免《まぬか》れ難《がた》く、しかも同法第二条第二項に該当する事情もなかったこと前段認定のとおりであるから、再度の同行要求は失当たるを免れ難いが、結局において被告人を説得し、同人が同行を肯《がえ》んじたのであるから、同行それ自体必ずしも違法とは断定し難い。」(27)

第一現場と第二現場の違いは街灯のあるなしである。さらに、相手の容疑に濃淡を生じたことである。強盗事件の容疑がはれても他に何かある、というのが警察官のカンであった。そして、相手が必死に隠そうとしたメモがあったことも、後でわかることである。

裁判所はこれを「やや不充分の感を免《まぬか》れ難《がた》い」と評した。そのうえ、街灯《がいとう》の存在がある。そこであえて同行の必要はなかった、その場で質問を継続すれば足りた、と判断した。だから「再度の同行要求は失当《しっとう》たるを免れ難い」と言ったのである。

「失当」、相当でない、ということである。これを救ったものは何か。「結局において被告人を説得し、同人が同行を肯《がえ》んじた」という事実が証明されたからである。

警察官職務執行法「第二条第二項に該当する事情もなかった」。しかし、「同行それ自体必ずしも違法とは断定し難い。」

問題の決め手は、「説得」と「肯定」である。警察官が情意を尽《つ》くして相手方を説得する。そして相手がこれを受け入れ、同行を肯定する。その事情を客観的にも明らかにすることができる、公判廷で争いがあってもその証明をすることができる、ということである。

三　警職法第二条第二項の要件が右のようなものであるとすると、同行を求める行先を規定した「附近の警察署、派出所若しくは駐在所《ちゅうざいしょ》に」同行することを求めることができるというのも、厳格に、それ以外の所はだめだ、と解する必要はないことが明らかである。

乙巡査は数人で暴れているという急訴を受け、約三〇分後、現場に到達、現場附近にいた被告人ら三人組を認め職務質問を開始した。そして、そこからあまり離れていない犯行現場たるY料理店前路上まで同行することを求めた。交番でも、駐在所《ちゅうざいしょ》でも、また、いわんや本署でもない、料理店前路上を同行先に指定同行を求めた点に注意を要する。

ところが、被告人らは、この時、巡査に何を言ってやがるんだ、と叫んで飛びかかった。もし、乙巡査の同行要求が、警職法第二条第二項の要件を逸脱《いつだつ》し、違法であるならば被告人らの行為《こうい》は、度が過ぎているけれども、侵害に対する防衛だと抗弁《こうべん》する余地《よち》がでてくる。これを裁判所はどう判断したか、というと、「急報により取締のためかけつけた甲巡査が被告人らに対し「Y屋の前まで行ってほしい」と同行を求めたこと」は、「当然職務執行の範囲《はんい》に属《ぞく》し、これを逸脱したものではない」い、としたのである。(29)

ただ、乙巡査の指定した場所は、全然無関係のあさっての場所でなかったことに注意をしておく必要がある。すなわち、裁判所は、「深夜犯行のあった直後でその現場に極《きわ》めて近いこと、その他被告人らの挙動《きょどう》など当時の情況からして」そう判断するのだ、と断《ことわ》っているからである。弁護人は、これが第二条第二項に照らして違法だと論じたのであるが、裁判所はこれを退《しりぞ》けている。(30)

四　以上のように、同行については警職法第二条第二項に規定される場合はもとより、そうでない場合でも、相手方の同意を条件として許容される場合のあることがわかったが、次に、同行に当たって、ある程度《ていど》の有形力《ゆうけいりょく》の行使《こうし》が許されるのかが問題になる。

前記二でみてきたように、職務質問に際してはある程度の有形力の行使が認められているが、それは、すべて、相手を停止させる場合であった。停止させて説得をする。そのために認められるものであった。

したがって、一たん相手が停止したら、直《ただ》ちに有形力の行使は終わらなければならず、その後も引き続いて行使されてはならない性質のものであった。

ここに、もし、同行に関連してある程度の有形力の行使が許されるとしたら、それは、いかなる性質のものになるであろうか。やはり、職務質問に応じさせるための説得の一手段と言うことができるであろうか。

職務質問をしなければならない相手である。しかし現在位置が悪い。交通の妨害になる。場所を移さなければならない。そういう場合のために、交番などへ同行を求めることができ、場合によっては、近くの適当な位置に場所を移すために同行することも許されるのであったが、相手の同意がない場合、その目的のために有形力を行使して移動させる——連行《れんこう》する——ことができるか、というと、それはできない、という常識的な答が返ってくる。(31)

ある程度《ていど》の有形力《ゆうけいりょく》の行使《こうし》が許される、といっても、それは、職務質問に関連するすべての行為《こうい》にわたって許されているのではない、ということを、ここで再確認しておきたい。

すなわち、「止める」と「動かす」の違いである。止めなければ、質問という言語活動、意思の相互伝達活動が実現できない。実現できなければ、職務質問自体が存在できなくなる。だから、許される。ひどくなければ、やむを得ない、そう判断される。

「動かす」方は、そうはいかない。眼の前に相手がいる。その位置が悪いのでこれを移動させたい。そう考えたら、説得すればいいではないか。そして、相手の同意を得て位置を動かす。有無もいわさず、厭《いや》がる相手に手をかけて引きずる、ということは、もはや説得を断念《だんねん》した、ということである。そして、説得を断念して、説得以外の行動にでるということは、それは、もはや職務質問ではない。

この「止める」と「動かす」との違いを銘記《めいき》しておかなければならない。

何故そういう違いがでてくるか、というと、説得が職務質問の本質であるからである。説得すらできない状況下において、説得できる状況をつくり出すためにある程度の有形力の行使が初めて認められる。説得が可能な状況下において、説得がまずいので有形力で動かそう、ということは、決して許されない、ということである。野次馬《やじうま》が出て交通の妨害になる。同行を求めよう。そう思ったら、まず、その説得に全力を尽《つ》くさなければならない。

ある大都会、労務者が集まってよく群集騒ぎをおこす簡易宿泊所街があった。そこで勤務する警察官の鉄則は、交通事故の取扱いその他迅速《じんそく》を旨《むね》とし、かりそめにも、野次馬群集を発生させ、騒動に発展することのないようにすることである。とくに、夏は住民が外に出ているから気をつけなければならない。

甲巡査部長は、警ら中、大声で怒鳴《どな》ったり肩を突いたりしている男を認めて近寄った。見ると昨日けんかして交番に連《つ》れて来られた男である。またもやけんかを始めかねない情勢をみて、どうした早く帰らんか、と注意したが、ききめがない。なおも相手にくってかかっている。そこで、左後方からその男の肩に手をかけ、早く帰れよ、と注意した。男は、その注意の手を払《はら》いのけた。甲巡査部長は、このまま、この場でぐずぐずしているのは交通の妨害になると判断して、交番に行こうと、男の左手首を左手で、二の腕を右手でつかんで引っぱった。何をするか、と男は手を払いのけ、甲巡査部長の口のあたりを殴《なぐ》った。甲巡査部長はさらに、さっきのように男の腕をとり交番に連行《れんこう》すべく五、六歩引き立てた。男は振り放そうとして暴れた。

甲巡査部長は、これを投げ飛ばして、公務執行妨害罪で逮捕した。

さて、これに対する裁判所の判断である。(32)

「右の如《ごと》き状況で被告人の肩に手をかけ『どうしたのだ』と尋ね又は『早く帰れよ』ということ

はもとより適法な職務執行であるが、その際被告人からその手を払《はら》いのけられたからといっていきなり被告人の腕を両手でとらえて交番に強制的に連行《れんこう》しようとするのは明らかに行き過ぎの違法の行為《こうい》であり同法第二条第三項に違反する」。したがって、これに殴《なぐ》りかかった被告人の行為は正当防衛として許される、というのである。「どうした早く帰らんか」、というのは当然の職務執行である。相手は興奮《こうふん》して怒鳴《どな》っている最中であるから、そのくらいのことでは効《き》き目がない。ここで、甲巡査部長は考えるべきであった。ところが、「早く帰れよ」と相手の肩に手をかけた。相手はこれを払いのけた。これは、説得のきっかけでなければならなかった。興奮して人の言うことは耳に入らない状態にいる相手の肩に手をかけて我に帰らせ、振り向けさせる、ということは必要な手段である。問題はその後である。何故そのまま説得を続けなかったか。

甲巡査部長には、土地柄《とちがら》が気にかかっていたのであろう。そんなことをしている暇があるか。そうこうしているうちに群集は蝟集《いしゅう》し、騒動に発展するかも知れない。もし、そうなったら。大の虫のためには小の虫、できるだけ早く、男を隔離《かくり》したかったと思う。しかし裁判所は言う。「手を払いのけられたからといっていきなり被告人の腕を両手でとらえて交番に強制的に連行しようとするのは明らかに行き過ぎの違法の行為《こうい》」である、と。有形力《ゆうけいりょく》で「動かす」こと——連行《れんこう》はいけない。これが、一貫《いっかん》した判例の態度である。

実際にあっただめな例をあげてみる（以下、職務質問の相手については「被告人」らの呼称を「相手」と読みかえて記述することにする。）。

一たん、交番の二階へ上ろうとして途中からいやになって逃げ出した相手を追いかけ、とらまえ、「抵抗する同人の腕をとって交番内に連行した。」(33)

すぐ終わる仕事があるからそれを片付けて行くという相手の「手を引っ張り、又は胸もとをつかんで引っ張り連行しようとした。」(34)

「終始《しゅうし》逮捕状がなければ応じないと拒否している（相手）の両手をかかえるようにし、前後横を取り囲み、T園から約五、六メートル引っ張ってジープ後方まで無理に連《つ》れて行き、加えてその身体をつかみジープの後部座席におしあげて乗せた。」(35)

「双方《そうほう》大声で、来てくれ、行かないという押問答《おしもんどう》となった。そのうち同巡査は椅子《いす》に腰かけたままの姿勢であくまで同行を拒絶している相手の右側に近寄り、左手で相手の右腕をつかみ店外へ出るように誘った。」(36)

「『明日勤めがあるから帰してくれ』と同行を拒絶し、」「その時刻としては人気《ひとけ》も少ない場所で」寝転んでしまった相手の「意に反しその身体・着衣《ちゃくい》に手をかけて引き起こし、連行《れんこう》を継続しようとすること。」(37)

「同行を拒《こば》む相手に対し……その右手をつかんで一五、六メートルも引っ張って行き、自動車の車体の鉄棒をつかんで連行されまいとする相手を引っ張り、かなわぬとみるや相手の手指をほぐして無理やり連行しようとしていた。[38]」

「合計四名もの警察官が転倒した相手に追いついて相手の腕を両側からつかまえた」（相手はこの時のことを「警察官から腕を逆にねじられバンドを押《お》さえられ前後右左に警察の人がつき……」と言っている。[39]）

以上の例に現れたようなことがないように、警察官職務執行法第二条第三項には、あらかじめ、注意が書かれている。

すなわち、「前項に規定する者（質問又は同行の対象）は、刑事訴訟法に関する法律の規定によらない限り、身柄《みがら》を拘束《こうそく》され、又はその意に反して警察署・交番若《も》しくは駐在所《ちゅうざいしょ》に連行され、若しくは答弁《とうべん》を強要《きょうよう》されることはない。」

停止を求めるための有形力《ゆうけいりょく》の行使《こうし》は一時的瞬発的《しゅんぱつてき》なものである。ここでいう「拘束」は継続的に人の身体の自由を奪《うば》うものである。全く質を異《こと》にしている。

同行に当たって有形力《ゆうけいりょく》を行使《こうし》する、人の意思に反してその人の身体の移動を図《はか》るのが「連行《れんこう》」である。人の意思によって身体の移動が行われ、これに警察官が付き添うのが同行である。そのためには、相手の意思が動かなければならない。翻意《ほんい》がなければならない。そして、警察官としてできることは、説得以外の何ものでもない。同行に有形力の行使が入る余地《よち》はない。説得は、意を尽《つ》くして相手方の翻意を求める行為《こうい》である。「答弁《とうべん》の強要《きょうよう》」ではない。相手のいやがるのを、大声を出したり、脅《おど》かしたり、又は、言わないと罰則にかける等の方法によるのが答弁の強要である。相手がいやがるのを、情意を尽《つ》くして、納得《なっとく》のいくまで追及するのが、職務質問である。

ましてや、けん銃をかざして同行するなどということは、許されるはずはない。

五　その態様《たいよう》は逮捕と同一視できるものであるから、第二条第二項の同行とは認められないということを認定しながら、その瑕疵《かし》は軽かった、として、その後の手続を容認した例がある。すなわち、任意同行が連行であったということになると、それは、第二条第二項の職務行為の範《はん》囲《い》を逸脱《いつだつ》し違法であると評価される。そして、同行が違法であると、その後これを逮捕したとしても、勾留請求の段階でチェックを受け、勾留請求を却下されることが多い。(40)

N駅構内のコインロッカーを整理していた鉄道員がダイナマイトと雷管が隠されているのを発見し、警察に届け出た。

警察官は、現場に張り込んで、預入人の現れるのを待った。数時間後、若い男が、くだんのロッカーに鍵《かぎ》を差し込んであけようとしている。警察官Ａ・Ｂ・Ｃは直《ただ》ちに職務質問を開始する。そして警備公安室に同行を求める。

相手はこれを拒否して逃走を図《はか》る。警察官は制止する。この後の行為《こうい》が問題になった。すなわち警察官は「被疑者の両脇《りょうわき》に付き添い（被疑者は両腕をとられたという。）右交番まで同行したが、被疑者はその途中、右警察官らを振りはらおうとしたり、助けを求めたりしたというのである。右のとおりであるとすれば、被疑者は任意同行を求められた際その意思に基づいてこれに応じたとは到底《とうてい》認められず、むしろ逮捕と同一視することのできる程度《ていど》の強制力を加えられて前記警備派出所へ連行《れんこう》されたものといわなければならない。(41)」

この事件はその後通常逮捕手続に乗せられ、職務質問同行の時から起算《きさん》しても四八時間以内になるよう考慮《こうりょ》され、検察庁へ送致の手続がとられ、さらに二四時間以内に勾留請求手続がとられていた。

そして、普通ならば、同行の違法を理由として勾留請求は却下になることが多いのに、この件では、裁判所は勾留状を出してくれた。しかし、違法を適法に変えたわけではない。裁判所は、事案が初めから緊急逮捕しても差し支えないものと見たのである。

「右時点（実質上の逮捕が行われた時点）において逮捕の要件が存在していたか否かを考えると、

関係記録によれば、右ロッカーに利用者が荷物を入れた後《のち》、扉《とびら》をしめ一〇〇円硬貨を投入すると鍵《かぎ》がかかるようになるので鍵をしめ、その鍵を利用者が持って行くもので各ロッカーとも鍵は一個しかないこと、被疑者がその鍵を使用してロッカーを開けようとしたが開かないので帰りかけた際、見張っていた警察官が「中に何を入れたんだ」と尋ねたところ「四日ぐらい前に入れたんだが」と答えたのみであること、右ロッカーには同月一七日から前記ダイナマイト等が入れられ、五日間の使用期間が経過したため二二日午前九時三〇分ころ弘済会職員が事故扱いとして保管替をした際発見されたことが認められ、右各事実に、任意同行を求めたところ被疑者は逃走しようとしたとの事情を総合すれば、正当な理由なくして右ロッカーを利用して一七日から二二日に至る間、治安を妨《さまた》げ又は人の身体財産を害せんとする目的をもって爆発物であるダイナマイト等を所持していたことを疑うに足りる充分な理由のある場合として被疑者を緊急逮捕することができたものと考えられる。(41)」

初めから緊急逮捕をしてもよいものを、「ただ捜査官側において任意同行のつもりであったため緊急逮捕に引き続き履践《りせん》すべき手続を直《ただ》ちになしていないけれども、結局それらは通常逮捕手続の一環《いっかん》としてなされており、しかも前記逮捕が行われたと認められる時から四八時間以内に検察庁へ送致する手続がとられているのであるから、右の瑕疵《かし》は、本件勾留請求を違法ならしめるほど重大なものとは考えられない。」(42)としたのである。

逮捕できる場合に逮捕しないでそれよりも軽い同行を選び、その際多少の行き過ぎがあってもその瑕疵は大きくない、とされるのであるが、その理は逮捕状が存在する場合についても妥当《だとう》する。

被疑者の割出しが済み、逮捕状も用意してその行方《ゆくえ》を追っていたとき、その妻がさる病院に入院したという情報により、捜査員は張込体制に入った。そこへ被疑者らしき者が現れる。

丙巡査は、被疑者を写真でしか見ていないけれども、被疑者だ、と直感した。しかし、上司からはくれぐれも誤認《ごにん》逮捕をしないように言われている。守衛《しゅえい》を使ったりして妻の病室との接触状況を調べたり、手を尽《つ》くしてその男が路上へ出てくるのを待つ。

被疑者は三時間ほどたってから病院を出てきた。後をつけると、気配《けはい》を察したのか急に小走りに立ち去ろうとする。丙巡査は質問を開始することにした。K君ですか、というと否定する。それでは住所と名前を教えてもらいたい。K君ならば逮捕状が出ている。丙巡査は、相手が名乗《なの》れば緊急執行のつもりだが、否定するので同行を求める。被疑者は拒《こば》み続ける。

「丙らは、なおも執拗《しつよう》に同行を求め、丙ほか一名の警察官が被疑者を真中にはさむようにして両側に並び、残り一名が被疑者の五、六メートル後方を追尾《ついび》する形で、右病院付近路上から約一五〇メートル離れた……K町連絡所まで被疑者を同行した。この間丙らは、被疑者が逃走しないようにと思い、前記職務質問をした箇所から約二〇メートルほどは、被疑者の両側からその両腕の洋服の袖《そで》をそれぞれつかんで同行を促《うなが》すようにし、その後は、数か所の道路を横断する場合だけ前同様に袖をつかんでいたが、それ以外の逃走の可能性の少ない道筋では完全に手を離していた。なお、右同行の間、被疑者は口では抗議したけれども、とくに暴れたり、逃走を図《はか》ろうとしたことはなかった。(42)」

こういう事実を認定し、これは、被疑者が任意の意思に基づいて同行に応じたとは認められない。

「丙らの右同行行為《こうい》は、警察官に許容された職務行為の範囲《はんい》を逸脱《いつだつ》したものと評価するほかない。(42)」

とした。

同行が逸脱しているから、その後逮捕状の緊急執行に踏《ふ》み切った、その逮捕手続も「瑕疵《かし》を帯《お》びたものとの批難《ひなん》を免《まぬか》れることはできない。」しかし、

「丙らが被疑者に同行を求めた時点においては、その者を被疑者Kと疑うに足りる相当程度《ていど》合理的な事情が存したのであるから、その際、仮に被疑者に対し逮捕状の緊急執行に着手していたとしてもあながち違法とまでは断定し得ないものがあり、また甲らが被疑者に同行を求めたのは、万一の誤認《ごにん》逮捕を避けようとした慎重な配慮《はいりょ》によるものであって、その時間的・場所的間隔《かんかく》から推《お》してみても、いわゆる時間稼《かせ》ぎ等不当な意図《いと》にでたのではなく、さらに、右同行開始時点において、丙

は被疑者に対し逮捕状が発せられている事実を告げているうえ、その一五分後には正規の逮捕状緊急執行の手続がとられ、かつ、右同行開始時から起算《きさん》しても四八時間以内に検察官送致の手続がなされているのであるから、これらの事情に照らして勘案《かんあん》すれば、前記逮捕手続の瑕疵《かし》は、本件勾留請求を違法にさせるほど重大なものとは考えられない」(42)としている。

これを要するに、逮捕という最大最強の強制手段が許される場合であるから、時間稼ぎ等の不当な意図が隠されていない限り、同行に逸脱《いつだつ》があっても、その瑕疵は、事後の手続に影響を及ぼさない、という考え方である。

これに対して、現行犯逮捕できる状況にあったにもかかわらず、同行後交番で水を飲ませるよう求めるのを断《ことわ》り続け、最後に勝手に立ち上がって交番入口付近の水道蛇口に向かった被疑者を制止するはずみにその顔面を殴打《おうだ》する暴行を加えたため、これに反撃した被疑者に正当防衛の口実を与えた例がある。(43)

四　所持品《しょじひん》検査

一　職務質問に当たって、とくに注意しなければならない点は、というと、いきなり刺されたりして受傷しないことであろう。

そのため、警察学校では、その仕方について、相手方の位置、こちらの構え等、必要な基本動作をたたき込んでくれる。それによって、もし、相手が危険な物を所持しているとしたら、機先《きせん》を制して取り上げておけば一番安心である。

ところが、法制は、そのように簡単《かんたん》に警察官に権限を与えてはくれないのである。その理由はすでに述べた（本章一節一の二）。

甲巡査は、無免許運転の疑いを抱《いだ》いてある男に職質をかけた。同行を求めると相手は、少年時代に非行少年として甲巡査に補導されたことを思い出し、憎悪《ぞうお》の眼で、お前には前にやられたことがある、恨《うら》みに思うんじゃと言った。男は、ステテコにシャツ、腹巻という、あまり芳《かん》ばしくない服装をしている。

甲巡査は恐怖を感じた。と、とっさに手がのびて男の腹巻を探《さぐ》ってしまった。もしや凶器《きょうき》でもと疑ったのである。男は怒った。手を振り上げた。巡査はこれを防戦する。

この時、男は自宅の炊事場に駆け込み包丁を右手に持ち、腰に当てて、同巡査に対し、今にも突きかかるような姿勢で飛び出してきて脅迫した。

さて、甲巡査は、ここで説得をあきらめてこの男を公務執行妨害罪の現行犯で逮捕したのであるが、いきなり腹巻に手を突っ込んで捜検《そうけん》をした、その行為《こうい》が適法であったかどうか問題になった。

結論から言うと違法である、というのである。[44] なぜか。規定がないからか。

職務質問の規定を見ると（本章一節一の三）、なるほど「所持品《しょじひん》検査」という文字はない。第四項には、凶器を持っているかどうか調べる規定はあるが、それは、刑事訴訟に関する法律により逮捕されている者に関するものである。自由の身で天下の公道をかっ歩《ぽ》している一般人に対してできる、と言っているのではない。

第一章で述べたように、警察官の職務執行には、任意手段と強制手段とがある。そして、任意手段については、他の法律（ここでは警職法）に規定があればまず、それにより、なければ、本則にもどって警察法第二条第一項を根拠《こんきょ》とするのだ、ということであった。

所持品《しょじひん》検査という文字が、警職法第二条第一項のどこを見ても書いていないから、警察法第二条第一項を根拠にし、したがって、任意手段の鉄則を守って一切の有形力《ゆうけいりょく》の行使《こうし》は許されない、と解し、腹巻に手を突っ込んだ捜検《そうけん》は退《しりぞ》けられたのか、というと、そうでもないのである。

つまり、所持品検査という文字は書かれていない。しかし、職務質問という働きの中には、元来、所持品に関心をもつことも含《ふく》まれている。不審者《ふしんしゃ》を認め、質問を開始する原因の中にそれが含まれていることもある。質問を始めてから、第六感に響いてくることもある。それを別にして質問せよ、というほど法制は杓子定規《しゃくしじょうぎ》ではない。とくに、警職法は、予想もつかない人生の種々相《しゅじゅそう》を対象にする。それをいちいち書けるものではなく、解釈によって、具体的なケースを処理していくほかはない。(45)

このように、所持品検査という働きは、職務質問という働きの中に含まれている。裁判所は、このことを「社会通念《つうねん》上職務質問に通常附随《ふずい》する」と言った。

「その者が、凶器《きょうき》を所持している疑いが極《きわ》めて濃厚《のうこう》であるにもかかわらず、警察官の職務質問に対して理由なく応じないような特別の場合には、職務質問の過程において、異常な箇所につき着《ちゃく》衣《い》の外部から触《ふ》れる程度《ていど》の、社会通念《つうねん》上職務質問に通常附随《ふずい》するとみられる程度の検査は、職務質問の一態様《たいよう》として許されるものと解される。(46)」と。

「着衣《ちゃくい》の外部から触れる程度」であれば、捜検《そうけん》をしても違法ではないというのである。そして、それは、職務質問に附随する行為《こうい》として、警職法第二条に含《ふく》まれている、とするのである。

しかるに、甲巡査は、腹巻の中へ手を突っ込んだ。これは違法であると言わざるを得ない。そう判断されたのである。

乙警部補は早朝数名の部下とともにH駅改札口付近で警戒警備に当たっていた。無線では、すでに、空港周辺で相当数の右翼グループが警戒線で阻止《そし》された旨《むね》の情報が入っていた。乙警部補の眼はますます光っていく。その眼に、長髪、ジャンパー姿、片手にビニール手提袋《てさげぶくろ》を提《さ》げた男が映った。何か慌《あわ》てたようなそぶりが見える。眼が合うと、手提袋を隠すようなしぐさをする。乙警部補の注意は、自然その手提袋に向けられた。見ると、一センチか二センチであるが、白い柄《え》のようなものがのぞいている。乙警部補は直感した。折《おり》も折、刃物に違いない、と。

さあ、それからの行動である。甲巡査は、腹巻にすばやく手を突っ込んだ、そして、何もなかった。乙警部補は、その男が改札口に向かうのを待って、手提袋《てさげぶくろ》の柄《え》の見えているあたりを袋ごと押《お》さえた。押さえながらちょっと尋ねたい、どこへ行くか、と言った。相手は急いでいるから、と答えるだけでそのまま行こうとする。ここで乙警部補は、第二の有形力《ゆうけいりょく》の行使《こうし》をする。手間はとらせないから、と言いながら肩に手をかけて押《お》すようにして出札所脇《わき》へ数メーターだけ相手を移動させた。移動させながら、もし、刃物を持っているという疑いをかけられていることがわかると、いきなり抜き放って反撃に出るかも知れない、そう思い、鋸《のこぎり》だろう、とうまいことを言った。相手は乗ってくる。飛行場で友人を送ってその後友人の所で鋸を使うのだ。乙警部補は、袋の端を柄ごと押さえたそのままの姿勢で提示を求めた。相手は拒否する。

そこへ丙巡査が近づいてきた。丙巡査には袋の中の刃の部分がわずかだが見えた。これは包丁だろう、という。相手は黙っている。

そこで、第三の有形力の行使が始まる。すなわち、提示を強く要求して手提袋を引っ張った。相手は離すまいとしたが、最後には手を離した。警察官は、再び袋の内容を提示するよう迫《せま》り、相手は黙ったまま言うことを聞かない。

警察官は、そこでとうとう、手提袋の中身を検査した。相手の承諾《しょうだく》はないまま。乙警部補が直感し、丙巡査がかいま見た柳刃《やなぎば》包丁が発見され、警察官はこれを銃砲刀剣類所持等取締法違反被疑者と認めて現行犯逮捕し、手提袋《てさげぶくろ》と内容物を差し押さえた。

この例と、先の例を比べると、相手方の承諾《しょうだく》がないのに、所持品《しょじひん》を検査した、それも中身を改めた、という点では一致している。そして、先の例は違法であり、検査は、身体等の外側から触《ふ》れるだけ、というのであると、後の例もまた、違法、という結論にならざるを得ない。

ところが、後の例では適法であるとされた。裁判所は、「状況に照らし未《いま》だ警察官職務執行法第二条にいう職務質問に伴《ともな》ういわゆる所持品検査としてその適法性の範囲《はんい》を越えるものとは認めがたい。」と言ってくれた。(47)

すなわち、凶器《きょうき》のごとき物の発見をとってみても、いいか、悪いかの結論は、状況次第《しだい》ということになる。絶対的にその仕方がいいとか悪いとかいうのではない。前例では、相手は無免許運転の疑いである。服装は、シャツ、ステテコ、腹巻のいわゆるシャツ姿、「同巡査が簡単《かんたん》な職務質問をして被告人を観察すれば、被告人が当時凶器を所持していなかったことは容易《ようい》に判明したものと認められる」。しかるに甲巡査は「突如《とつじょ》として被告人着用の腹巻の中に手を差し入れ、同人の身体を検査した」。それがいけない、とされた。

さて、後の例では、まず、要人出発の「緊迫《きんぱく》した状況」の下にあった。刃物を所持していることが外から観察し得るばかりでなく、つかんだときの感触《かんしょく》等からも、刃物所持の「確信」が得られる場合であった。そして、それを取り上げることにより、もって「現実に起こり得るべき殺傷事件等の事故を未然に防止」すべき状況下にあった。それで、適法とされたのである。

さて、このように見てくると、所持品《しょじひん》検査は、警察官職務執行法第二条の職務質問に、通常附随《ふずい》する行為《こうい》であり、法的根拠《こんきょ》をそこに見いだす。そして、職務質問と、その運命を共にすべき性質を有するということがわかる。

職務質問には、停止をめぐって、ある程度《ていど》の有形力《ゆうけいりょく》の行使《こうし》が認められている。されば、所持品検査にも、ある程度の実力行使が認められてしかるべきである。問題はその程度である。一体《いったい》どの程度までが許され、また、許されないか。すでに、前二例で見ただけでも、事は状況次第《しだい》である。固定的・一律的な具合《ぐあい》のよい物差《ものさし》は存在しないようである。(48)

実務家としては、どのように理解していかなければならないか。そこで、所持品検査の行為態様《たいよう》を段階的に分解してみて、その、各々の場合に判例がどのような指針《ししん》を与えているか、検討してみよう。

二　所持品検査を、実態に照らしてその態様を観察すると、それは、次のように、段階的にとらえることができる。

まず、①は、警察官が、職務質問の対象者の所持品を外部から観察することである。②は、その所持品《しょじひん》の内容について質問を発することである。③は、携帯品や衣服の外側から、所持品に触《ふ》れ、かつ、質問をすることである。④は、所持品の開示を求めること、すなわち、出して見せろ、ということである。⑤は、開示された所持品を検査することである。(49) 所持品検査と一口《ひとくち》に言うけれども、その内容には、右のような段階があり、そのある部分は許され、ある部分は否定される。

三　第一に、外側からある者の所持品を観察することが非難《ひなん》されるいわれはない。所持品について質問することも、とやかく言う者はいない。最高裁も、所持品等につき質問中、すきを見て、逃走した相手の翻意《ほんい》を求めて質問を続行するため追跡《ついせき》停止させる行為《こうい》を是認《ぜにん》している。(50) 所持品の内容について質問を発することは問題がない。

四　所持品を衣服や携帯品の外側から触《ふ》れながら質問をすることも問題はない。本章第二節一の二の例のように、風呂敷包《ふろしきづつみ》の外側から触れて中身はハンドバッグらしいと直感してさらに質問を続けるようなことは、当然、職務質問に通常附随《ふずい》する行為である。(51)

五　さて、所持品の開示を求めることも、直接ではないが、昭和二九年の最高裁判例以来、当然許されると解されてきたのであるが、昭和四五年、博多駅検問事件に関連して地方裁判所が異論を述べた。これは、すぐ、高等裁判所で否定されているので、われわれは、高裁に従《したが》って、堂々と所持品《しょじひん》の開示を求めていいのであるが、問題の本質を詳《くわ》しく知るうえに役に立つので一見してみると、外側から触《ふ》れてみるのはいい。「質問の過程において、ふくらんでいるポケットなど異常な箇所につき着衣《ちゃくい》あるいは携帯品の外部から触れる程度《ていど》の社会通念《つうねん》上質問に通常附随《ふずい》するとみられる程度の行為《こうい》は『質問』の一態様《たいよう》として許されるが、それを超えて所持品を提示させて調べる等のことはもはや『質問』の範囲《はんい》に入らないものというべきである。」[52]というのである。なぜ、そんな見解がでてくるのか。これを否定した高等裁判所に説明してもらおう。

福岡高等裁判所は次のように分析した。[53]

「なるほど、警職法第二条第一項の『質問』を厳密《げんみつ》に文字どおりに解釈すれば、所持品についての質問（例『ポケットの中に何を持っていますか』）は質問の中に含《ふく》まれるが、所持品の呈示《ていじ》を求めること（例『ポケットの中のものを見せてくれませんか』）は質問の中に含まれないことになろう。」

警察官職務執行法を、まるで、刑法を解釈するときのように「厳密に文字どおり解釈すれば」そうなる。そして、そのように解釈をした地方裁判所の考え方も、まるっきり理由がないわけではない。「所持品について捜索及び押収を受けることのない権利を憲法第三五条の保障する基本的人権であるから、右のように字義《じぎ》どおりの厳格な解釈をとることも理由がないわけではない。」と、一同は頭をなでている。小学校の先生のように行き届いている。そして、その先、警察官は千変万化《せんぺんばんか》する事案に対処しなければならないこと、その責務の遂行《すいこう》に当たっては悠長《ゆうちょう》なことは言っておられず、手段方法も知恵の及ぶ限り多岐《たき》にわたるであろうこと、その一つ一つを想定《そうてい》して細かく規定することは不可能であること、等を指摘し、警察官職務執行法を解釈する基本的姿勢として、「責務遂行の円滑・迅速《じんそく》を期することと、任意手段により相手方が蒙《こうむ》る負担の軽《けい》重《ちょう》を比較衡量《ひかくこうりょう》してその調和を計《はか》りながら、文理のみにとらわれない法の解釈運用をなすのがより合理的というべきである。」と説示《せつじ》している。

この姿勢は、警察官としては、まことに当然なものとして、万端《ばんたん》にわたり、遵守《じゅんしゅ》して間違《まちが》いのないものである。

今、この姿勢によって所持品の開示を考えると、再び、福岡高裁の言葉のとおり「職務質問に際し相手方の任意の承諾《しょうだく》を期待しながら所持品の呈示《ていじ》を求めるのは、質問の実効を期するうえに極《きわ》めて必要な方法であってしかもこれがため相手方にさほどの負担を加重するものとはいわれないから、かかる行為《こうい》はなお職務質問の範囲《はんい》内にあるものと認む」べきである、と、いうのである。

これによって、前出第二章第二節二の三の例に返ってみよう。

一たん、駐在所《ちゅうざいしょ》へ同行した相手が警察官の隙《すき》を見て逃走した。警察官は、一三〇メートルほど追いかけ、腕に手をかけ停止させ、さらに質問を続けようとした。この質問の中には、所持品《しょじひん》の開示要求が含《ふく》まれていたのである。

すなわち、警察官は、相手に同行を求め、駐在所《ちゅうざいしょ》へきてから「同所で種々職務質問をしたうえ鞄《かばん》内の書類の呈示《ていじ》を求めその一部の調査をしたけれどもその他の書類については再三《さいさん》の呈示要求にもかかわらずこれに応ずる気色《けしき》がなかった」から、巡査に、上司の指示を仰《あお》ぐため一たん駐在所を出た。もう一人の巡査は、電話のベルがなったので受話器を取った。相手の逃げ出したのはそのときである。

裁判所は、この一連の警察官の行動を是認《ぜにん》したのであるが、所持品検査が職務質問の中に含まれることを当然の前提《ぜんてい》としている。そのうえさらに、警察官が相手に対して答弁《とうべん》を強要《きょうよう》し得ないことは、警察官職務執行法第一条第三項に見えているが、もし相手に何らやましいところがないならば、快《こころよ》く進んでその書類の全部を提示かつ開披《かいひ》して積極的に警察官の抱《いだ》く疑念を解こうとするのが普通であると説《と》いた。この考え方は一貫《いっかん》して生きているのである。(54)

開示を求めることができる物は、何も以上に限ったことではない。

前出第二章第二節二の二、小雨《こさめ》降る日の深夜、雨具《あまぐ》をつけずに足早に通り過ぎようとした二人連《づ》れの男を質問し、一人が所持する風呂敷包《ふろしきづつみ》の開示を求めた例を思い起こしてもらいたい。あの例でも、一連の警察官の行動は、高裁段階で是認《ぜにん》された。そして、風呂敷包の外からさわり、内容物

の開示を求めた事例を是認した最高裁の判例も早いうちに出ている。(55)

所持品《しょじひん》は、人の身体に附随《ふずい》してあるものとは限らない。自動車の中においてある物もまた、所持品であり、トランクを開けさせて中身を見るのも、所持品の開示の要求に当たる。車内のダッシュボードの中も同様である。(56)

以上のように、任意所持品の開示があれば、これを外側から観察したり、手に取ってながめたり、手帳類なら、パラパラ中身をめくって見たりすることは、開示に引き続く当然の行為《こうい》であって問題はない。

六　問題は、承諾《しょうだく》のない場合である。

前例で見たのは、いずれも最後に公務執行妨害などで現行犯逮捕をして、逮捕の現場でする捜索《そうさく》差押《さしおさえ》に切り替えているから差支えがなかった。それは、所持品検査のため、所持品の開示を求めている最中に、公務執行妨害罪で問擬《もんぎ》できる新たな事実が発生している場合であった。

もし、相手が開示を承諾せず、別に警察官に飛びかかりもせず、逃げもせず、押問答《おしもんどう》を繰り返すばかりだとしたら、深夜から明け方まで、問答を繰り返すのか、実力で鞄《かばん》や風呂敷包《ふろしきづつみ》を開け、又は腹巻やポケットに手を突っ込んでもいいのかどうか、はっきりしたい所である。

この問題を解決する順序《じゅんじょ》として、まず、承諾《しょうだく》があったのか、なかったのか、問題になった事例から見よう。

昭和四七年のある日のこと、とある交差点で衝突《しょうとつ》事故が起きた。警察官が駆けつけた時は、すでに一方当事者の乗用車の運転手は逃げてしまっていなかった。他方当事者のトラックの運転手によると、相手はブルーに白線のトレーニングウェア姿、一見やくざ風であったという。

警察官は、当て逃げ事件として、手配もし、処理を続けていた。その時、交差点内にきて自動車を止め、警察官の様子《ようす》をじっと見ているやくざ風の男がいるのに気付いた。やはりトレーニングウエア姿である。トラックの運転手に聞くと似ている、という。乙巡査が近づいて質問をする。

免許証を見せなさい。免許証なんか持っていない。それでは自動車を運転してはいけないではないか。外へ出なさい。男は外に出ることは出た。その後がいけない。

氏名・年齢、聞いても答えない。免許証は車の中へ置いてあるんだろう、探してみなさい、と言っても態度荒々しく拒否するだけである。では、探してもいいか、と聞くと「探すなら勝手に探せ」と、うそぶく。

さあ、どうするか。乙巡査は、これを、任意承諾を与えたと解釈した。男が降りる時、開いたままになっている扉口から手を伸ばしてダッシュボードを探《さぐ》った。すると、車体検査証と一緒に、鞘《さや》に入った果物ナイフが出てきた。刃渡り一〇センチほどで法定の六センチを超えている。

乙巡査は、これを銃砲刀剣類所持等取締法違反の現行犯であると認める。これを逮捕し、車内を強制捜索する。そして、男の所有になる短刀一振《ひとふり》も発見する。

この、問題になりそうもない案件《あんけん》が、地方裁判所でひっかかる。

裁判所は、「探すなら勝手に探せ」と言ったのを、乙巡査とは逆に、任意の承諾《しょうだく》がなかった、と認定した。そうすれば、ダッシュボードに手を突っ込んで果物ナイフを取り出した行為《こうい》は「元来強制力を持たない職務質問とはおよそかけ離れたものというべく、その附随《ふずい》行為として許容される限度を超えていると言わざるを得ない。(57)」

ところが、例によって、高等裁判所がこれをひっくり返す。「被告人が乙巡査の要求に対して『探すなら勝手に探せ』と答えたことは、乙巡査が被告人に代わって免許証の有無について車内を確認することまで拒否する合理的理由がないため承諾の意を明らかにしたものと認め得るところであって、もとより被告の自由かつ任意の意思決定に基《もと》づくものであることをうかがうに足りるから、自棄的《じきてき》に捨《す》て鉢《ばち》になった気持から真意の伴《ともな》わない言葉を訳もなく口走ったものと同日に談ずることはできない。(58)」

高等裁判所がこう判断したのは、男が、処理中の交通事故について何らかの知識を持っている者である、と、警察官が考えるには当然の状況にあったこと、免許証不携帯の自白があり、無免許の疑いすらでてきたこと。そのため、免許証の存在・不存在を確認することが不可欠であったこと。にもかかわらず、本来免許証を提示すべき義務を負う本人が空うそぶいてあえて車内を探そうとしないこと、などの諸条件を総合判断した結果、真意の伴《ともな》わない言葉を訳もなく口走った、とせず、拒否する合理的理由を欠いたからでた言動《げんどう》である、としたのである。

このように、承諾《しょうだく》の有無をめぐって、もし、争いが起こるとすると、やはり、承諾を要求する警察官の側に、客観的合理性があったか、なかったか、が決め手となる。そのかわり、それが認められれば、明示の承諾がなくても、黙示《もくじ》の承諾があったとみなされる場合がある。

無銭宿泊の疑いで職務質問の対象とした男が、警察官の質問に対して黙したままであり、身体捜《そう》検《けん》にも拒否する態度はなく、これを終了し、次いで、背広胸ポケットにのぞいている手帳に気がつき、関係記事はないか、と、取り上げてめくってみた。裁判所は、これを「具体的客観的に黙示《もくじ》の承諾ありと認めうる事情があった」として、適法としたのである。(59)

全然承諾がない、とはっきりしている場合は、中身を見ることをあきらめなければならないか、というと、そうではない。ただ、曲《まが》りなりにも承諾と見られるものがある場合とは違って、警察官が、承諾《しょうだく》がないのに鞄《かばん》や風呂敷包《ふろしきづつみ》を実力で開けなければならないのだから、それについてはよほどの客観的合理性が認められる場合でなければならない。

実例は、爆弾闘争をめぐって生じた。

警察は、過激派が爆弾で米軍基地を襲《おそ》う計画があることを情報によりキャッチ、特別の警戒体制を敷《し》いていた。

甲乙丙丁四人の巡査は班を組み、警備車でパトロールをしていた。そのヘッドライトに、女を含《ふく》む四、五人の人影が浮かぶ。と、一瞬《いっしゅん》のうちにその人影は茂《しげ》みに消えた。そこは、燃料貯蔵《ちょぞう》タンクのある基地から一〇〇メートルの所、付近に人家のない畑地《はたち》で、その時刻に人が通るのは珍《めずら》しかった。

巡査は直《ただ》ちに車を降り、懐中《かいちゅう》電灯で付近を捜索する。すると、農道脇《わき》の藪《やぶ》の中、少し、くぼ地になっている所に前かがみになってしゃがんでいる男を発見した。四、五人いたはずだが、と、なおも付近を捜索するがとうとう見つからない。巡査らは、その男の回りに集まった。名前は。今ごろ何をしているんだ。相手は黙っている。足元を見ると、ショルダーバッグが置いてある。このバッグはお前のか、と尋ねると、私のです、と、これには答えた。中身については何も言わない。

巡査らは、その男を四メートル余り離れた農道に連《つ》れ出し、バッグと切り離した。そして、三人が質問している間に、甲巡査がそれに触ってみた。固い感触《かんしょく》である。びんのような気がする。いよいよ怪《あや》しい。さては、情報どおりの爆破《ばくは》計画者が爆弾を持って現れたか。

中を見せろ、と説得は、いよいよ急になる。しかし、絶対にうんとは言わない。開けていいか、と言うと、いけない、見せる必要はない、とわめく。

甲巡査は考えた。情報によれば、今日《きょう》か明日の夜、過激派学生八〇名が四班に分かれ、四か所の米軍基地を爆破するというのだ。今、ぶつかった相手は四、五人、女が混じっていたから、情報の爆破班の人数に一致する。触ってみたバッグの中身は、固いびん状で彼らの得意とする爆弾に似ている。場所は人家からほど遠い畑地《はたち》でこの時間に人が通るのはおかしい。問題の基地からは一〇〇メートルしか離れていない。

事態《じたい》の推移《すいい》、周囲《しゅうい》の状況。たとい、相手の承諾《しょうだく》がないからといって、これが見過ごしておかれようか。バッグの中身を確認しないで、済《す》むものか。

開《あ》けるぞ。甲巡査は叫んだ。ショルダーバッグのチャックを引いた。懐中《かいちゅう》電灯で照らしながら、その中を見ると、大封筒に入った鉄パイプのような物体、サイダーびんのような物の上部に小びんが付いている物体及び小さい時計のような物体が見えた。爆弾だ。情報のとおりだ、未然に防止することができた。甲巡査は、その男を爆発物取締罰則違反被疑者として現行犯逮捕するとともに、バッグの爆弾を差し押《お》さえた。

ここで、警察官職務執行法第二条第一項による職務質問を実効的なものとするため、その附随行《ふずいこう》為《い》として、どこまである種の有形力《ゆうけいりょく》の行使《こうし》を認め得るか、について、見解が分かれる。通説判例ともに認めている有形力の行使は、バッグの外側から手で触《ふ》れる行為であり、これは、社会通念《つうねん》上職務質問に通常附随する行為であった。

バッグのチャックを引き、あるいは風呂敷包《ふろしきづつみ》を開く、という行為は、確かに一種の有形力の行使であるが、外側から触《さわ》るのと比較《ひかく》して、常に絶対に許されない性質のものかどうか。

共に、一種の有形力の行使である点には変りがない。そして、触ってみる、という行為は、有形力の行使の中でも、もっとも程度《ていど》が低く、いまだ任意手段としての職務質問の範囲《はんい》に属せしめても差支えのない種類のものであった。それは、相手に実害を与えず、社会的に見ても相当であると見ることができるからであった。

チャックを開く、見る、という行為は、しからば相手に実害を与え、社会的にも相当でない行為として、常に必ず排斥《はいせき》されなければならないか、というと、一たん、職務質問に通常附随する行為として、触る、という有形力の行使を承認する以上、開く、という有形力の行使も後一歩というところである。

ここで、周囲《しゅうい》の状況、という舞台装置《ぶたいそうち》が浮かび上がってくる。また、開く、という決定的な行為の一瞬《いっしゅん》に至る、ドラマの盛り上げ、事態《じたい》の推移《すいい》というものが、問題になっている。人を殺す、という重大な法益侵害でも、時と場合によっては、もっともだ、と、だれもが承認したくなる場合というものがある。

犯罪を未然に防止し、みんなが安心して、それぞれの業に励《はげ》む社会を維持するためには、警察官は頑張らなければならない。時と場合によっては、ある程度《ていど》の法益の侵害があっても、それは眼をつむっていてもらいたい。大きな法益を守るためである。

触《さわ》ると開く、では確かに、バッグの持主の私的自由を侵《おか》す度合《どあい》は大いに違う。その面での法益の侵害は確かにある大きさを持っている。

しかし、何でもない、普通の場合に、たとえば、交番の机の上にすでにのっかっている所持品《しょじひん》を開こうか、開くまいか、というのと、深夜、爆破《ばくは》予定場所の近くで、爆弾らしい感触《かんしょく》を得て、ますます容疑を深めている緊迫《きんぱく》した状況下で開いて見るのでは、社会的相当性に違いがでてくるであろう。ドラマの一部始終《いちぶしじゅう》を見ている観客が、果たして、開かない方に軍配《ぐんばい》を上げるかどうか。

裁判所は、この観客、別の言葉を使えば、客観的妥当性《だとうせい》を考慮《こうりょ》に入れて、何が任意手段に属《ぞく》し、何が任意手段を逸脱《いつだつ》して強制手段の領域に入り込むかを判断すべきだ、とした。単に、触るまでが任意手段で、それ以上は常に必ず強制手段だ、という絶対評価を採用しなかった。

容疑事実の重大性と危険性、有形力《ゆうけいりょく》の行使《こうし》の態様《たいよう》と程度《ていど》、これによって侵害される法益、これによって守られる法益、それらをバランスにのせて判断する相対的評価を採用すべきだ、とした。できる者の多いクラスでは凡才《ぼんさい》でも、できない者の多いクラスに入れば秀才になる。相対的評価によれば、である。そして、世の中のことは、その場その場でどうか、ということが大切である。神の眼から見たら、という絶対評価が物を言う場面は、むしろ少ないのではなかろうか。

さて、バッグを開くことを許した裁判所の結論を見よう。「右の状況に徴《ちょう》すれば、職務質問に当たっていた甲巡査が、『中を見せろ』といって内容物の呈示《ていじ》を求めた行為《こうい》及び『開けていいか』と承諾《しょうだく》を求めた行為が警職法上の行為として適法なのはもちろん、これが拒否された場合に、何らバッグを損壊《そんかい》することなく、単にそのチャックを開き、内容物をそのままの状態で外から一見した行為も、――外形的には警職法第二条第一項による行為の範囲《はんい》を多少こえるようにみえるが――問題になっている容疑事実の重大性と危険性、実力行使の態様《たいよう》と程度、これによって侵害される法益と保護されるべき利益との権衡《けんこう》等からみて、警察法・警職法を含《ふく》む法秩序全体の精神に反しない、社会的にも妥当性《だとうせい》の肯定される行為として許容されると解するのが相当である。(60)」

この判断があって三年後に、今度は、銀行強盗《ごうとう》がおきて、手配の容疑者によく似た二人組が警戒線上に引っかかった。アタッシェケースとボーリングバッグを所持している。

質問に対しては絶対の黙秘《もくひ》であり、所持品《しょじひん》の開示はもちろん許さない。初め路上で、次、付近の事務所を借りて、ついに本署へ連行《れんこう》して根《こん》くらべの末、二時間四〇分くらいたってついに警察官は、ボーリングバッグのチャックを開けた。もちろん承諾《しょうだく》はない。

さて、ボーリングバッグの中身は、無雑作《むぞうさ》に突っ込まれた大量の札《さつ》である。銀行強盗《ごうとう》に間違《まちが》いない。

この時、警察官は、ミスを侵した。それはアタッシェケースの鍵《かぎ》を壊《こわ》したことである。ボーリングバッグを開けたことによって、銀行強盗の容疑が充分になった。強盗被疑事件で緊急逮捕した。逮捕の現場での捜索に着手した。それに必要な処分として鍵を破壊した、というのであれば適法である。その逆をやってしまった。

逮捕せずに、まず、アタッシェケースをこじ開け、そこにも札束が入っているのを見て緊急逮捕に移った。

職務質問に附随《ふずい》する所持品検査としては、チャックをあけて、中身を一べつするところまでである。

ここまでならば、たとえ、相手の承諾《しょうだく》が得られなくても、所持品検査の緊急性、必要性が強かった当夜の状況に照らして許される。

承諾がないのに、バッグのチャックを開被《かいひ》することによる法益の侵害は、銀行強盗を逮捕するため、手配によく似た不審《ふしん》な二人の容疑を追及《ついきゅう》する公共の利益に比較《ひかく》して大きいものではない。最高裁判所の判例はこの点について明確に述べている。(61)職務質問は任意手段である。所持品《しょじひん》検査は、職務質問に附随《ふずい》する行為《こうい》として許容される。元が任意だから、附随する方も任意でなければならない。「所持人の承諾を得て、その限度においてこれを行うのが原則である。」と。

しかしながら、原則は例外を許す。警察活動ほど杓子定規《しゃくしじょうぎ》に合わないものはない。千変万化《せんぺんばんか》する現実の事象《じしょう》は、あらかじめ文章に書いたその枠《わく》にはまり切ることができない。しかも、その処理は、迅速適正《じんそくてきせい》でなければならない。かかる「責務にかんがみるときは、所持人の承諾のない限り所持品検査は一切許容されないと解するのは相当でなく、捜索に至らない程度《ていど》の行為は、強制にわたらない限り、所持品検査においても許容される場合があると解すべきである。」場合によったら、所持人の承諾がなくてもできる。

問題は、どういう場合だと許され、又は許されないか、である。そして、最高裁判所も言うように、「その許容限度を一般的に定めることは困難である。」

事は、あくまでも、具体的な場合における具体的な判断であり、判断者は第一線で働くお巡りさんでなければならない。

承諾《しょうだく》がなくても、バッグのチャックを開いて見たり、風呂敷包《ふろしきづつみ》を開被《かいひ》する余地《よち》のあることはわかった。しかし、最高裁判所によると、「状況のいかんを問わず常にかかる行為《こうい》が許容されるものと解すべきでないことはもちろん」である。それは「捜索及び押収を受けることのない権利は、憲法第三五条の保障するところであり、捜索に至らない程度《ていど》の行為であってもこれを受ける者の権利を害するものであるから」である。

第一線警察官の判断は重要である。

ところで、ただ判断せよ、と言われても困るであろう。場数《ばかず》を踏《ふ》んだベテランならば、スムースに、カンの働きによって正しい行動を選択できるかも知れない。しかし、一般には、何か、よすががほしい。最高裁判所は、何か、よすがになるものを残してくれなかったか。

そう思ってみると、その許容限度を、「一般的に」定めることは困難であると言った後、二つだけ物差《ものさ》しになるものを置いてくれている。すなわち、その一は、「所持品《しょじひん》検査の必要性、緊急性」の判断である。

強盗《ごうとう》事件が発生した。緊急配備が発令された。その非常線に、手配によく似た人物がひっかかった。質問しても答えない。所持品《しょじひん》検査は頑固《がんこ》に拒《こば》む等々、不審《ふしん》な挙動《きょどう》をとり続ける。そういう状況がまず、判断の枕になるのである。凶器《きょうき》があるか盗品等があるか。とにかく、そのバッグの中身を確かめる必要性、緊急性を消すことができない。

その二は、「これによって害される個人の法益と保護されるべき公共の利益との権衡《けんこう》」である。個人と公共と、このバランスは状況によって揺《ゆ》れ動く。その判断である。最高裁判所によれば、「携行《けいこう》中の所持品であるバッグの施錠《せじょう》されていないチャックを開披《かいひ》し内部を一べつしたにすぎないものであるから、これによる法益の侵害はさほど大きいものではなく、上述の経過に照らせば相当と認めうる行為《こうい》である。」という判断のし方である。

冒頭《ぼうとう》の例で、いきなり腹巻に手を突っ込んだのが違法で、緊迫《きんぱく》した状勢下で凶器《きょうき》を取り上げたのが許された理由が明らかになったであろう。ポケットから取り出すのも、考え方は同じである。ポケットの外からさわってみて、凶器らしい、と思っても、別に緊迫した雰囲気《ふんいき》でもないのに、手を突っ込んで取り出すようなことは、してはいけない。(62) いきなりポケットに手を突っ込んで、覚せい剤が出たから、覚せい剤の不法所持で現行犯逮捕するというのも許されない。(63)

七　銃砲刀剣類については、別に、銃砲刀剣類所持等取締法第二四条の二という法律があって、相手に提示させ又は開示させせて調査することを規定している。

これは、もともと警察法ないし警察官職務執行法でできることを、確認し、その要件を明確にしたものだとされているが、(64)「異常な挙動《きょどう》その他周囲《しゅうい》の事情から合理的に判断して他人の生命又は身体に危害を及ぼすおそれがあると認められる場合」でないと、提示させ、又は開示させて調査することができない。

ここでいう提示も開示も、共に相手方の意思によってさせるので、警察官が自《みずか》ら手を下してするのではない。あくまでも任意手段である。(65)

また、同法によると、警察官が一時保管する権限も併《あわ》せ規定してあるが（同条二項）、これも相手方の意思を尊重《そんちょう》してなされるものである。(66)

警察官が自ら有形力《ゆうけいりょく》を行使《こうし》してするようなことは、よほどの情勢である場合に限られるということを銘記《めいき》しておかなければならない。

八　以上、一〜七は、相手方が自由の身である場合の所持品《しょじひん》検査に関するものであるが、相手が、「刑事訴訟に関する法律により逮捕され」た場合に「その身体について凶器《きょうき》を所持しているかどうかを」強制的に「調べることができる」（二条四項）とされているのである。

逮捕された者が、自害したり、警察官を傷つけたりしないためには、早目に、そういう危ない物を発見して取り上げておかなければならない。

これは、人を逮捕した以上、その強制処分の中に合理的に当然含《ふく》まれている権限である、と考えられ、また、自己又は他人の生命・身体・財産の安全を確保するという、防犯上・行政上の目的を

達成するための権限である、とも説明される。(67)

司法の世界からながめるのと、行政の側から見るとの違いであって、結局は、することは一つである。

すなわち、人を逮捕したら、その場ですぐしてもいいし、本署へ同行してからでもいいが、とにかく相手の所持する凶器《きょうき》を早期に発見し取り上げることである。(68)

根拠《こんきょ》となる法律を見ると、それは、刑事訴訟法と警察官職務執行法と競合《きょうごう》する場合がある。たとえば、逮捕の現場では令状がなくても必要な捜索差押《そうさくさしおさえ》をすることが許されている（刑訴二二〇条）。これは、犯罪の証拠を収集するための権限であるが、もし、証拠物が凶器だとしたら、完全に、警察官職務執行法第二条第四項とだぶるわけである。

だぶるけれども、警察官職務執行法による権限の方が、刑事訴訟法による捜索の権限よりは小さい、ということを知っておかなければならない。

警察官職務執行法第二条第四項は、危害防止のためであるのであって、犯罪捜査上の証拠物を集めるためのものではない。

したがって、まず、対象は、凶器に限定される。

また、その手段は、危害防止という、当面の行政目的に照らして必要な限度にとどまらなければならない。

凶器《きょうき》であれば、大抵《たいてい》は、衣服の上から触《ふ》れて見ることによって発見可能であるから、その限度を超えて、裸《はだか》にして調べるようなことは許されない、と、しなければならない。

逮捕の現場では、証拠収集の観点から、被疑者を裸にしてその身体につき捜査することがあり得る。そのついでに、凶器が発見されることがあったとしても、それは、第二条第四項にいう「調べること」には当たらない。

したがって、逮捕の現場を離れてからは、そのような必要があれば、令状を用意してからなければならない。

凶器検査にことよせて、令状なしで証拠物を発見しようなどということは許されないから、注意しなければならない。

（1）　福島地会津若松支判昭和三八年一〇月二六日下刑集五・九＝一〇・一〇七三は、傷害被疑者と一緒に飲んでいた男を被疑者共々同行しようとして失敗した事例であるが、「参考人として同行するよう促した。これに対して被告人（その男）はただちに、俺は何もしていないから行く必要はないと同行を拒絶した。しかるに同巡査は、さらに言葉鋭く執拗《しつよう》に同行を要求するので被告人は立腹《りっぷく》し、俺をどうしようと言うのか、てめえの面《つら》は何だと発言するに至り、双方《そうほう》大声で、来てくれ、行かないという押問答《おしもんどう》になった。そののち同巡査は、椅子《いす》に腰かけたままの姿勢であくまで同行を拒絶している被告人の右側に近寄り、左手で被告人の右腕をつかみ、店外へ出るよう誘った。」という事実関係に対して、「巡査は、被告人が再三《さいさん》言葉や態度をもって同行を拒絶する意思を明らかに表明しており客観的にみてその意思はすこぶる強固《きょうこ》であって、もはや従前《じゅうぜん》の説得方法による翻意《ほんい》は期待し得ない状況にあったのにもかかわらず被告人を納得《なっとく》させるという手段に出ず、いたずらに同一の押問答《おしもんどう》を繰り返すことに終始《しゅうし》し、最後に被告人の右腕をつかむ挙《きょ》に出たのであり、これはまさに説得の限界を越え、強制力によって同行を求めたものと言うべきであって同条項（警職法二条）に基《もと》づく警察官の職務行為《こうい》としては著《いちじる》しくその範囲《はんい》を逸脱《いつだつ》しており、違法な職務執行といわなければならない。」とした。

（2）名古屋地判昭和二八年三月三日。名古屋高判昭和二八年九月二日判特三三・四七の第一審判決

（3）名古屋高判昭和二八年九月二日最刑集九巻九号一九一七項（判特三三・四七）

（3の2）松尾浩也「刑事訴訟の原理」一七一頁は、職務質問自体は「社会秩序の保全と個人自由の保障とのバランスの上に立つ不安定な存在である。その限界線を明らかにする作業は、いまのところ判例に委《ゆだ》ねられている。その詳細を論ずることは、別の機会に譲らなければならないが、……『やましい所がない通常人であれば快《こころよ》く質問に答え、所持品《しょじひん》を呈示開被《ていじかいひ》して警察官の疑いを解くの態度に出るのがむしろ普通だ』としたやや古い判例（名古屋高判昭和二八年九月二日最刑集九巻九号一九一七項）は反省を求められるべきであろう。」としている。

（4）最判昭和三〇年七月一九日集九・九・一九〇八

右の最高裁の考え方は、その後踏襲《とうしゅう》されている。例えば、大阪高判昭和四六年七月二〇日高判集七・三・四八三は、「対面して来た被告人がパトロールカーを見て一瞬《いっしゅん》ギクッとして目をそむけるようにし、パトロールカーの左横を通り過ぎようとした挙動《きょどう》に不審《ふしん》を抱《いだ》いたことは警察官としては当然であり、さらに甲巡査長から『ちょっとちょっと』と呼びかけられながら、顔をそむけて逃げ去ろうとする異常な態度を示すに至ったので、警察

官らにおいて益々《ますます》被告人が犯罪を犯しまた犯そうとしているのではないかとの疑念を強くし、停止を求めるためにその跡《あと》を追いかけたことは当然の成行《なりゆき》であり追跡《ついせき》という行動は単に逃走する相手方の位置に接近する手段として必要な自然の行動であって追跡しただけでは被告人の自由を拘束《こうそく》したものではなく、また答弁《とうべん》を強要《きょうよう》したものともいわれないことは勿論《もちろん》であり、またこれをもって逮捕行為《こうい》と目《もく》することはできない。警察官が職務質問しようとして停止を求めるため呼びかけたにも拘《かか》わらず相手方がこれに応じないで逃走するのを拱手傍観《きょうしゅぼうかん》して放置してかえりみないような態度は、警察活動の本旨《ほんし》に照らし是認《ぜにん》することはできないのであって、このような場合には逃走する相手方を追跡し停止を求めて自己の疑念を解くため強制にわたらない程度《ていど》においてあるいは注意を与え、あるいは翻意《ほんい》せしめることこそ警察官としての職責に忠実なゆえんというべきであり、このように解することが公共の福祉と基本的人権の保障との調和を図《はか》りかつ警察法の精神にかなうものといわなければならない。」と言っている。本文名古屋高判昭和二八年九月二日の判例と全く同じであることがわかるであろう。

（5） 大阪地判昭和四三年九月二〇日判タ二二八・二二九は、「M巡査が被告人に対し同行を求めた時刻は夏の早朝であり、かつ、その場所には通行人も殆《ほと》んどなかったことが認められるから右要件（警職法二条一項二項）に欠ける。もっとも、被告人はM巡査から同行を求められたのに対し、明示の拒絶はしなかったが、もとよりこれを承諾《しょうだく》したものではなくまたこの承諾はいつでも撤回できるものである。したがって被告人が逃げ出したのに対し『止まらなければ逮捕する』とか『逃げると撃《う》つぞ』などと威嚇《いかく》しながら約一五〇メートルも追尾《ついび》し、もって一種の強制力を行使《こうし》して停止させようとし、かつ、追いつめられて立ち止まっていた被告人の肩に手をかけたM巡査の行為は前掲法条に基《もと》づく警察官の職務行為としては著《いちじる》しくその範囲《はんい》を逸脱《いつだつ》しており、違法な職務行為といわなければならない。」とした。

（6） 団藤重光「刑法綱要各論」三三八頁は、「暴行の概念については、従来の学説により、次の四種類のものが明らかにされている。①人に向けられると物に向けられるとを問わず、すべての有形力《ゆうけいりょく》の行使（たとえば一〇六条）。②人に向けられた――しかし必ずしも人の身体に加えられることを要しない――有形力の行使（たとえば九五条）③人の身体に加えられる有形力の行使（二〇八条）、④人の反抗を抑圧するに足りる有形力の行使（たとえば二三六条）」

（7）　半谷恭一「職務質問」（熊谷ほか捜査法大系Ⅰ」所収）一七頁は、説得による翻意《ほんい》も自由意思から出たものでないから許されないとするような「狭い解釈を採《と》るならば、本条による質問がその功を奏《そう》する場面はきわめて限定されることとなろう（本条の要件を充たすような相手方で、自発的に警察官の質問に協力を期待できそうなのは、まさに自首しようとしている犯人か、さもなければ救助を求めようとする被害者ぐらいのものであろう）。これでは、法の予定する行政目的はほとんど達成することができない。」とされる。

（8）　警察官職務執行法第二条第一項にいう「停止させて質問することができる」の「停止させて、というのは、任意手段であるか強制手段であるか説の分かれるところである」。ある学者は、その点をあいまいにしておく。

　田上穣治「警察法」一三四頁は、「職務質問が警察強制に属《ぞく》することは、必ずしも明らかでない。」としつつ、「身柄《みがら》の拘束《こうそく》に至らない程度《ていど》で（警職法二条三項）実力により停止させることは公務の執行と認められる。」という。すなわち、ある程度の有形力の行使を認めなければ、職務質問自体がからぶりに終わる。といって、それは、任意手段の範疇《はんちゅう》に属するのか、あるいは、強制手段と解するのか、によって、警察官職務執行法第二条第一項が、強制手段を含《ふく》めて規定したものになるか、あるいは、あくまでも任意手段を規定したものであるかが決まってくる。

　停止させるための有形力の行使を強制手段と解し、警察官職務執行法第二条第一項の「停止」には強制手段が含まれるとするものとして、

　宮崎清文「警察官のための行政法講義」二七六頁～二七七頁は、『停止させて質問することができる』とは、文字どおり、歩行者の場合は歩くのを止《や》めさせ、自転車・自動車等の場合は車を止《と》めさせて質問することができ

るという意味である。すでに停止している者に対しても質問できることはいうまでもない。また、『停止させる』とは、観念上は実力による強制を当然に含むから、単に声を出して相手を呼び止めるだけではなく、相手方又はその乗っている車両等に危害又は損害を及ぼす限度に至らない限り、直接これに実力を加えて停止させることは可能であろう。したがって、たとえば、相手方の肩に手をかけたり自転車の荷台に手をかけて止めたりするような程度《ていど》の強制力を用《もち》いることは、違法又は不当な権限の行使《こうし》とはならないものと解される。しかし、停止という観念には元来時間的な限界があるから、右のような強制が通常の停止の範囲《はんい》を超えて長い時間にわたり、いわゆる身柄《みがら》の拘束《こうそく》の程度に至るような場合は、もちろん正当な権限の行使ということはできない。」これを簡潔《かんけつ》に表現しなおすと、

小谷宏三「警察官の職務執行」（行政法講座第六巻・有斐閣）一〇六頁のように「規定の文言上・この停止の手段は、観念上、実力（物理力）による強制を含《ふく》む（「身柄の拘束」に至ることはできない。）。すなわち、即時強制が許される。ただ、比例原則から考えて、本条の停止のための実力行使の可能な場合、強度・時間的継続性については、極《きわ》めて慎重に判断されなければならない。」となる。

停止させるために、手をかける等、ある種の有形力《ゆうけいりょく》の行使が必要であり、その有形力の行使を「実力による強制」と観ずるところから右の説が生まれる。これをもっと端的に言い表しているものとして、宍戸基男「前掲書」五三頁は、次のように言っている。「任意と強制との差は、相手の意に反する実力を加え得るかどうかにあるのであるから、ある程度にしろ、どの程度にしろ、実力を加えることを認める以上、それは任意手段の限界を超えたものであって、強制手段として理解すべきものと考える。」

しかし、職務質問をするために、相手方の翻意《ほんい》を求める。そのためにある程度の有形力《ゆうけいりょく》を行使《こうし》するというのは、必ずしも「実力による強制」と考える必要はない。それは、あくまでも職務質問に随伴《ずいはん》する行為《こうい》であり、職務質問はもともと任意手段を本質としている。

有形力の行使は、イコール強制手段ではない。この点を明確にした判例として、最決昭和五一年三月一六日刑集三〇巻二号一八七頁、判時八〇九・二九がある。これは、任意取調中急に退室しようとした被疑者の左斜《なな》め前に立ち、両手でその左手首をつかんだ行為についてのものであるが、「強制手段とは、有形力の行使を伴《ともな》う手段を意味するものではなく、個人の意思を制圧し、身体・住居・財産等に制約を加えて強制的に捜査目的を実現する行為など、特別の根拠《こんきょ》規定がなければ許容することが相当でない手段を意味するものであって、右の程度《ていど》に至らない有形力の行使は、任意捜査においても許容される場合があるといわなければならない。ただ、強制手段に当たらない有形力の行使であっても、何らかの法益を侵害し又は侵害するおそれがあるのであるから、状況のいかんを問わず常に許容されるものと解するのは相当でなく、必要性・緊急性なども考慮《こうりょ》したうえ、具体的状況のもとで相当と認められる限度において許容されるものと解すべきである。

これを本件についてみると……中略……前記行為は、呼気《こき》検査に応じるよう被告人を説得するために行われたものであり、その程度もさほど強いものではないというのであるから、これをもって性質上当然に逮捕その他の強制手段に当たるものと判断することはできない……中略……捜査活動として許容される範囲《はんい》を超えた不相当な行為ということはできず、公務の適法性を否定することはできない。」としている。

これは、任意捜査に関する判例であるが、任意手段としての職務質問の限界を考察するにつき、参考とされるものである。

(9)　宍戸基男「注解警察官職務執行法」一三頁は、「本法は、……中略……主として、急迫した場合の警察手段としての即時強制を定めることを目的としたものであるが、その手段としての強制限界を定めるほかに、右のような(質問（二条一項）、同行要求（二条二項）、迷い子等の保護（三条一項二号）、避難《ひなん》措置《そち》としての警告（四条一項）、犯罪予防のための警告（五条）、立入り要求（六条二項）任意手段を定めているのは、前記……中略……に述べた理由によるものである。)として、さて、その理由として、①その手段を行使できる場合を明確にすること。②その手段を行使できる程度及び限界を明確にすること。③説得手段は、相手方の自由を奪《うば》うものではないが、心理的に相手に迷惑を与えるものである。そのような手続については、できるだけ法の明文で規定しておくことが憲法第三一条の法定手続の保障の趣旨に合致《がっち》する。④手段を定めることは、同時に警察官の職務すなわち義務を定めることである。警察法第二条に定める責務を、どのような場合にどのように遂行《すいこう》すべきであるかについては、できるだけ具体的に定めることが望ましい。⑤裁判所の判例は、警察上の手段について警察法第二条を根拠《こんきょ》とすることを認める趣旨のものもあるが、そうでないものもある。また、学説も必ずしも一致していない。そこで多少でも疑義《ぎぎ》のあることについては法の明文で規定しておくことが望ましい。」と各点を上げている。

(10) 注(8)の最決昭和五一年三月一六日参照

(11) 函館《はこだて》地判昭和二七年九月一日。この第二審が、札幌高函館支判昭和二七年一二月一五日集五・一二・二二二九である。

(12) 札幌高函館支判昭和二七年一二月一五日集五・一二・二二九四は、「警察官が異常な挙動《きょどう》その他周囲《しゅうい》の事情から合理的に判断して不審者《ふしんしゃ》と認めた者に対し職務質問のため停止を要求してもその者がこれに応じなかった場合これを停止させるに妥当《だとう》な方法によって、その者の行動を停止させることは、警察官がその職権職務を忠実に遂行するために必要なことで、具体的に妥当な方法と判断される限り暴行に亘《わた》らぬ実力を加えることも正当性ある職務執行上の方法と謂《い》わなければならない。」とし、「被告人の肩に手をかけた行為《こうい》」を是認《ぜにん》したのである。同旨東京地決昭和四七年一二月八日刑裁月報四一二・二〇三五

(13) 名古屋地判昭和二八年五月六日判時一一九

(14) 名古屋高判昭和二八年一二月七日判特三三・五八　注(3の2)と同旨である。

(15) 最判昭和二九年七月一五日集八・七・一一三七「原判決の認定した事実関係の下においては、原判決の判示は正当であって所論の違法は認められない。」

(16) 仙台高判昭和三〇年一〇月一三日判特二一・一九・九九八は、「逮捕状がなければ行かないと言ってこれに応じなかったが本署の方へ行く街路を歩いて行くので、同巡査は自転車を引きながらその後に従《したが》って歩《あゆ》みつつ更《さら》に数回同行を求めて映画館文化劇場付近の原判示S菓子店前の十字路まで来たが、本署へ行くにはそこから右折すべきであるのを被告人は曲《ま》がらずにそのまま真直《まっす》ぐに行ってしまう態度に出たので、甲巡査は被告人を停止させて事情を話して納得《なっとく》させて同行を求めるために、引いていた自転車を立てて置き被告人に追いついて呼びかけ、後を振り向いた被告人の左手肘《ひじ》付近を押《お》さえて一寸《ちょっと》引いたところ、被告人は突然《とつぜん》右手拳《しゅけん》で同巡査の左顔面を殴打《おうだ》して逃走したものである。……中略……停止というのは強制力を加えて停止させることを認める趣旨でないことはもちろんであるが、単に言語のみによるべきであって物理的方法によることはすべて許されないと解すべきでなく……同巡査のとった措置《そち》は多少行き過ぎのそしりを免《まぬか》れないとしても警察官としての職務行為《こうい》の範囲《はんい》内である。」としている。

(17) 広島地判昭和三〇年九月三日。この判決は、注（18）の広島高裁の判決によって破られている。

(18) 広島高判昭和三一年五月三一日裁特三・一二・六〇二

(19) 東京高判昭和三四年六月二九日集一二・六・六五三

(20) 仙台高秋田支判昭和四六年八月二四日刑裁月報三・二・九九は、「逃走して質問から逃《のが》れようとする者に対しては、質問を可能にする状態に置くため、必要かつ妥当《だとう》な範囲内で一時的に実力行使《こうし》することも同条項の許容するところと解すべきである。」とし、「甲巡査が深夜、飲食店から出て来て駐車中の普通乗用自動車に乗り込み、これを発車させようとした被告人に近付き運転免許証の提示を求めた際、被告人から酒臭《しゅしゅう》を感じたという本件の具体的状況のもとでは被告人が酒酔い運転等何らかの罪を犯すと疑うに足りる相当な理由があることが明らかで、被告人がこれを無視して発進したところから、同巡査が職務質問のため、右手でハンドルを、左手でドアをつかんで停止させようとしたことは自動車が逃走手段として極《きわ》めて大きな威力を発揮することにかんがみ、同条項所定のための実力行使として必要というべく、かつ運転者に対し、財産的損害を与えることもなく、その精神的苦痛も軽微《けいび》であるから、社会通念《つうねん》上妥当な範囲内のものであることが明らかである。」としている。

(21) 最決昭和五三年九月二二日集三二・六・一七七四は、「窓から手を差し入れ、エンジンキーを回転してスイッチを切った行為《こうい》は、警察官職務執行法第二条第一項の規定に基《もと》づく職務質問を行うため停止させる方法として必要かつ相当な行為であるのみならず、道路交通法第六七条第三項の規定に基づき、自動車の運転者が酒気帯《お》び運転をするおそれがあるときに、交通の危険を防止するためにとった、必要な応急の措置《そち》に当たるから、刑法第九五条第一項にいう職務の執行として適法なものであるというべきである。」とする。東京高判昭和五四年七月九日判時九四八・一二六は、同旨の事例の積み重ねになっている。この考え方は、平成になっても変わらない。最決平成六年九月一六日刑集四八巻六号四二〇頁、判時一五一〇・一五四「職務質問を開始した当時、被告人には覚せい剤使用の嫌疑《けんぎ》があったほか、幻覚の存在や周囲《しゅうい》の状況を正しく認識する能力の減退《げんたい》など覚せい剤中毒をうかがわせる異常な言動《げんどう》が見受けられ、かつ、道路が積雪により滑りやすい状態にあったのに、被告人が自動車を発進させるおそれがあったから、……被告人運転車両のエンジンキーを取り上げた行為は、警察官職務執行法二条一項に基づく職務質問を行うため停止させる方法として必要かつ相当な行為であるのみならず、道路交通法六七条三項に基づき交通の危険を防止するため採《と》った必要な応急の措置《そち》に当たるということができる。」「これに対し、その後被告人の身体に対する捜索差押《そうさくさしおさえ》許可状の執行が開始されるまでの間、警察官が被告人による運転を阻止《そし》し、約六時間半以上も被告人を本件現場に留め置いた措置は、当初は前記のとおり適法性を有しており、被告人の覚せい剤使用の嫌疑《けんぎ》が濃厚《のうこう》になっていたことを考慮《こうりょ》しても、被告人に対する任意同行を求めるための説得行為としてはその限度を超え、被告人の移動の自由を長時間にわたり奪《うば》った点において、任意捜査として許容される範囲《はんい》を逸脱《いつだつ》したものとして違法といわざるを得ない。」「しかし、右職務質問の過程においては、警察官が行使《こうし》した有形力《ゆうけいりょく》は、エンジンキーを取り上げてこれを返還せず、あるいは、エンジンキーを持った被告人が車に乗り込むのを阻止した程度《ていど》であって、さほど強いものでなく、被告人に運転させないため必要最小限度の範囲にとどまるものといえる。また、……任意捜査の面だけでなく、交通危険の防止という交通警察の面からも、被告人の運転を阻止する必要性が高かったというべきである。しかも、……結果的に警察官による説得が長時間に及んだのもやむを得なかった面があるということができ、右のような状況からみて、警察官に当初から違法な留め置きをする意図《いと》があったものとは認められない。これら諸般の事情を総合してみると、……警察官が、早期に令状を請求することなく長時間にわたり被告人を本件現場に留め置いた措置は違法であるといわざるを得ないが、その違法の程度《ていど》は、いまだ令状主義の精神を没却《ぼっきゃく》するような重大なものとはいえない。」

(22)　大阪地判昭和三七年二月二八日下刑集四・一＝二・一七〇

(23)　大阪高判昭和三八年九月六日判時三六〇・九

同旨、東京高判昭和四八年四月二三日判タ二九七・三六四は、「巡査が、同巡査らの停車の合図に従《したが》わずにかえって加速して検問場所を通過して逃げようとした被告車を追跡《ついせき》してこれに追い付き、被告人の酒酔い運転について取り調べる必要を認め、同人に対して降車を求め、更《さら》に、発進しようとした被告車のエンジンを切るため手を同自動車内に差し入れたこともまた、前記自動車検問ないし職務質問に関連する適法な職務行為《こうい》として是認《ぜにん》することができる。」

(24)　最決昭和五五年九月二二日集三四・五・二七二は、「警察法第二条第一項が「交通の取締」を警察の責務として定めていることに照らすと、交通の安全及び交通秩序の維持などに必要な警察の諸活動は、強制力を伴《ともな》わない任意手段による限り、一般的に許容されるべきものであるが、それが国民の権利、自由の干渉《かんしょう》にわたるおそれのある事項にかかわる場合には、任意手段によるからといって無制限に許さるべきものでないことも同条第二項及び警察官職務執行法第一条などの趣旨にかんがみ明らかである。しかしながら、自動車の運転者は、公道において自動車を利用することを許されていることに伴う当然の負担として、合理的に必要な限度で行われる交通の取締に協力すべきものであること、その他現時における交通違反、交通事故の状況なども考慮《こうりょ》すると、警察官が、交通取締の一環《いっかん》として交通違反の多発する地域等の適当な場所において、交通違反の予防・検挙《けんきょ》のための自動車検問を実施し、同所を通過する自動車に対して走行の外観上の不審《ふしん》な点の有無にかかわりなく短時分の停止を求めて、運転者などに対し必要な事項についての質問などをすることは、それが相手方の任意の協力を求める形で行われ、自動車の利用者の自由を不当に制約することにならない方法、態様《たいよう》で行われる限り、適法なものと解すべきである。」とする。

(25) 東京高判昭和五五年五月二二日判時九八二・一五七

(26) 警察官職務執行法第二条第二項の規定をもって制限的に理解し、この要件に当てはまらない場合には同行を求めることができないと解する説の代表として、

宮崎清文「警察官のための行政法講義」二七七頁~二七八頁は、「質問するため同行を求めうるのは、右のように、たとえば雨雪がかかるとか、野次馬《やじうま》が集まって本人の名誉や利益が害される等その場で質問することが本人に対して不利であるか、または交通の妨害になると認められる場合に限られる。したがって、警察官は、右以外の理由に基づいて相手方に同行を求めることはできないものと解すべきであろう。もっとも相手方がみずから進んで同行するような場合は別である。なお、ここにいう『同行』は、いわゆる『連行《れんこう》』と異なり、相手方に同行することを要求しうるにとどまるものであるから、必ず相手方の同意または承諾《しょうだく》を必要とする。相手方が拒《こば》んだ場合に、強制的に同行させることは、もちろん認められない。」としている。判例では静岡地沼津支判昭和三五年一二月二六日下刑集二・一一—一二・一五六二が、「警察官職務執行法によれば、派出所へ同行を求めることができるのは、『その場で質問することが本人に対し不利であり、又は交通の妨害になると認められる場合』に限られている。」と言い切っている。そして、その立場に立って、「被告人は明るい所は人に見られるから厭《いや》だといったこと、交番なんぞに行くことは厭だと拒絶していたこと、その付近の新聞販売店に配達人が若干出入し

ていたことは認められるが、早朝四時過ころであり、通行人はほとんどなかったから、前記のような場所で質問することが被告人に対して不利であり又は交通の妨害になるとは到底《とうてい》認められない。従《したが》って甲巡査が被告人に対し派出所へ同行を求めたことは違法である。」

これに対して、同条同項は、いわば権限を例示的に確認したものとして、要件外でも権限行使《こうし》ができるものとしているものの代表として、

宍戸基男「注解警察官職務執行法」一六六頁は、「警察目的遂行《すいこう》のため必要であれば、警察法第二条に基づいて同行を求めることは差し支えないと考える。」としている。

また、同書一六頁は、

「本法の規定の中で、強制保護、避難《ひなん》等の措置《そち》、犯罪の制止、緊急立入り、武器の使用等の強制的な権限を定めた条項は、それぞれの権限を創説《そうせつ》した規定であり、質問、同行要求、任意保護、警告、公開の場所への立入り等の任意的な手段を定めた条項は、いわば権限を例示的に確認した性格を持つ規定であって、任意手段であれば、これらの規定によるもののほかに警察法第二条を根拠《こんきょ》とする各種の手段を行使することが可能であると解するのである。」としている。

(27)　広島高判昭和三一年五月三一日判特三・一二・六〇二

(28)　宍戸基男「注解警察官職務執行法」五五頁

(29)　東京高判昭和三一年九月二九日集九・九・一〇六一

山口地判昭和三六年九月一九日下刑集三・九—一〇・八八五は、警察官の職務執行を違法とした判例であるが、傍論《ぼうろん》の中で、「もし真に交通の妨害をきたすなら、付近に質問をするに適当な道路以外の空地はいくらでもあるから、事理を説明してそこに移動することは決して至難《しなん》ではなかったはずである。もともと被告人等はＴ園内にいたところを店内の客に対する迷惑を理由に道路に出され、道路に出れば交通妨害等を理由に本署まで同行せよ

というのでは、結果的には最初から本署に同行する計画であったとみられても止《や》むを得まい。」と、警察署、派出所又は駐在所《ちゅうざいしょ》以外の場所へ同行を求めることを称揚《しょうよう》しているくだりがある。そして、「交通妨害等に名をかり直《ただ》ちに同行の挙《きょ》にでたものとして、右行為《こうい》は警察官職務執行法第二条第一項第二項の要件に適合しないとの誹《そし》りを免《まぬか》れないであろう。しかし同条項の要件に適合しない同行が、直《ただ》ちに違法な職務執行として公務執行妨害罪の対象とならないと速断《そくだん》すべきではない。」としているのである。

(30) 同右判例で「所論の警察官職務執行法第二条は警察官の職務質問に関する一般的規定で同条第二項は質問に相当の時間を要することを前提《ぜんてい》とし、甲巡査が被告人らに対し、『Y屋で暴れたのはお前たちか』と質問をはじめ、続いて判示のように同行を求め、さらに質問を継続しようとするとき、本人に対し不利であり、又は交通の妨害となることが認められる場合は、よろしく付近の警察署・派出所又は駐在所《ちゅうざいしょ》に同行を求めるべきであろう。しかるに原判示の如《ごと》く同巡査より同行を求められるやYが『何を言ってやがるんだ』と叫んで同巡査に飛びかかって行ったのに端を発して被告人がY及びTと互いに意思を連絡して暴行に出でたのは、いまだ同巡査が職務執行続行のため付近の警察署等へ同行を求めることを必要と認めないうちに同巡査に暴行を加えその職務執行を妨害し、かつ傷害を負わせたものであって、右の規定を挙《あ》げて原判決の認定を論難《ろんなん》するのは適切でない。」

(31) 場合によっては、ある程度《ていど》の実力を用《もち》いることも許されるとする学説がないわけではない。たとえば、出射義夫「警察権限読本」二二五頁は、「停止には応じるが、駐在所等には同行しないという者を実力によって同行することは一般的には許されない。ただ、交通頻繁《ひんぱん》な街頭にことさら反抗的に立ち止まり、結局職務質問ができない状態で対立するような場合には、最寄《もよ》りの適当な場所又は駐在所等まで押《お》してゆく程度のことは、状況に照らして妥当《だとう》である場合には許されると思う。」としている。これに対して、

宍戸基男「注解警察官職務執行法」六八頁は、「法文上『求める』という以上、他の法律の場合と同様、任意手段の範囲《はんい》に止《とど》まるべきものである。停止させる場合と異なり、ある程度の距離が関係してくるので継続的なも

のとなり、また本項のような要件では強制手段を認める要件にはならないから、実力の行使《こうし》にわたることは許されないものと解すべきであろう。このように、同行は、相手の任意によるものであるから、相手方は、一たん同意して警察署に同行しても、いつでも退去することができる。すなわち、身元照会等の回答があるまで署に留め置くのは、相手が承諾《しょうだく》している場合に限るもので強制的に行うことはできない。」としている。

(32) 大阪地判昭和三二年一月一四日一審刑集一・一・七
(33) 東京地判昭和二七年一一月一五日
(34) 京都地判昭和二九年九月三〇日判時三五―二六
(35) 山口地判昭和三六年九月一九日下刑集三・九―一〇・八八五
(36) 福島地会津若松支判昭和三八年一〇月二六日下刑集五・九―一〇・一〇七三
(37) 新潟地高田支判昭和四二年九月二六日下刑集九・九・一二〇二
(38) 岡山地判昭和四三年六月二五日下刑集一〇・六・六六二
(39) 札幌地決昭和四六年一一月二七日刑裁月報三・一一・一五八九
(40) 勾留請求手続と却下の問題については、金子仁洋「新版　警察官の刑事手続」三四四頁～三四九頁参照
(41) 名古屋地判昭和四四年一二月二七日判時五九四・一〇三
(42) 京都地決昭和四七年四月一一日判時六七〇・一〇二
(43) 大分地判昭和四四年一〇月二四日判時五八二・一〇八
(44) 高松高判昭和四〇年七月一九日下刑集七・七・一三四八は、「甲巡査は、被告人に対する無免許運転容疑につき職務質問をするため同人に同行を求めた際、突如《とつじょ》として被告人着用の腹巻の中に手を差し入れ、同人の身体を検査したことが認められるのであって、かかる検査は、法の認めないところであり、原判決の説示《せつじ》するように、違法な職務の執行であることが明らかである。」とした。

(45)　田宮裕「捜査の構造」一一五頁は、「このような職務執行は、国民の自由と深いかかわり合いをもつから、法的根拠《こんきょ》は必要である。しかし、警職法第二条の内容であるから、ことさら明文で書かれる必要はなく、たとえば判例の宣言によって確認されればよい。それも必要だというのではなく、宣言されるのが望ましいという程度《ていど》である。したがってそれはあるいは、警察当局者の宣言であってもよいかもしれない。」とするこの点に着目して論旨《ろんし》を展開した判例もある。たとえば、

福岡高決昭和四五年一一月二五日集二三・四・八〇六は、「なるほど、警職法第二条第一項の『質問』を厳密《げんみつ》に文字どおりに解釈すれば、所持品《しょじひん》についての質問（例『ポケットの中に何を持っていますか』は質問の中に含《ふく》まれるが、所持品の呈示《ていじ》を求めること（例『ポケットの中のものを見せてくれませんか』）は質問の中に含まれないことになろう。そして所持品について捜索および押収を受けることのない権利は憲法第三五条の保障する基本的人権であるから、右のように字義《じぎ》どおりの厳格な解釈をとることも理由がないわけではない。しかし、一方において警察官は千変万化《せんぺんばんか》する警察事象《じしょう》に対処しながら前記責務を迅速《じんそく》に遂行《すいこう》していかなければならず、そのために必要とされる手段は多岐《たき》にわたることが予想され、その一つ一つを想定《そうてい》してこと細かに規定しておくことが困難であるという事情は特に留意さるべきである。そうすると、責務遂行の円滑、迅速を期することと任意手段により相手方が蒙《こうむ》る負担の軽重《けいちょう》を比較較量《ひかくこうりょう》してその調和を計《はか》りながら、文理のみに捉《とら》われない法の解釈運用をなすのがより合理的というべきである。）と説示《せつじ》している。

(46)　高松高判昭和四〇年七月一九日下刑集七・七・一三四八

(47)　東京地判昭和四八年一〇月二日判時七二〇・一一三

(48)　船田三雄「所持品検査」捜査法大系Ⅰ三六頁は、所持品検査の問題は「多くの人の注目を集めたが、法律論としては、職務質問及びこれに附随《ふずい》する処分としての所持品検査が、具体的場合において適法であったか、あるいは相当であったかの問題の範疇《はんちゅう》を出るものではない。」としている。

(49)　船田「前掲書」は所持品検査の定義として「それは捜索のごとく一義的なものではなく、段階的なものであり、職務質問に伴《ともな》い、①所持品を外部から観察し、②所持品の内容について質問し、③衣服あるいは携帯品の外側に軽く手を触《ふ》れて質問し、④所持品の内容について開示を求め、⑤開示された所持品について検査する、以上のような段階的な行為《こうい》の総称を言うということができる。」とする。

(50)　最判昭和二九年七月一五日集八・七・一一三七は、「所持品等につき質問中」隙《すき》を見て逃げ出した被告人を更《さら》に質問を続行すべく追跡《ついせき》して背後から腕に手をかけ停止させる行為は、正当な職務執行の範疇《はんちゅう》を超えるものではない、としている。最判昭和三〇年七月一九日集九・九・一九〇八も同旨である。

(51)　学説としては、宍戸基男「注解警察官職務執行法」五七頁~五八頁は、「質問の相手が何らかの犯罪を犯し、又は犯そうとしている疑いのある者である場合に、その者の上衣《うわぎ》のポケットが異常にふくらんでいるときには、『これは何か』、『これは刃物らしいが見せてくれぬか』といいながら、ポケットの上からさわったり、ポケットを軽くたたいてみたりすることは、社会通念《つうねん》上質問に付随《ふずい》する行為として、本条の質問の内容をなすものと考えられる。」としている。

判例としては、風呂敷包《ふろしきつつみ》に一寸触《ちょっとふ》れて、それが女物のハンドバッグらしく感じ、その呈示《ていじ》方を要求した件につき、最判昭和三〇年七月一九日集九・九・一九〇八は、その一連の事実の中にひっくるめてこれを適法であるとした。同旨としては、前出高松高判昭和四〇年七月一九日下刑集七・七・一三四八があり、また、福岡地決昭和四五年八月二五日刑裁月報二・八・八八一と、その控訴審である福岡高決昭和四五年一一月二五日集二三・四・八〇六も、同様である。

(52)　福岡地決昭和四五年八月二五日刑裁月報二・八・八八一

(53)　福岡高決昭和四五年一一月二五日集二三・四・八〇六

(54)　松尾浩也「刑事訴訟の原理」一七一頁は、着衣《ちゃくい》の外側から触れるのを限界とした高松高判昭和四〇年七月一九日下刑集七・七・一三四八を評価し、『やましい所がない通常人であれば快《こころよ》く質問に答え、所持品《しょじひん》を呈示開《かい》披《ひ》して警察官の疑いを解くの態度に出るのがむしろ普通だ』としたやや古い判例」としてこれをとらえ、これは、「反省を求められるべきであろう。」としている。

(55) 最決昭和二九年一二月二七日集八・一三・二四三五は、職務質問の開始から、所持品の呈示、同行、追跡《ついせき》、停止の一連の行動と是認《ぜにん》した原判決の「法令解釈に関する判示は正当である」と評価した。原判決の挙示した所《しょ》持品《じひん》検査の事実関係に対する判示は「その所持に係る風呂敷包《ふろしきづつみ》の内容について呈示《ていじ》を求められるや……中略……本件訴訟記録全体を精査《せいさ》しても前顕《ぜんけん》両巡査が被告人に対しその所持品の呈示を強要したと認められるような証拠はなく、あくまで任意の呈示を求めたに過ぎないこと明らかである。」

同じく風呂敷包についてであるが、最判昭和三〇年七月一九日集九・九・一九〇八も同旨である。

(56) 福岡高判昭和五〇年六月二五日判時八〇二・一一九

(57) 熊本地玉名支決昭和四九年二月一八日判時七四二・一四七

(58) 注（56）の福岡高裁判例。これは注（57）の熊本地裁の判例の控訴審である。

(59) 大阪地判昭和四七年一二月二六日判タ三〇六・三〇〇は、「ここに『承諾《しょうだく》』とはその負担、協力の程度《ていど》などからみて必ずしも明示的なそれに限る必要はなく、黙示《もくじ》の承諾のあった場合即《すなわ》ち当時の情況からみて所持品の開示、検査を拒否しない任意の態度が客観的具体的に推察できる場合においてもなお所持品の開示、検査は適法である。」として、「職務質問に対して被告人は無銭宿泊の質問につき黙秘《もくひ》し外部からの着衣《ちゃくい》接触にも拒否の態度を示さなかったから右の警察官は所持品検査する旨《むね》告げて胸ポケット内にみえていた本件手帳を抜取り開示検査したというのであり、これは右の如《ごと》き経緯《けいい》からみて具体的客観的に黙示《もくじ》の承諾ありと認めうる事情があったものというべきであり、しかも右の職務質問着衣接触に対する被告人の応対《おうたい》状況や右警察官が前記事情聴取《ちょうしゅ》等の結果保有する被告人に対する犯罪嫌疑《けんぎ》の程度からすれば、この所持品検査は右職務質問に続く措置《そち》として当然必要なものであり、かつ被検査物も外部より看取《かんしゅ》できる手帳というのであるからこれが開示検査に対する相手方の負担協力などもさして大きくはなくこれまた社会通念《つうねん》上相当とされる最少限度のものを出でていないものというべきであるので、結局本件所持品検査は相手方（被告人）の黙示《もくじ》の承諾《しょうだく》に基《もと》づくもので、前記牽連性《けんれんせい》・必要性および相当性を具有《ぐゆう》しているものとして適法であるというべきである。」とした。

(60) 東京高判昭和四七年一一月三〇日判時六九〇・三二

(61) 最判昭和五三年六月二〇日集三二―四―六七〇

(62) 大阪地決昭和四七年七月一八日判時六八九・一二〇は、「本件被疑者が特に異常な挙動《きょどう》、その他周囲《しゅうい》の事情から合理的に判断して他人の生命又は身体に危害を及ぼすおそれがあると認められる行動をなしたとは思料《しりょう》されないのに警察官が被疑者に対し、提出させるための説得行為《こうい》をすることなく、被疑者のポケットからナイフを取り上げた行為は、警察官職務執行法第二条、銃砲刀剣類所持等取締法第二四条の二等の諸規定によって許容される行為とは認められない。」としている。

(63) 最判昭和五三年九月七日集三二・六・一六七二（第一小法廷）は、最判昭和五三年六月二〇日の第三小法廷判決（注（61）参照）を援用《えんよう》した上で、「原判決の認定した事実によれば、K巡査が被告人に対し、被告人の上《うわ》衣《ぎ》左側内ポケットの所持品《しょじひん》の提示を要求した段階においては、被告人に覚せい剤の使用ないし所持の容疑がかなり濃厚《のうこう》に認められ、また、同巡査らの職務質問に妨害が入りかねない状況もあったから、右所持品を検査する必要性ないし緊急性はこれを肯認《こうにん》しうるところであるが、被告人の承諾がないのに、その上衣左側内ポケットに手を差し入れて所持品を取り出した上検査した同巡査の行為は、一般にプライバシー侵害の程度《ていど》の高い行為であり、かつ、その態様《たいよう》において捜索に類するものであるから、上記のような本件の具体的な状況のもとにおいては、相当な行為とは認めがたいところであって、職務質問に附随《ふずい》する所持品検査の許容限度を逸脱《いつだつ》したものと解するのが相当である。してみると、右違法な所持品検査及びこれに続いて行われた試薬検査によってはじめて覚せい剤所持の事実が明らかとなった結果、被告人を覚せい剤取締法違反被疑事実で現行犯逮捕する要件が整った本件事実においては、右逮捕に伴《ともな》い行われた本件証拠物の差押《さしおさえ》手続は違法といわざるをえないものである。」とする。

大阪高判昭和五六年一月二三日判時九九八・一二六も、この流れをくむものである。

(64) 宍戸基男「注解警察官職務執行法」五九頁は、「いずれも、相手方の所持品《しょじひん》を相手方がその意思で提示、開示又は提出するように促《うなが》すことを定めており、相手方の意思に反して警察官がこれを開いたり、取り上げたりすることを認めていない点で、強制手段でなく、説得手段を規定したものである。第一項の調査は、本条（警察官職務執行法二条）の職務質問に附随《ふずい》し、それと並行して行われるのが通例であろう。……このような任意の行為《こうい》は、とくに銃砲刀剣類所持等取締法の規定のような明文の根拠《こんきょ》がなくても、警察法第二条を根拠として行うことが許されると解されるのであるが、犯罪に供用されることが多く、しかも、他人の生命・身体に危害を及ぼす危険性が強い銃刀類等については、とくにそのことを確認して、危害防止のための警察官の権限行使《こうし》の態様《たいよう》と責務とを明らかにしたものと思われる。」としている。

(65) 宍戸基男ほか「警察官権限法注解3」八三頁は、「警察官は相手方に対し、提示という行為を行うよう強く促し、説得することはできるが、この規定によって、相手方の意に反して、自《みずか》らその物件を取り出したりすることができるわけではない。この意味で、本項の規定は、警察官に強制的権限としての調査権を認めたものではなく、任意の手段を明らかにしたものである。」『開示させる』とは、開示という行為を相手方にさせることであって、たとえば、かばんを相手方自身があけて、その中にある銃砲刀剣類等と疑われる物を警察官にわかるように示し見せるようにさせることである。警察官は、相手方が開示という行為を行うよう強く促し、説得することはできるが、相手の意に反してみずからその物を開いたりすることはできない。」と注解している。

(66) 「同右書」八五頁は、『一時保管』とは、警察官が物件の占有《せんゆう》を取得し、一時それを保管することである。本項の一時保管の対象となるのは、所持者が自己の意思で提出した物件に限られる。すなわち、占有の取得は、所持者の任意の行為に基《もと》づくのであるが、いったん警察官が占有を始めれば、保管の期間中はその占有を継続することができ、その返還等の手続については、本条第五項以下の規定によることとなる。この意味で、本項による一時保管の権限は、本法により創説《そうせつ》されたものであって、第一項の調査権が警察法に基《もと》づく権限を確認したものであるのと異なる。」としている。

(67) 団藤重光「条解刑事訴訟法上」三六一頁は、「警職法第二条第四項によれば「警察官等（＝警察官及び警察吏《り》員《いん》）は、刑事訴訟に関する法律により逮捕されている者については、その身体について凶器《きょうき》を所持しているかどうかを調べることができる。」これは、本人の意思に反しても行うことができるものとする趣旨と解しなければならない。しかし、かような処分が許されるべきことは逮捕という強制処分の中に合理的に当然に包含《ほうがん》されているものと解するべきである。」とされる。

宍戸基男ほか「警察官権限法注解1」四八頁は、「本法（警職法）にこのような規定をおいたのは、行使《こうし》の目的が異なるところに意味があると考える。……同法（刑訴）の規定は、犯罪捜査のため、すなわち、証拠品の捜索及びその保全のための身体捜検《そうけん》の規定である。これに対し、本法本条（警職法二条）は本人及び他人の生命・身体・財産の安全を確保するという行政目的達成のため必要な凶器発見のための強制手段を定めたものである。」としている。

(68) 宍戸基男「注解警察官職務執行法」七五頁は、「凶器の有無を調べて発見した場合、本人が承諾《しょうだく》すればそれを保管することはもちろん可能であるが、強制的に取り上げて、保管することについては、本法は規定を置いていない。しかし、危険防止、自害防止という目的のために必要な範囲《はんい》内で、強制的に取り上げ、保管することができると解すべきであろう。刑事訴訟法上も、逮捕という身柄拘束《みがらこうそく》の当然の効果として強制的に取り上げ、保管することができると解されており、また、その凶器が証拠物件であれば差押《さしおさ》え又は領置《りょうち》することができる。」としている。

第三節　違法な職務執行と被害者の反撃

一　違法な職務執行に対して相手は何をしてくるか

一　暴行脅迫を加えてくる　二　職権濫用で告訴する
三　損害賠償《ばいしょう》を請求する　四　特異な攻撃例、官職・氏名の開示要求

一　職務質問の対象を誤《あやま》ったり、手段が適当でなかったりすると、その職務執行は違法の評《ひょう》価《か》を受け、これに対して暴行脅迫を加えた相手の行為《こうい》は正当防衛として是認《ぜにん》されることになる。これは、すでに述べたとおりである。

二　違法な職務執行をした警察官に対する反撃は、これだけにとどまらない。もし、暴行でもしていようものなら、職権濫用罪《しょっけんらんようざい》（刑法一九三条・一九四条・一九五条）で後から被告の座に立たせられることがある。しかも、その追及《ついきゅう》は、検察庁で不起訴《ふきそ》の処分がなされた後まで続く。

職権濫用罪に関しては、刑事訴訟法に、民衆訴追的《そついてき》な特別規定を置《お》いている。それは公務員によ

る犯罪であるから、お互い同志のかばいあいによる不公正な取扱いがあるかも知れない。そこで、そういうことのないように、不起訴《ふきそ》となった事件について、被害者ら告訴・告発人の申立てに基づき、裁判所が事件を審判に付するかどうかを決定することになっている。刑事訴訟法は、これを付《ふ》審判《しんぱん》手続《てつづき》（準起訴《じゅんきそ》手続）とよんでいる（二六二条～二六九条）。

この付審判手続は、弁護士が検察官の代りに手続を進める。弁護士は、被害者らの依頼によって働く。

三　責任の追及《ついきゅう》は、右の刑事的な側面だけにとどまらない。警察官の違法な職務執行により損害を被《こうむ》った者は、その損害の賠償《ばいしょう》を求めて、国や公共団体を相手に訴訟を提起《ていき》することがある。もともと警察官の職務執行は、人を強制し、義務を課する等、他人の権利を侵害したり制限したりすることが多い。そして、ふだんは、法令に基《もと》づく正当行為《こうい》として、その行為から生じた損害は相手方に忍従《にんじゅう》してもらっているのであるが、一たん、その行為が違法であるということになると、もはや、それは正当業務行為とは言い難《がた》くなり、したがって、損害の結果については責任を負わなければならなくなる。

四　最近、職務質問をされたら、逆に、「お前は本当のお巡りか。人の名を聞くくらいなら、まず、自分の名を名乗《なの》れ」と言う人がいる。また、それをそそのかすような出版物も出ている。

一体《いったい》、これに対して、どう応対《おうたい》したらよいかである。

中には、服務《ふくむ》規程を引っ張り出して、それ見ろ。「職員は、相手方から身分の表示《ひょうじ》を求められた場合は、職務上支障《ししょう》があると認められるときを除き、所属、階級、職及び氏名を告げなければならない（警視庁警察職員服務規程一七条）。」とあるではないか。お前が名乗らなければ、おれも質問に応じない、と、威《い》張《ば》る奴《やつ》がいる。

現に、そういう事案がおこったのである。

甲・乙警察官は、深夜警ら中、盗難車と思われる不審《ふしん》な放置自転車を見つけた。甲巡査は、防犯登録番号により、所有名義人を調べるため、交番に帰り、乙巡査は、そのまま張り込んで様子《ようす》を見た。すると、近くの店から出て、その自転車を引いて帰ろうとする者がいる。乙巡査が、直《ただ》ちに、これに対して、質問を開始したことは言うまでもない。

「この自転車はお宅のですか」「なんでこんなことを調べるんだ。おれの自転車だぞ」「防犯登録照会したのと自転車のうしろに書いてある名前が違う」

という具合《ぐあい》にはじまって、その自転車の所有者を重ねて質《ただ》しても、同巡査の疑念をはらすような誠実な答は返ってこない。かえって「おれをどろぼう扱いするのか」等と言いながら、ますます反抗的になっていく。

そして、「本当のお巡りか。名前を教えろ」というせりふが出てくるのである。乙巡査は、防寒コートを着ていた。そのボタンをはずし、制服を見せ、さらに、警察手帳を示した。

しかし、事態《じたい》は発展して、ついに、公務執行妨害罪で検挙《けんきょ》するところまでいく。そして、公判廷。弁護人は、公妨は成り立たない、と争う。そして、その一つの根拠《こんきょ》に挙《あ》げられたのが、この身分・氏名を明らかにするかしないか、ということである。

警察官は警視庁警察職員服務《ふくむ》規程上相手方から身分の表示《ひょうじ》を求められたときには官職・氏名等を開示しなければならないのに、乙巡査は、それをしていない。

すなわち、乙巡査の職務質問は、公務執行妨害罪によって保護されるべき公務に値《あたい》しない違法、不当のものである、と。

もし、この主張が通りでもすれば、制服を着ていながら、いちいち名乗りを上げる、うるさいことになってしまう。

しかし、東京高等裁判所は、この主張を退《しりぞ》けてくれる。

乙巡査は、「本当のお巡りか。名前を教えろ」と言われて、わざわざ防寒コートのボタンをはずして制服を見せている。さらに、警察手帳をポケットから出して、これを提示している。これで十分ではないか。

「警察官が職務質問をするに当っては自《みずか》らが警察官であることを明確にすれば足り、それ以上に官職・氏名までも明らかにする必要はない。(1)」

警視庁警察官については、警視庁警察官服務《ふくむ》規程があり、その第一七条に、「職及び氏名を告げなければならない」と書いてあるのはそのとおりであるが、それは、警視庁警察官の内部の規律保持のためのものである。これに違反したからといって、法律に定められた警察官の職務執行行為《こうい》の効力に影響を及ぼすものではない。乙巡査の職務質問行為は、何ら法律に違反するところがなく、公務執行妨害罪で保護するに足る立派な公務である。

と、まあ、警察官にとっては心強い判決がでているのである。

もし、この種の攻撃に会ったら、臆《おく》せず、堂々と対処することができるのである。

二　国家賠償《ばいしょう》の制度と警察官

一　違法な職務執行と故意・過失　二　賠償責任を問われる場合

一

職務執行が違法の評価を受けても、それによって、行為者たる警察官が、刑事訴追《そつい》の対象になることはめったにない。職権濫用罪《しょっけんらんようざい》は故意犯である。職権濫用を意識して職務執行に仮託《かたく》するなどということは、普通の警察官には想像できない。

しかし、過失によって違法に職務執行をしてしまうことはあり得る。警察官の職務執行が適法であるというためには、その職務執行の根拠《こんきょ》法令の実体的な要件を満たし、かつ、手続を適正《てきせい》に履践《りせん》していなければならない。(2)

しかし、その要件的事実の存在を誤認《ごにん》することがある。しかも、当時、その場に立たせられれば、何人《なんぴと》もそう誤認したであろうという状況になく、逆に、不注意な速断《そくだん》をさえしなければ、要件的事実が存在しなかったことを当然知り得たはずである。そういう状況だったと認定されることがある。

ポスターをたらした画板《がばん》を持って署名運動と資金カンパをしていた男Aがいた。たまたまそこを通りかかったBが、そのポスターを破り、因縁《いんねん》をつけたので、ABの口論に発展した。このとき、通行人の中には、ポスターを破ったBをなじり、腹をけり上げ、あるいは胸倉《むなぐら》をつかんで引っ張ったりする者がいた。Bは、Aにポスターを破ったことを謝罪し、不穏《ふおん》な状況は一応《いちおう》おさまった。その時である。この人だかりを目撃した甲巡査が急行してきたのは。そして騒ぎは、もう一ぺんやりなおしになった。

甲巡査は、AB両名から事情を聴取《ちょうしゅ》した。Bは、ポスターを破ったことを自《みず》ら認め、右トラブルの間に、自分をとりまいていた者から腹をけられたり、胸倉《むなぐら》をとられたりしたことを訴えた。Aとは言わなかった。

甲巡査は、ここで第一の過失を犯した。それは、Bの説明から、AがBに暴行を加えたと判断したことである。甲巡査は、この暴行の点と、ポスター破棄《はき》の点をさらに詳《くわ》しく聞くため、AB両名に交番までの同行を求めた。Aは拒否した。甲巡査は、応援を得るため一たんその場を離れてデパートの売場で女の子に本署への連絡を頼んだ。

ここへ、警ら中、人だかりがあるとの通報を受けた巡査長乙が登場する。乙巡査長は現場へもどってきた甲巡査から簡単《かんたん》に事情を聞き事件の引継ぎを受けた。ここで、第二の過失が発生する。乙巡査長も、AB両名から改めて事情を聴取《ちょうしゅ》した。が、軽率《けいそつ》にもAをBに対する傷害の準現行犯であると断定したのである。そうなると、間違《まちが》いは連鎖反応《れんさはんのう》をおこしていく。

乙巡査長は、「Aに対し、何ら理由を告げず『署まで来い』と申し向け、折から甲巡査の連絡によりパトカーで到着した同署T巡査と前記丙巡査の協力を得て、Aの両腕をかかえて逮捕し、Aが足を踏《ふ》んばって拒否しているのに、一人は背部《はいぶ》を押《お》しながら、無理やり同人を約一〇メートル先に停車しているパトカー……方向に押し進めた。……乙巡査長らは、Aを右パトカーの後部ドア付近まで連行《れんこう》すると、その両腕をかかえ、肩を押して後部座席に乗せようとし、車内からも、運転席の戊《ぼ》巡査とさきに乗車していたBがAのベルトや腕をつかんで引っ張り込んだ。しかしAは乗せられまいとして、車体下部のステップ・ボードに足をかけて踏《ふ》んばり、首を屋根（ルーフパネル）にかけ、『痛い痛い』と叫びながら抵抗した。……そしてAの妻であるCが、パトカー前部ドア付近で、同署員らに対して『なぜこんなことをするのか』『行く必要はない』等と抗議したが、乙巡査長らは、これに取り合わずに逆に『手を出すと公務執行妨害だぞ』『お前も来い』等と言って、Aを引きもどそうとする同女の抵抗を排除し、同巡査長がAの足を持ち上げ、腰の部分を丙巡査がかかえ、T巡査が上半身を支えてAをあお向けにし、その頭の方を先にしてパトカー後部座席に乗せ、直《ただ》ちに右パトカーで約五〇〇メートル先のI警察署までAを連行《れんこう》した。[3]」

この後、本署で乙巡査長は、Aを刑事一課長に引き継ぎ、その取調べで、Bに暴行を働いたのは、

Aではないことが明らかになり、一〇分間でAを釈放するという破局《はきょく》を迎える。

当然Aは怒って損害賠償《ばいしょう》請求の訴訟を起こす。さて裁判所は何と言ったか。

前記の事実からして、甲巡査がAに対して最寄《もよ》りの交番に同行を求めたこと自体は間違《まちが》っていない、と言った。「当時の混乱した状況からして警察官として一応《いちおう》適切な措置《そち》であったということができる[3]（警職法二条三項参照）」。問題はその先にある。

「本件においては、AをB傷害の準現行犯人と認めるに足りる要件が欠けていたことは前示のとおりであり、しかも前認定の事実よりすれば、右要件の欠缺《けんけつ》は、警察官として要求される前記注意義務を尽《つ》くせば容易《ようい》に知り得たものということができるから、甲巡査から事件を引き継いだ乙巡査長らが慢然《まんぜん》右要件を充足《じゅうそく》したものと考えたことは、前記注意義務を怠《おこた》った過失があるものといわなければならない。[3]」

甲乙両警察官が間違《まちが》えたのは、相手が左翼活動家であり、警察官に対して終始《しゅうし》反抗的な態度を取っていたからである。

丙巡査は、けんかの急訴を受けて現場に到着した。現場では、もはや何の気配《けはい》も感ぜられない。Fに尋ねると、飲食店Tに入ったという。丙巡査はそれを聞くとすぐさまTに赴《おもむ》いて、そこに一杯機嫌《きげん》で気炎《きえん》をあげているJ・Hらを見た。職務質問をすると全然相手にされない。かえって反抗的態度にでる。

こういうときに過失が生まれる。丙巡査は「直《ただ》ちに（同人らを）けんかの当事者か少なくともその関係人であると判断し、同人らを店外に出して質問を継続したのである。しかもその後応援にきた丁・戊各巡査に至っては、丁は丙巡査からただ「（同人ら）が現場（けんかの）にいたらしい」とただそれだけを聞き、また戊は丙巡査が（同人ら）に職務質問をしているのを目撃しただけで丙巡査とも（同人ら）の反抗的態度と併《あわ》せ考え丙同様（同人）を事件の当事者ないし関係人であると断定しているのである。けれどもかような軽率《けいそつ》な判断こそまさに本件の問題を惹起《じゃっき》した根本の原因であったといわざるを得ない。」(4)

惹起された問題というのは、その後、「諸般の事情から合理的に判断してけんかという暴行事件の加害者ないしその関係人であるとする事情がないにもかかわらず、終始《しゅうし》逮捕状がなければ応じないと拒否している同人の両手をかかえるようにし、前後横を取り囲み、丁前から約五、六メートル引っ張ってジープ後方まで無理に連《つ》れて行き、加えてその身体をつかみジープ後部座席に押《お》し上げて乗せた」ため、相手の反撃をくい、巡査がけられたというものである。同行要件的事実が存在しないのだから、同行は違法であり、これに対して反撃した相手の行為《こうい》は公務執行妨害罪に当たらないのである。

また、かんたんな手続を忘れることがある。たとえば、逮捕状の緊急執行をするには、逮捕状が出ていることのほかに、被疑事実の要旨を告げることとされている（刑訴二〇一条二項・七三条三項）。それを、逮捕状が出ているんだが、とだけ申し向けて相手を逮捕してしまうような例があった。(5)

そのような場合は、その職務執行は違法となる。過失が認められるからである。

これに対して、事実誤認《ごにん》はあっても、過失がない場合がある。すなわち、事実誤認は存在した。しかし、警察官の注意に欠けるところはなかった。その状況を見ると、その場に立ったものは、だれでもそのように判断するであろうという事情が認められる。この場合は、たとい法律上の権限の発動の前提《ぜんてい》となる事実の誤認があっても、その職務執行は適法とされる。(6)

このように、警察官に過失があって、その職務執行が違法の評価を受けるような場合に、相手は、どのように反撃してくるであろうか。これが、国家賠償法《こっかばいしょうほう》による損害賠償の問題である。

二　国又は公共団体の一定の公務員が不法行為《こうい》によって国民に損害を与えた場合にどうするかを明らかにしたものとして、国家賠償法（昭和二二年法律一二五号）が作られている。

警察官に関係するのは、その第一条である。

・第一条　国又は公共団体の公権力の行使《こうし》に当る公務員が、その職務を行うについて、故意又は過失によって違法に他人に損害を加えたときは、国又は公共団体が、これを賠償《ばいしょう》する責に任ずる。

・2　前項の場合において、公務員に故意又は重大な過失があったときは、国又は公共団体は、その公務員に対して求償権《きゅうしょうけん》を有する。

違法行為によって他人に損害を加えるのは「公権力の行使に当る公務員」である。職務執行をする警察官は、まさに、この公権力の行使に当たる公務員である。(7)どういう場合に賠償を払《はら》うのか。というと、公務員が、「その職務を行うについて」違法行為《こうい》をした場合である。警察官でいえば、まさに、職務執行に当たっているときである。非番日に万引をしたとしても、それは個人的な非行であって国家賠償法の問題ではない。しかし、同じ非行でも、制服を着てしたり、手帳を示して警察官だ、と一般にわかるようにしてした非行は国家賠償法の問題になる。(8)

違法行為は「故意又は過失によって」なされる。仮《か》りに、警察官が適法な職務執行だと理解し、信じてした場合でも、そう信ずることにつき、過失があれば違法の評価を受けることは前にも述べた。

賠償《ばいしょう》は、相手の損害についてなされる。相手に金銭に換算《かんざん》できる損害を生じ、その損害が、警察官の違法な職務執行によって生じたものであるとき、賠償をしなければならないことになる。違法な職務執行と損害の発生との間には、相当因果関係《そうとういんがかんけい》が要求される。職務質問を長々とやられたお陰《かげ》で、契約に遅れ大損害を被《こうむ》ったなどというのは際《きわ》どい問題であるが、お陰で飛行機に乗り遅れ、次の便に乗ったばっかりに、墜落《ついらく》事故にあった、などというのは、因果関係のないことが明らかである。損害の証明は相手がしてくる。

賠償《ばいしょう》金を払《はら》うのは、違法行為をした当該警察官ではなく、「国又は公共団体」である。警察官の職務執行でいえば、都道府県である。警察署長でも、警察本部長でも、また、公安委員長でもない。A県巡査の違法な職務執行で生じた損害の賠償をするのはA県である。(9)

ただ、警察官に、過失ではなく、「故意又は重大な過失」があると、都道府県は、被害者に賠償金を払った後、その額を、当該警察官個人に求償してくることがある。

以上によって要件を整理してみると、都道府県がその傘下《さんか》の警察官のしたことで損害賠償を支払わなければならなくなるのは、警察官が故意又は過失によって違法な職務執行を行い、その違法な職務執行によって他人に損害を加えたときである。

すなわち、①警察官の職務執行が違法であること、②その違法行為《こうい》をするについて故意又は過失があること、③その違法行為によって他人に損害を生じたこと、の三つの要件を備えるに至ったとききである。
相手が怒って訴訟沙汰《ざた》に及ぶ場合は、相手が損害を証明してくる場合であるから、警察官が留意しなければならない点は、故意又は過失によって違法な職務執行をしないようにすることである。故意でする場合は稀《まれ》だとすれば、日常、警察官が注意を怠《おこた》ってはならないことは、過失によって違法な職務執行をしないことにつきる。

次に、所持品《しょじひん》検査で失敗した例をあげておこう。

私服二名と機動隊員数名の者は、火炎びんや手製爆弾等、凶器《きょうき》を所持しているのではないかと疑われる紙袋を重そうに提《さ》げて集会場の方に行こうとする六人を認め、職務質問を決意した。機動隊員は楯《たて》をもっており、相手をこの楯で囲むようにしてまず甲巡査が質問を始めた。どこへ行こうと自由だ、答える必要はない。これが相手の答である。そして、警察官の職務質問は違法だと逆に抗議をしてくる。しばらくやりあっていたが、甲巡査は、相手に職務質問に応ずる意思がないものと判断した。

乙巡査は、紙袋を持っている者に、行先、氏名、紙袋の中身を質問した。相手は黙秘《もくひ》して答えない。乙巡査は、その紙袋を取り上げ、中に入っていたヘルメットやタオル、ビラなどを紙袋から取り出して調べながら路上に散乱させた。外の紙袋も同様に、他の警察官から調べられた。

警察官らは、後に、公判廷で、紙袋を所持していた学生らは警察官の説得に素直に応じて、任意紙袋の中身を提示したと力説した。相手は、これを否定するどころか、胸倉《むなぐら》取って数回にわたってあごや顔を殴打《おうだ》されたと主張する。結局争いのない事実として洗い出されたのは、「原告らがその主張の日時に主張の場所を歩いていたこと、私服警察官二名とジュラルミン製楯を携帯した機動隊員らが原告らを呼び止めて職務質問をしたこと、私服警察官が原告らの所持していた紙袋を調査したこと。私服警察官が訴外Ｈを職務質問したこと、新たに警察官が本件職務質問の現場に到着したこと、警察官が原告Ｙの写真を数枚撮影したこと」[10]であった。裁判所は、これに基づいて判断する。

まず、事実は「原告らが一貫《いっかん》して本件職務質問に応じようとしなかった当時の状況を総合して判断すると、警察官は、原告らの許諾《きょだく》を得ないで、勝手に紙袋を取り上げて検査したとするのが自然である。」とする。しかし、原告の主張する暴行の事実は一つ一つ否定し、警察官の職務質問をしたことについては、「当時、Ｋ大学周辺では不穏《ふおん》な学生の動きがあり、原告らは警察官を避けようとする不審《ふしん》な挙動《きょどう》を示し、また内容のわからない紙袋を所持していたことから判断すると、これを追尾《ついび》する甲巡査らが、原告らが火炎びん・手製爆弾・石などの凶器《きょうき》を携帯してＫ大学西部構内の集会に参加しようとしているのではないかと嫌疑《けんぎ》をかけ職務質問を開始したことは、それ自体適法なものであったといえる。[10]」

職務質問は、無差別にするものではない。職務質問をすることのできる対象がどんなものかは法律にその要件が決まっている。今、その要件には該当していた、とされたのである。それでは、賠《ばい》償《しょう》責任は発生しないか、というと、裁判所は、その先の方を問題にする。

そもそも「職務質問を始めた際には被質問者に同項（警職法二条一項）にいう犯罪の合理的嫌疑があっても、職務質問を進めるうちにこれが解消すれば、警察官は、直《ただ》ちに職務質問を終えるべきであって、それを維持することによって被質問者の自由を不必要に拘束《こうそく》し続けることが許されないのは当然の理《ことわり》である」からである。

ところが、「甲巡査らは、原告の携帯していた三個の紙袋を開被《かいひ》し、その中には凶器《きょうき》が入っていないことを確認し、原告らの服装が一般の学生と格別変わっていないところから、凶器などを隠し持っていると疑える節《ふし》もなかったのであるから、この段階で、原告らに対する前記の嫌疑《けんぎ》は解消したということができ、したがってその後の第一採証検挙《けんきょ》隊員らによる職務質問は、いたずらに、原告らの自由を拘束して答弁《とうべん》を強要《きょうよう》するものでしかなく、この点で、違法の非難《ひなん》を免《まぬか》れない。[10]」

さらに、所持品《しょじひん》検査についてみると、「その所持する紙袋の開示を求め、同原告らがこれを拒否するとこれを取り上げて開被し、内容物を検査したのであるから、同警察官らの右所持品検査行為《こうい》が違法であることは明らかである。」とする。

そして、最後に、写真撮影については、「原告とこれを職務質問しようとした採証検挙隊員らとが口論を始めたことが、警察官の写真撮影の契機《けいき》となったが、この段階で警察官らの職務質問が違法であることはすでに説示《せつじ》したとおりであって、もはやSの職務質問は公務執行妨害罪の対象として保護するに価《あたい》しないものであるから、写真撮影による証拠保全の必要性は全くなかった。したがって、この写真撮影は違法のものであるばかりか、原告は警察官らに胸や髪をつかまれて無理やり写真撮影されたのであるから、その撮影方法も相当性を欠く違法なものといわなければならない。」(10)

このように、適法に開始された職務質問であっても、ぐずぐずしているうちに違法の評価を受けるようになり、違法の行為《こうい》をしたことに警察官らの過失があるので、公共団体は賠償《ばいしょう》の責に任《にん》ずる必要があるとされたのである。

以上は、職務質問に関連して国家賠償法《こっかばいしょうほう》による制度がどのように動くかを説明したのであるが、その理《ことわり》は、保護や制止等、警察官の職務執行のすべてにわたって同様に機能することを知らねばならない。

以下、各章ごとに、特別の場合を除いてはその関係の記述を省略するが、考え方は、以上と同じである。

(1)　東京高判昭和五五年九月四日判時一〇〇七・一二六

(2)　藤木英雄「刑法講義各論」二二頁「公務員の行為《こうい》が、その職務の根拠《こんきょ》法令の実体的要件をみたし、かつ手続を適正《てきせい》に履践《りせん》している場合が適法な職務行為であることはいうまでもない。」としている。

(3)　東京地判昭和四七年五月六日判タ二七八・一八八

(4)　山口地判昭和三六年九月一九日下刑集三・九一〇・八八五

(5)　東京高判昭和三四年四月三〇日集一二五・四八六

(6)　藤木英雄「前掲書」二四頁は、「公務員が、相当な根拠に基づいて、職務執行の要件たる事実が存するものと信じてした以上は、その処分は刑法上は暴行・脅迫による妨害から保護されるに値《あたい》し、公務執行妨害罪を認めるべきであろう。職務執行の前提《ぜんてい》たる事実の存在を信じたことにつき相当な根拠があるかどうかは、その公務員の処分がとっさの判断でなされなければならないものか、熟慮《じゅくりょ》の余裕《よゆう》のあるものか等、具体的事情に応じて判断されるべきである。端的に言えば、法律上の権限の発動の前提たる事実の誤認《ごにん》があっても、公務員にその点につき過失が存しない限り、その権限発動は、合法であって、暴行・脅迫による反抗からは保護されるに値すると解してよい。」とする。

大阪高判昭和三二年七月二二日集一〇・六・五二一は、「法が公務員に認定権又は裁量処分権を認めている場合には、事後の判断において、公務員の認定に錯誤《さくご》があったと認められる場合においても、職務執行の当時における状況を基準とし、公務員として用うべき注意義務のもとに合理的に判断したものと認め得られるときは、やはり、本来の保護する職務の執行というを妨《さまた》げないのである。」としている。

東京地判昭和二九年三月一六日下級民集五・三・三七〇は、「警察官検察官が、犯人と誤認した第三者の住居に対し捜索差押令状《そうさくさしおさえ》請求を為《な》す場合に逮捕された犯人が氏名を黙秘《もくひ》し、犯人が第三者の写真に酷似《こくじ》し、第三者を前に一見したことのある刑事も犯人を第三者なりと判定し、しかも当該第三者が当日在宅しないことが明らかであれば、右の人違いに過失はない。」としている。

（7）国家賠償法《こっかばいしょうほう》第一条にいう「公権力の行使《こうし》」は、国民に対して命令又は強制を加える権力行為《こうい》のみならず、国又は公共団体が私人と全く同様の立場に立ってするいわゆる私経済的行為を除く一切の行為をいうものとされている（通説判例の立場である。田中二郎「行政法上」一八九頁。有倉遼吉「逐条《ちくじょう》国家賠償法解説」一八頁。自動車運転手の帰途の事故について　最判昭和三〇年一二月二二日民集九・一四・二四〇七）。

（8）非番日に制服を着用して強盗《ごうとう》を働いた件について　最判昭和三一年一一月三〇日民集一〇・一一・一五〇は、「けだし、同条（国家賠償法一条）は公務員が主観的に権限行使《こうし》の意思をもってする場合に限らず自己の利を図《はか》る意図《いと》をもってする場合でも、客観的に職務行為《こうい》の外形を備える行為をしてこれによって、他人に損害を加えた場合には、国又は公共団体に損害賠償の責を負わしめて、広く国民の権益を擁護することをもって、その立法の趣旨とするものと解すべきであるからである。」としている。

（9）国又は公共団体のどちらが賠償責任を負うかについて、東京地判昭和四二年一月二八日下民集一八・一・七七は、「司法警察権は国から都道府県警察に機関委任されたものとみるべきであり、国は司法警察権を保存しているものであるから、その発動は、具体的に公権力を行使《こうし》した公務員が都道府県の警察の警察官であっても、なお『国の公権力の行使』たることを妨《さまた》げないものと解すべきである。もっとも、このことは司法警察権の行使が都道府県（公共団体）の公務員たる司法警察職員の違法な公権力の行使について都道府県の責任を否定し去るものではない。したがって都道府県の警察官の違法な司法警察権行使によって損害を受けたと主張する者は、その選択に従《したが》い国又は都道府県のいずれか一方もしくは両者に対して国家賠償法《こっかばいしょうほう》による賠償を請求しうることとなる。」としている。

(10)　京都地判昭和四九年七月一二日判時七七八・八五

第三章　保　護

第一節　保護の対象と方法

一　福祉国家の保護

一　私的自治と弱者　二　警察の役割

一　人の世は、人それぞれである。人々が、人の世のルールにそって、それぞれの生き方をするのを、警察官が干渉《かんしょう》することはない。たとえて言うならば、花園に花が咲き乱れるとき、いわれなくこれを折る者があれば警察は出て行って取り締まらなければならない。これを乱す者なく、花それぞれ、思い思いに咲き誇るとき、警察はその咲き方に干渉するものではない。

警察は、国民生活の外枠《そとわく》を維持する。

国民生活の内容は、国民一人一人の才覚《さいかく》に任《まか》せられている。保たれた秩序の中で、人々は、精一杯その個性の花を咲かせ、思い思いの幸福を追求する。無法者によってその外枠にひびが入るとき、警察はこれを取り締まり、秩序を維持する。

かつて、警察は、ゆりかごから墓場まで、国民生活の隅々《すみずみ》にまで干渉《かんしょう》の手を伸《の》ばしたことがある。それは目に見えない、内心の自由にまで及んだことがあった。

しかし、それが、国民の幸福追求のためには、本来の姿でないことが反省され、現行の警察法以下の法律になった。警察法第二条は、警察の役割を一定の枠の中に限定している。

しかし、国民の中には弱者がいる。身寄りのない老人と子供、知的障害者、身体障害者、働き手をなくした母子家庭等々、それらの中には、私的自治の世界に生きられない者がある。私的自治の世界では見放され、ひたすら、国や、公共団体の救いの手を待っている。

これらの人々に手を差し伸ばし、その生活の内容に立ち入りながらこれを保護することは福祉国家の重要な役割である。これは、国の中のどの機関が担当するのであろうか。

警察法第二条は、警察の責務として「個人の生命、身体及び財産の保護に任《にん》ずる」ことをあげている。弱者が公《おおやけ》の手を待っているのは、その生命・身体を保護することである。これは警察法第二条の範囲に属するのであろうか。

しかし警察の役割は、限定されている。それは、秩序を維持し、国民生活の内容にわたらないものである（公共の原則）。警察法第二条の保護も、その面から限定された内容をもつものでなければならない。警察は衣食住に手を出すのではない。

そして、弱者の日常を専門的、組織的に考え、実行する機関は別のものとされているのである。それは、厚生労働省であり、都道府県であり、また、市町村である。

では、警察のする保護は、どういうものをいうのか。

二　警察の役割は、急場《きゅうば》の措置《そち》である。

警察は機動力をもっている。組織力もある。急場に駆《か》けつけて応急《おうきゅう》の措置をとるのに、これ以上適しているものはない。

急場さえしのげれば、じっくり腰を落ちつけて善後策《ぜんごさく》を考えることは、それを専門とする外《ほか》の機関や施設に任《まか》せる方が適切である。

警察法が予定した「保護」の役割は、まさに、こうした急場の限定された役割である。警察官職務執行法第三条は、これを次のように表現した。

・第三条（保護）　警察官は、異常な挙動その他周囲《しゅうい》の事情から合理的に判断して次の各号のいずれかに該当《がいとう》することが明らかであり、かつ、応急《おうきゅう》の救護を要すると信ずるに足りる相当な理由のある者を発見したときは、取りあえず警察署、病院、救護施設等の適当な場所において、これを保護しなければならない。

一　精神錯乱《さくらん》又は泥酔《でいすい》のため、自己又は他人の生命、身体又は財産に危害を及ぼすおそれのある者

二　迷い子、病人、負傷者等で適当な保護者を伴《ともな》わず、応急の救護を要すると認められる者（本人がこれを拒んだ場合を除く。）

警察が手を差し伸《の》ばすのは、一定の者について「応急の救護を要すると信ずるに足りる相当な理由のある」ことを「発見したとき」である。「信ずるに足りる相当な理由」というのは慣用《かんよう》語句で、主観的にそう思うだけでなく、客観的にだれが見てもそうだということを意味する。要するに、「応急の救護を要する」ということが、だれが見ても明らかである、という場合である。

救護の対象は二種である。①は精神錯乱又は泥酔中のある者、②は迷い子・病人・負傷者等のあ

る者である。①は本人の意思に欠陥《けっかん》のある者であり、②は意思はあるが自己処分の不能な者である。

二　保護の対象

一　保護の対象は限定されている
二　保護の対象の見分け方
三　保護の要件

一　警察が応急《おうきゅう》の保護をする対象は限られている。

警察官は、ほしいままに人を警察署へひったてていくのではない。戦前の日本警察は、その点で悪名《あくめい》を残した。戦前の警職法に当たる行政執行法には、保護検束《けんそく》の規定が置かれ、その対象とする者には、泥酔《すい》者・精神錯乱《さくらん》者だけでなく「自殺ヲ企《くわだ》ツル者其他《そのた》救護ヲ要スルト認ムル者」があり、これを検束して留置場に入れることができた。しかも、その運用は濫用《らんよう》されたきらいがあった。(1)

現在の警職法第三条は、一で見たように、その対象が限定されている。

それは、精神錯乱者・泥酔者・迷い子・病人・負傷者等である。それらの者に意思能力(2)があれば、その意思を尊重《そんちょう》して保護するかどうかを決めなければならない。

また、知的障害者が歩いているとする。あらぬことを口走っている。と、すぐ、保護の対象になるか、というと、そうではない。

負傷者や病人がいた。すぐ警察の出番か、というと、これもそうではない。千鳥足《ちどりあし》で歩いてくる者がいる。友だちがいて、これを支えている。泥酔《すい》だ、と、その友だちを引き離《はな》してパトカーで本署へ連れてくるのではない。

しかし、同じそれらの対象でも、知的障害者が暴《あば》れている、すぐ来て下さい。酔っぱらって道端《みちばた》に倒れている。という風に、急を要する場合がある。急いで手を打たないと、本人が危ない。その場合は警察官の出番になる。

二　保護の対象を認定するには、二つの方向から見ていく必要がある。

その一は、相手が、「精神錯乱《さくらん》」者、「泥酔」者、「迷い子・病人・負傷者等」であるかどうかを見ることである。

精神錯乱者とは、精神に異常がある者である。

人は、アルコール中毒・麻薬中毒・梅毒《ばいどく》などによって精神に障害を起こすことがある。先天的《せんてんてき》におかしい場合もある。

医学上はこれらを精神障害者といい、統合失調のような精神病にかかっている者――精神病者と、知的障害者と、精神病質者——情緒《じょうちょ》不安定で、衝動的《しょうどうてき》に異常な行動にでる者を総称《そうしょう》していう。

ここでいう精神錯乱《さくらん》者には、それら医学上の精神障害者に限らず、ヒステリーの強度の者や、興《こう》奮《ふん》の極《きわ》み、自分で自分を制御《せいぎょ》できない、というたとえばてんかんのような一時的状態の者も含《ふく》まれるのである。(3)

泥酔《すい》者は、深酔《ふかよ》いしてへべれけになっている者であるが、一般に酔っぱらいの中でもとくにひどい者である。(4)

酔っぱらいのことを、法律では「酩酊者《めいていしゃ》」という。昭和三六年に、酔っぱらって人に迷惑をかける者を規制できるように、「酒に酔つて公衆に迷惑をかける行為の防止等に関する法律（昭和三六年法律一〇三号）」が作られた。俗にいう酩酊者規制法である。

これによると、深酔いをした泥酔者を含めて、酩酊者という概念が作られている。要するに酒に酔っている者である。人に対する迷惑という観点から見ると、それは、アルコールの影響で正常な判断ができない。できないから、正常でない行動をするおそれがある、そういう者である。

深酔《ふかよ》いはしていないが粗野《そや》な言動で人に迷惑をかける、そういう者は酩酊者規制法によって取り締まる。警職法第三条にいう泥酔《すい》保護とは、特別法と一般法との関係になる。

したがって、酒に酔って応急《おうきゅう》の救護を要する者を見つけたら、まず、特別法によって措置《そち》をとり、必要な場合に一般法によって補充《ほじゅう》をする。酩酊者《めいていしゃ》規制法をまず適用し、その適用が難しいときに、警職法第三条でこれを補充する。(5)この問題は後述する（本章二節二の二）。

「迷い子・病人・負傷者等」というのは、自分の力で自分を助けることのできない者——自救《じきゅう》能力のない者を例示したと説明されている。したがって似たような者、たとえば、捨て子《すてご》・飢餓《きが》にひんしている者、遭難《そうなん》している者、道に迷った恍惚《こうこつ》の人（アルツハイマー病等に冒されている人）、道や乗物で産気《さんけ》づいた妊産婦等々が、これによって警察の保護の対象にされる。

ところが、一口に精神錯乱《さくらん》者といってもなかなか認定が難しい。また、泥酔者だと思ったら、案外気は確かであったりする。病人や負傷者も、消防の救急制度があって、警察官が常に必ず出番になるわけではない。

では、どういう風に認定するのか、というと、それは、社会常識である。一般社会人であれば、だれでもがそう見るであろう、という世間一般の通念である。一人、二人の警察官の主観的な判断によるのでなく、自分がそうだ、と思うばかりでなく、世間もそのように思うだろうという客観性が要求されるのである。警職法第三条は、これを、「異常な挙動その他周囲《しゅうい》の事情から合理的に判断して」と表現した。

これは、第二条の職務質問で不審者を認定する警察官の判断と同じである。例の客観性のある判断である。

さて、客観性のある眼で精神錯乱《さくらん》者等の対象を一般普通人の中から選《え》り分けた。それ、保護してしまえ、ということになるかというと、そうはならない。

さらに、緊急性が加わらなければならない。ともかく、すぐ手を打たなければならない。状況はさし迫《せま》っている。本人が危ない。そういう場合であることである。これがその二の観点である。

これを、警職法第三条は「応急《おうきゅう》の救護を要すると信ずるに足りる相当な理由のある者」と書いた。緊急を要することが、だれの眼にも明らかである場合である。

たとえば、精神錯乱者がいる。中には危険な者もいる。危険とは、自己又は他人の生命・身体又は財産に危害を及ぼすおそれのあることである。しかし、それだけでは、まだ、家族らに任《まか》せておけばいい場合がある。その危険が差し迫《せま》ったとき、すなわち、応急の救護を要することになる。応急の救護を要すると信ずるに足りる相当な理由のある者に当たる。

迷い子がいる。保護者が見当たらない、という場合も、応急の救護を要する場合に当たる。

しかし、なぜ応急の救護を要するかの判断は、精神錯乱者だ、迷い子だという認定をするに当たって必要とされた、あの客観性を、ここでも貫徹《かんてつ》していなければならない。異常な挙動その他周《しゅう》囲《い》の事情から合理的に判断して応急《おうきゅう》の救護を要するとしなければならないのである。

三　このように保護の対象は限定され、その見分け方も第三条に明記してある。これを保護の要件と言っている。すなわち、

「異常な挙動その他周囲の事情から合理的に判断して」

(一)「精神錯乱又は泥酔《すい》のため、自己又は他人の生命、身体又は財産に危害を及ぼすおそれのある者」が、「迷い子・病人・負傷者等で適当な保護者を伴《ともな》わ」ない者が存在すること。

(二)(一)の者について「応急の救護を要すると信ずるに足りる相当な理由のある」ことである。

三　保護の方法

一　保護の場所　二　保護の手段
三　強制手段による保護　四　保護の事後措置《そち》

一　保護の対象を発見したら、取りあえずこれを保護しなければならない。保護は「警察署、病院、救護施設等の適当な場所」で行う。

警察官の行う保護の適当な場所といえば警察署の保護室がもっとも普通であろう。保護室が満員

だとかないとかする場合に留置施設を使用することはできないから、注意しなければならない。留置場は「適当な場所」には当たらない。(6)

保護は、本人のために行うのであって、周囲《しゅうい》の人々のために行うのではない。酩酊者《めいていしゃ》規制法第三条は、このことを明記し、保護の趣旨を明らかにした。

警職法第三条は明記していないが、その趣旨は同じである。本人を救護することによって、周囲の人が助かるのは、反射的利益《はんしゃてきりえき》であって主目的ではない。

二　保護は、強制手段による場合も、また、任意手段による場合もある。

精神錯乱《さくらん》者や、泥酔《すい》者のように、意思能力を欠いているか、又は、それに近い者は、いちいちその意思を問うてもはじまらない。本人がどう言おうと、暴《あば》れようと、保護しなければ本人が危ない。本人が正気に返ったとき、そうでしたか、それはどうもと感謝されることをするのだから、強制手段によってもいい、そう解されているのである。

これに対して、迷い子はともかくとして、病人・負傷者らで、自分で自分の始末《しまつ》はつけられないが、意思能力は確かである、という者に対しては、第一にその本人の意思を尊重《そんちょう》しなければならない。保護の手段は当然、任意手段である。

本人や家族から保護を頼《たの》まれることがある。たとえば山岳遭難《さんがくそうなん》の場合である。この場合は、本条の要件に当てはまるかどうかに関係なく相手を保護することがある。

その場合の警察官の働きは、本条による保護ではない。それは、警察法第二条に基づいて行われるものである。

三　任意手段による保護は、とくに問題がないが、強制手段による保護については、気をつけなければならない諸点がある。

まず、強制手段による保護は、二四時間を限度とする（三条三項）。もし、万《ばん》やむを得ない事情があって、さらに、二四時間をこえて保護室においたりする場合は、保護した警察官の所属する警察署の所在地を管轄《かんかつ》する簡易裁判所の裁判官から、許可状をもらってしなければならない。

警察官の一存《いちぞん》で二四時間をこえて保護することは許されない。

ところで、裁判官は、いつでも許可状を出してくれるとは限らない。それは、「已《や》むを得ない事情があると認めた場合に限り」（三条四項）これを発することとされている。そして、延長期間は、五日と限られている。

この五日というのは、二四時間をこえる分として五日を意味するのではない。「その延長に係る期間は、通じて五日をこえてはならない」（三条四項）。「通じて五日」というのは、保護に着手した日を含《ふく》めて日計算で五日という意味である。したがって、最初の日の午後一〇時に保護を開始したとすると、その日は二時間しか残っていないから、「通じて五日」は、二時間（日計算では一日になる）と四日、ということになる。

「已むを得ない事情」というのは、警察の都合でなくて、本人のために、それしか方法がない、という事情のあることである。家族と連絡がついた。しかし、本人を引取りにくるのに、二四時間以内では間に合わない、というような場合である。

強制手段による保護の中には、相手の所持品の中から、凶器や毒物など、危険な物件を取り上げて保管することが含《ふく》まれている。強制的にでも保護しなければならない趣旨を考えれば当然のことである。

危険でない物を取り上げたり、ほかの目的で、たとえば、犯罪捜査のため、捜索したり押収したりすることは、これとは全く別問題である。保護に事寄《ことよ》せて、そういうことをしてはいけない。保護室に鍵をかけることは、そうすることが本人のためであれば許される。精神錯乱《さくらん》者でたちまち飛び出して行くような場合がそうである。

四　保護の目的は、本人のためであり、警察の保護は応急《おうきゅう》のものであるから、「……できるだけすみやかに、その者の家族、知人その他の関係者にこれを通知し、その者の引取方について必要な手配をしなければならない。」（三条二項）

「……責任ある家族、知人等が見つからないときは、すみやかにその事件を適当な公衆保健若しくは公共福祉のための機関又はこの種の者の処置について法令により責任を負う他の公《おおやけ》の機関に、その事件を引き継がなければならない。」（三条二項）

引き継ぐ相手としては、病院・保健所・福祉事務所・児童相談所等各種のものがあるが、都道府県知事や市町村長が、それらの福祉的業務の責任者として、選ばれることが多いであろう。[7]

第二節　保護対象認定の実際

一　精神錯乱《さくらん》者と自殺志望者

一　自殺現場での有形力《ゆうけいりょく》の行使　二　自殺志望者の連行

一　警らをしていたら、今にも川へ飛び込もうとしている人がいた。警察官たる者、駆《か》け寄ってこれを阻止《そし》するのは、人の生命を保護する任にある（警察法二条）警察官としては当然のことであり、そのため、有形力《ゆうけいりょく》の行使があり、相手にけがをさせるようなことになっても、事情やむを得なければ正当行為として許される。

家の中で首をつろうとしているのを察知《さっち》して、その家に飛び込み、これを阻止するのも、同じことである。

二　しかし、また、飛び込むかも知れない、と思って交番等へ連行することが許されるか、というと、第三条の要件を思いおこしてみなければならない。

警察官が、第三条によって強制的に保護できるのは、精神錯乱《さくらん》者か泥酔《すい》者である。自分の生命を粗末《そまつ》にしようとする者は精神錯乱者だ。と決めつけるのは、人の精神生活の複雑《ふくざつ》さを知らない者である。

大衆は自殺した、と聞くと、ああ、ノイローゼか、と考える。ジャーナリズムも、少ない紙面で複雑な心境を報道するすべを知らないが何か書かなければならないので、仕事を苦《く》にしてノイローゼ気味などと書く。

ノイローゼなら、精神錯乱の一種だから、第三条第一項第一号に該当《がいとう》する者として、強制的保護の対象になる。そう速断《そくだん》してはいけないのである。

なるほど、そういう場合もあるかも知れない。しかし、昔の武士のように、冷静に、名を惜しんで自殺する者もあるかも知れない。心中の煩悶《はんもん》といっても、失恋を苦にして、くよくよする者もあれば、「悠々《ゆうゆう》たるかな天壌《てんじょう》。遼々《りょうりょう》たる哉古今《かなここん》。五尺《ごせき》の小躯《しょうく》を以《もっ》て此《こ》の大をはからむとす。」(8)と、人生を観望《かんぼう》する煩悶もある。

煩悶するのがノイローゼならば、学者は皆ノイローゼである。哲学などという学問は、精神錯乱の結晶である。そういう妙な結論になってしまう。

自殺志望者を見て、精神錯乱者だと速断してはいけないのである。

それでは、眼の前の自殺志望者を見て、警察官はどうするか、というと、説得と家族らの探索《たんさく》に当たるほかはない。警察署に保護するのであれば、あくまでも、本人の承諾を得てするのでなければならない。

二　酔っぱらい（酩酊者《めいていしゃ》・泥酔者《でいすい》）

一　警察官を見て去りかける者　二　道路で放歌高吟《ほうかこうぎん》する者
三　家で暴《あば》れている者　四　暴れた後就寝《しゅうしん》している者
五　警察官に抵抗する者　六　保護室で正気になった者

一　地域警察官にとって厄介極《やっかいきわ》まるのが、酔っぱらいの保護である。酔っぱらいの扱いは熟練を要する。しかし、いかなる熟練者といえども、任意手段ではどうにもならない場合がある。そして、強制手段を用いるについては、法的要件を充足《じゅうそく》していなければならない。適正妥当《てきせいだとう》でなければならない。

甲巡査は、酔っぱらいがきて、けんかをしたり、びんを投げたりして大変だから、と急訴を受けて現場へ駆《か》けつけた。

目指すアイスキャンデー屋に着くと、けんかはすでに治まっていた。騒ぎは治まり、問題の酔っぱらい二名は、アイスキャンデーを一本ずつ手渡されたところであった。彼らは制服を見てアイスキャンデーをもどし、立ち去ろうとした。

おい、一寸《ちょっと》待て。甲巡査はそのうちの一人の手をつかんだ。泥酔《でいすい》者として保護するつもりであった。

二人は憤激《ふんげき》した。何もしないのになぜ手を握るか。と、巡査につめ寄り、殴《なぐ》ったり蹴《け》ったりした。甲巡査は、これを公務執行妨害罪で逮捕した。

ところが、この、一寸待て、と言って手をつかんだ行為が果たして適法な職務執行であったかどうかが争われた。何をもって有形力《ゆうけいりょく》を行使したのか。

甲巡査は、酔っぱらいが暴《あば》れているという急訴を受けて駆けつけてきた。見ると、アイスキャンデーを差しもどして、すたこら立ち去ろうとする二人がいた。甲巡査は、酔っぱらいはこいつだ、と思った。そして、第三条第一項第一号の泥酔者に該当《がいとう》すると速断《そくだん》したのである。

「斯《か》くの如《ごと》きは著《いちじる》しく事実を誤認したもので当時の客観状況に照らしその誤認は極《きわ》めて明白であって一般の見解上到底《とうてい》公務の執行とは認められない。(9)」というのが高等裁判所の判断である。保護の要件的事実を欠いているというのである。

二人は酔っていたことは事実である。しかし、果たして「泥酔《でいすい》」であったかどうか。何よりも、その場を立ち去ろうとする能力があるのだから、応急《おうきゅう》の救護を要すると信ずるに足りる相当な理由がない。

保護は、あくまでも、本人、ここでは、急訴の原因をつくった二人のためになされるので、アイスキャンデー屋をはじめ周囲《しゅうい》の人々のためにするのではない。その本人が、応急の救護の対象にならないものである以上、これを強制手段によって保護しようとするのは明らかに違法だと言わざるを得ない。

本人のためであって周囲の人のためにするのではない、ということになると、たとえば大声で歌を歌いながら酔っぱらいが街を歩いてくる。住宅街でもあり、深夜でもあるから、周辺の人々の迷惑になる、そう判断して警察官が注意すると、その段階ではおとなしくなり、千鳥足《ちどりあし》ですみませんとか何とか言って立ち去ろうとする。警察官から見ると、今はやめても、すぐまた歌い出しそうに見える。保護してしまおうか。と考えたいところだがやめておかなければならない。

応急の救護を必要とするかどうか、問題だからである。

もし、その時、やめたが、しばらく隠れて様子を見ているとまた歌い出した。早速出て行って注意する。注意するとすみませんという。千鳥足《ちどりあし》ながら歩いて行く、と、こうなると、これをますます保護したくなるけれども、保護の要件を満たしていない。

ここで検討しておかなければならないことは、「酒に酔つて公衆に迷惑をかける行為の防止等に関する法律」（以下「酩酊者規制法《めいていしゃきせいほう》」という。）を適用する余地《よち》があるかどうかである。

酩酊者規制法は、公共の場所や乗物の中における酔っぱらいの惨状《さんじょう》を何とかしようと、昭和三六年六月一日法律第一〇三号をもって公布され、同年七月一日から施行された。

右の例は、昭和三〇年のものであるから、警職法第三条を中心として争われた。しかし、同様なケースが、今、おこったとすると、この酩酊者規制法が働く余地があるのかないのか、実例検討をしてみよう。

同法第三条によれば、「警察官は、酩酊者が、道路、公園、駅、興行場《こうぎょうじょう》、飲食店その他の公共の場所又は汽車、電車、乗合自動車、船舶、航空機その他の公共の乗物（以下「公共の場所又は乗物」という。）において、粗野《そや》又は乱暴な言動をしている場合において、当該酩酊者の言動、その酔いの程度及び周囲《しゅうい》の状況等に照らして、本人のため、応急《おうきゅう》の救護を要すると信ずるに足りる相当の理由があると認められるときは、とりあえず救護施設、警察署等の保護するのに適当な場所に、これを保護しなければならない。」（酩酊者規制法三条一項）

これは、警職法第三条第一項と並んで、酔っぱらいの保護に関する根拠法規となるものである。長い文章であるが書きなおすと次のようになる。

警察官は、公共の場所又は乗物において、迷惑行為をしている酩酊者《めいていしゃ》が応急《おうきゅう》の救護を要する状態にあるときは、これを保護する義務がある。

内容は、警察官職務執行法とそう変わらない。さきにも述べたように、酩酊者は、泥酔者《でいすい》を含《ふく》む、より広い概念であるから、観念上は酩酊者規制法の方がより広い範囲に適用があることになるが、元来《がんらい》、ほろ酔い加減の酩酊者は、応急の救護を要しないから、結局、二つの法律は、ほとんど重なって使用されることになる。

その使い方は、特別法を先にして、一般法は、特別法でできない面を補充《ほじゅう》する、ということになる。

たとえば、泥酔者がいて応急の救護を要する。しかし、その場所は、公共の場所でも公共の乗物の中でもない、とすると、酩酊者規制法の働く余地《よち》はないから、警察官職務執行法第三条が働くことになるわけである。

公共の場所又は乗物において泥酔している。しかし、ただ寝ているだけで迷惑行為がない、という場合も同様である。

保護の手段、場所、事後措置《そち》は、両者同様であるから、とくに区別を考える必要はない。(10)

ただ、酩酊者《めいていしゃ》規制法の方には保護の時間延長の規定がない。二四時間を限度としている（同法三条三項）。しかし、酔っぱらいは、醒《さ》めれば普通人であり、二四時間以上も醒めないことはないから、結局、両法とも、同じ結果になるはずである。

では、ほとんど変りがないのに、なぜ、酩酊者規制法が作られたのか、というと、同法は保護のほかに酩酊者による迷惑行為を警察官が制止するばかりでなく、迷惑行為それ自体を犯罪とし、さらに、制止に従《したが》わないことを独立の犯罪として、酩酊者による秩序の破壊を早期に、的確に規制できるようにしたのである。

すなわち、同法第四条第一項は「酩酊者が、公共の場所又は乗物において、公衆に迷惑をかけるような著《いちじる》しく粗野《そや》又は乱暴な言動（すなわち迷惑行為）をしたときは、拘留又は科料《かりょう》に処する」こととし、同法第五条第一項は、右の罪を「現に犯している者を発見したときは、その者の言動を制止しなければならない。」とし、さらに、右の「制止を受けた者が、その制止に従わないで」第四条第一項の「罪を犯し、公衆に著しい迷惑をかけたときは、一万円以下の罰金に処する。」（同法五条二項）と規定した。

これを図式化すると、迷惑行為＝犯罪――現行犯の発見＝制止――制止に従《したが》わない＝犯罪、ということであり、警察官の働きが、よほどしやすくされていることがわかる。

さて、さきの実例にかえってみよう。あれは、昭和三〇年の事件だから警職法第三条によって争われた。もし、同じ例が、今おきたとしたら。

急訴を受けた警察官が現場へ駆《か》けつけると騒ぎは治まり、二人の酩酊者《めいていしゃ》は、アイスキャンデーをもらって帰りかけていた。二人は、制服を見てアイスキャンデーを返した。返してその場を立ち去ろうとした。

制服を見てアイスキャンデーを返す才覚《さいかく》があるのだから、到底応急《とうていおうきゅう》の救護を要する相手ではない。現に、その場を立ち去ろうとしている。保護の対象にはならない。

この二人に迷惑行為はあったらしい。場所も、不特定多数の者が出入りするアイスキャンデー屋の店先である。これは公共の場所に当たる。酩酊者規制法第四条第一項の罪は成立しているのではないか。

すると、一寸《ちょっと》待て、と手をつかんだ甲巡査の行為は、昭和三六年七月一日以降ならば、現行犯逮捕という刑事手続でカバーされるか、というと、ここで、現行犯逮捕に関する刑事訴訟法第二一七条を思い出さなければならない。警察官が駆けつけた時の状況によって、仮に現行犯の要件があった、と仮定しても、拘留、科料《かりょう》に当たるような軽微事件は、相手二人の住居若しくは氏名が明らかでない場合又は犯人が逃亡するおそれがある場合でなければ、逮捕することができない。いや、逮捕ではない。職務質問をしようとしたのだ。手をつかんだのは停止を求めたのだ。そうは言えないか。というと、それならば、適法な職務行為と認められる。その余地《よち》はあった。

このように考えてくると、昭和三〇年の時点においても、相手二人の殴《なぐ》ったりけったりする行為を公務執行妨害罪として逮捕してもよかったのではないか。なぜなら、その時点においても、軽犯罪法第一条第一三号があり「公共の場所において多数の人に対して著《いちじる》しく粗野《そや》若しくは乱暴な言動で迷惑をかけ」た疑いはあり、警察官は、これを停止させて職務質問をする権限をもっていたからである。

そして、その職務質問に対して殴るけるの行為に及んだ二人の酩酊者《めいていしゃ》の行為は、まさに公務執行妨害罪を構成したはずである。

警察官はそれを、泥酔《でいすい》保護にしようとした。そして裁判で敗《やぶ》れたのである。

ちなみに、酩酊者規制法と軽犯罪法との関係は、やはり、一般法と特別法との関係になる。軽犯罪法は一般法であるから、酔っぱらいの迷惑行為については、酩酊者規制法によって処理することになる。(11)

二　大声で歌を歌って歩く方はどうであろうか。

これを酩酊者《めいていしゃ》規制法によっても保護できないことは明らかである。

迷惑行為を犯す者として、同法第四条第一項の犯罪が成立するかどうかであるが、迷惑行為とは、公共の場所又は乗物において粗野《そや》又は乱暴な言動をすること、それも、公衆に迷惑をかけるような著《いちじる》しいものをとくに罰しようというものであるから単に放歌高吟《ほうかこうぎん》するだけではこれに当たらない。(12)

放歌の内容が、著しくわい雑であり、ひわいであって、通常人ならば耳をおおいたくなるようなものであれば別である。単に、下手《へた》とはいえ、酔っていい気持に流行歌などをがなっている程度では、ここでいう犯罪にはならないし、したがってこれを制止しても制止しても、その場限りのすみませんで、すぐまた歌いだしたとしても、警察官の制止に従《したが》わない罪（同法五条二項）にも当たらない。

三　酩酊者規制法は、さらに、立入りについても規定をおいている。その第六条

「警察官は、酩酊者がその者の住居内で同居の親族等に暴行しようとする等当該親族等の生命、身体又は財産に危害を加えようとしている場合において、諸般《しょはん》の状況から判断して必要があると認めるときは、警察官職務執行法（昭和二三年法律第一三六号）第六条第一項の規定に基づき、当該住居内に立ち入ることができる。」

しかし、これは、この規定によって新しく警察官に権限を与えようとしたものではなく、警察官

職務執行法第六条第一項に基づいて、酔っぱらいの場合にも立入りすることを、注意的に規定したにしか過ぎない（警職法六条については後述）。

今、隣の家で息子が酔って暴《あば》れています。見るに見かねるからすぐ何とかして下さい。という急訴があったとする。駆《か》けつけてその家に飛び込むことは、酩酊者《めいていしゃ》規制法第六条と警察官職務執行法第六条によって適法である。

飛び込んでみると、なるほど、その家の息子が、泥酔《でいすい》して、暴れ、家人も取り押さえかねておろおろしている。

そういう状態ならば、警察官は、これを保護することにして、とりあえず、その家からひきずり出すことはできる。

しかし、もし、家人が寄ってたかって取り押さえているとすると、警察官がこれに手を出すのは余計《よけい》なことになる。まず、家人に任《まか》せ、その力ではどうにもならないとき、初めて警察官が保護するようにしなければならない。本来の保護責任者が優先される。

家人から積極的に頼《たの》まれれば問題は、全く別になる。それは、警察法第二条第一項による、警察官の任意手段になる。

四　応急《おうきゅう》の救護を要するか要しないかを忘れて失敗した例をもう一つ上げておこう。

乙巡査は、パチンコ店の二階でけんかをしているという急訴を受けてパトカーで駆《か》けつけた。現場はガラスが散乱して、なるほど、けんかがあった様子であった。しかし、当事者がいない。騒ぎもない。

さて、ガラスを割った酩酊者《めいていしゃ》は、すでにその二階の居室で就寝《しゅうしん》していた。そこで、乙巡査の行為。乙巡査の頭にはけんかがあったので、起きて下さい、と声をかけた。酩酊者は起きてきたが、乙巡査を見るなり、土足で上がってくるとは何だ、と抗議した。自分の家を壊してなぜ悪い、と言った。酩酊者の息は酒臭かった。乙巡査はこれを泥酔《でいすい》者だ、と判断した。とりあえず保護しなければならない。署まで来てくれ、そう言って乙巡査は、相手をかかえるようにしてパトカーに乗せ、本署で保護した。その間相手が抵抗したことは言うまでもない。

乙巡査は、これを、酩酊者規制法第三条第一項に該当《がいとう》しているという報告をし、署長は、同法第三条第四項に従《したが》って簡易裁判所にその保護取扱い通知書を提出した。

さて、裁判所は。まず、この事件は、酩酊者規制法第三条第一項に当たらない、とした。保護された場所は、パチンコ店の二階の廊下である。これは、「公共の場所」に該当しない。次に、一般法たる警察官職務執行法第三条第一項に照らしてみても「たとい、けんかの通報を受けて出動し、ガラスが散乱しけんかの存在を疑わせる状態が残っていた事情があったとしても、すでに自室で就寝《しゅうしん》している者を起こし、その時の本人の様子が酒臭く前述のようなことを言ったからといって、それをもって直《ただ》ちに、泥酔《でいすい》者であって自己、他人に危害を加えるおそれある者と判断し、即座に警察署に連行したことは違法な措置《そち》であり、警職法第三条第一項第一号にいう保護の要件に該当《がいとう》する事実の認定を誤ったもの」(13)である。

この件では、警察官の職務執行の誤りに過失があったとして、国家賠償《ばいしょう》請求事件で警察側が敗訴してしまった。

五　酔っぱらいの取扱いで手を焼くのは、警察官に抵抗する者である。ぐずぐず言っているだけでも腹立たしいのに、警察官にからんでくるということになれば、いくら警察官は冷静でも、おいおい腹が立ってくる。しまいには、これを手荒《てあら》に扱いたくなる。

一般人ならばそれでもいいが、警察官は絶対にそういう腹立ちがあってはならない。どうせ相手は、酔っぱらって何も記憶に残らないのだからと、勝手に決めてどやしつけると、これが案外覚えていて、後から賠償請求訴訟を起こしてくる。それによって泣いた警察官もいた、ということを忘れてはならない。

まず、保護の要件を充足《じゅうそく》する事実がないのに、保護の判断をしてしまってはいけない。

深夜の東京で、タクシーをつかまえにくい時期があり、ほろ酔いでいらつく者が多かったころのことである。中年の男Aは、社用で飲んだ後、駅の近くでタクシーを拾《ひろ》おうとしていた。なかなか拾えないので、彼は、横断用の小旗《こばた》をとり、それを振ることを思いついた。大声を出して旗を振った。

甲巡査はこれに気付いた。一般車の妨害になっているのではないか。近づいて見ると、男は小旗でガードレールをたたきながらわめいている。何をしているのか。とまず、声をかけた。住所・氏名を尋ねた。五〇メートルほど先の交番まで来るように言った。

すると、男は、生意気《なまいき》言うな。と反抗が始まり両者の押し問答《もんどう》に発展した。しかし、ともかくも説得が成功して男は、交番に向かって道路を横断し出した。

ところが、男は、途中から後もどりを始めようとする。甲巡査は左手で男の右手首を、右手で男の左手上腕部をつかんでこれを停止させた。男は抵抗して両者もみ合いとなる。もみ合っているうちに、二人とも転んだ。

甲巡査ははね起き、相手を引き起こし、交番に同行しようとする。その時、男は、いきなり、甲巡査の左頬《ほほ》げたを殴打《おうだ》した。甲巡査は怒りに震えたが、我慢して取り合わず、男の手を引っ張って横断歩道に乗せ、交番に連行しようとする。男は、なおも執拗《しつよう》に抵抗する。

甲巡査は、とうとう本気を出した。男をその場に引き倒し、馬乗りになってこれに手錠《てじょう》をかけた。第三条の保護にするか、道路交通法の違反にするか、公務執行妨害罪にするか。ともかく強制的に本署まで連れていくに価《あたい》する男だ、と、そう判断したのである。

ところが、これが裏目《うらめ》に出た。

本人は、尋問《じんもん》において、保護を受けるほど酔ってはいない、と自《みずか》ら申し立てている。道路交通法で現行犯逮捕したにしては、その手続を踏《ふ》んでいない。公務執行妨害罪についていうと、その前提となる同行行為自体が要件を充足《じゅうそく》せず違法である。

何よりも、甲巡査の最後の手段、馬乗りになって手錠をかけた、あの手段が過剰《かじょう》である。ざっと、そういう結論になった。賠償金《ばいしょうきん》をとられたことはもちろんのことである。(14)

保護の要件を、たとい充足していたとしても、その手段が度が過ぎていても、だめである。

甲巡査は、引き倒し、馬乗りになって手錠をかけた。しかも、そのための保護の要件を充足していなかった。

乙巡査は、保護の要件事実の認識に誤るところはなく、完全に救護を要するものと判断して保護の行動を起こした。ところが、手錠のかけ方で失敗した。

第三条第一項第一号の精神錯乱《さくらん》者又は泥酔《でいすい》者を保護する場合は、有形力《ゆうけいりょく》の行使は許されるのであるが、目的が本人のため、本人を保護することにあるとすると、その強制の仕方に一定の限度があることは、当然であり、手錠《てじょう》をかけることはその者が現に暴行しているとか、又は、そうした事態に至るおそれが極《きわ》めて強いような場合でないといけないし、さらに、他に適切な方法がある場合もいけないのである。その使用は、真にやむを得ない限度と方法で行われなければならない。

丙巡査は、相手があまり暴《あば》れるので、T巡査部長の命を受けて手錠を施《ほどこ》した。裁判所はT巡査部長の判断は支持した。しかし、丙巡査が後ろ手錠を施したのに対しては、相手は「異常に興奮《こうふん》していたとはいえ、主として右警察官らとの接触を通じて高じた一時的なものであったし、その抵抗の程度からしてこれらの者が協力すれば通常の手錠の使用方法をもってしても充分保護の目的を達し得たものと認められ、とくに後ろ手錠でなければならないような特別の事情は認められないばかりか、本件の場合パトカーに乗せて連行するのであるから、後ろ手錠のままではかえって乗車中不自然な姿勢を強《し》いられることになり、座席にもたれた場合は身体障害等の危険さえ生じることは当然予想されたところであって、これらの点に照らすと本件の場合後ろ手錠をすべき事態にはなかったものといわねばならない。

しかるに右のような点に深く留意せず、甲・乙両巡査がたまたまそのような態勢にあったということからその必要の限度を超えて安易《あんい》に後ろ手錠を施し、これを指揮《しき》していた上司のT巡査部長もこれをそのまま看過《かんか》したことは過剰《かじょう》違法であって、結局公権力の行使に当たる右警察官らがその職務を行うについて過失があったものといわざるを得ない。(15)」

六　保護室へ入れたときは、要件を充足《じゅうそく》していたが、途中酔いがさめ、判断力を回復するなど、保護の要件がなくなることがある。

たとえば、深夜、判断力を回復した被保護者が、おれは帰る、と言いだしたら、それでもとりあわずに保護室へ鍵をかけて置いておけるか、という問題がある。

保護は、あくまでも本人のためのものであって、警察や周囲《しゅうい》の人のためのものではないから、当の本人が帰る、と言ったら帰してやらなければならない。

では、判断力を回復したら、もはや保護室には置いておけないのか、というと、そうではない。本人と話し合って、本人がそのように希望するとすれば、それは、任意の申出に対する任意手段による保護を、警察法第二条第一項に基づいてすることは、一向に差支えないのである。

三　家　出　人

一　自救《じきゅう》能力のない者　　二　成人の家出人

一　警察官職務執行法第三条第一項第二号には、警察官のする保護の対象として「迷い子、病人、負傷者等」が挙げられている。

これは、判断能力があっても、身体がきかないとか、自分で自分の始末《しまつ》がつけられない者の例示である。

判断能力があるのだから、これに適当な保護者がつけば、もちろん、保護者の力を借りて、思うように、自分で自分の始末をすることはできる。

保護者がいない場合に警察の問題となる。

家出人も、子供や老人ならば、その取扱いに困ることはない。とりあえずこれを保護し、関係者に通知し、その者の引取方につき、必要な手配をすればよい。そして、責任ある家族・知人らが見つからないときは、それぞれの関係機関に連絡して措置《そち》すればよい。

二　成人の家出人だと、そうはいかない。子供も成人すれば一個独立の人格である。その意思を尊重《そんちょう》して事を運ばなければならない。

家出人だなということがわかり、その者について家族らから保護願が出されていることも判明した。しかし、本人は、保護を拒絶する。自由にしてくれ、という。

警察官は、この場合、浮浪《ふろう》している本人と家族のことを思ってこれを強制的に保護したくなるかも知れない。

しかし、それをしてはいけない。警職法第三条第一項第一号に該当《がいとう》する場合は別である。本人の心身共に健康でただ、ひたすら家族の絆《きずな》を断《た》ちたがっている、という場合は、まず、その意思を尊重しなければならない。

家族のことを思ったら、それを説得する道が残されているだけである。本人の家族の問題は、第一次的に、その本人と家族の問題である。あくまでも、本人の意思の問題である。警察官は、これを抑圧する権限はない。

（1）　宍戸基男「注解警察官職務執行法」七九頁は、「警察の保護は、戦前は、行政執行法第一条第一項「当該行政官庁ハ泥酔《でいすい》者、瘋癲者《ふうてんしゃ》、自殺ヲ企《くわだ》ツル者其他《そのた》救護ヲ要スルト認ムル者ニ対シ検束《けんそく》ヲ加ヘ、凶器其ノ他危険ノ虞《おそれ》アル物件ノ仮領置ヲ為スコトヲ得」の規定によって行われた。しかし、この規定による『保護検束』は、当時の社会情勢を背景として濫用《らんよう》されたきらいがあったので、本条においては、警察官の保護の職務を定めると同時に、その濫用の危惧《きぐ》の念から、きわめて詳細な要件と手続とを定めている。」と解説されている。

（2）　我妻栄「民法総則（民法講義Ⅰ）」三〇頁によると、「意思能力とは、自分の行為の結果を判断し得る精神的能力であって、正常な認識力と予期力とを包含《ほうがん》するものである」。要するに、かくすれば、かくなるものと知る能力である。

（3）　宍戸「前掲書」八四頁は、『精神錯乱《さくらん》』とは、精神に異常がある者をいう。医学上の精神病者のほか、強度のヒステリー患者、強度の興奮《こうふん》状態にある者その他社会通念上精神が正常でない状態をいうものである。」としている。

出射義夫「警察官職務権限要綱」一九二頁は、「精神錯乱とは精神病という意味であるが、刑法に所謂《いわゆる》心神喪失者或《あるい》は精神病学上の精神病者という程厳格なものではなくて、前述の異常な挙動等から判断して精神状態が異常であると判断せられることをもって足りる。」

田中八郎ほか「条解警察官等職務執行法」四〇頁は、「精神病学上の精神病者という程厳格なものでなく、精神病者その他その程度に至らなくとも精神に異常のある者一般をさす。てんかんの如《ごと》く一時的に異常を呈している場合も含《ふく》まれる。」としている。

(4) 宍戸「前掲書」八四頁は、『でい酔《すい》』とは、アルコールの影響により意識が混濁《こんだく》した状態をいう。医学上は酩酊の度を分けて、発揚期《はつようき》・まひ期・でい酔期と区別するが、そのような意味のでい酔期のものである必要はなく、社会通念上『深酔《ふかよ》いした』『へベレケに酔った』状態と認められればよい。精神錯乱・でい酔とも正常な判断能力・意思能力を欠いた状態である。」としている。

(5) 宍戸「前掲書」八五頁は、「酩酊者《めいていしゃ》規制法第三条によれば、酒に酔って公共の場所又は乗り物で粗暴な言動をしている場合で、本人のため応急《おうきゅう》の救護を要すると認められるときは、これを保護しなければならないこととされている。この酩酊者《めいていしゃ》規制法の規定は、本法本条の特別法となるものであり、したがって、酒に酔った者が応急の救護を要する状態にあれば、実際は、その大部分は酩酊者規制法で保護される。本条によるでい酔《すい》者の保護が行われるのは、補充《ほじゅう》的な場合である。たとえば、公共の場所でない場所における保護、公共の場所でも粗野《そや》又は乱暴な言動をしている者でない者の保護は、酩酊者規制法で行うことができないから、本条によることとなる。」としている。

(6) 宍戸「前掲書」八一頁は、『適当な場所』とは、保護するのに適当な場所の意味である。例示の警察署には、交番・駐在所が含《ふく》まれる。警察の留置場は、『適当な場所』とはいえない。本人が悪いことをした場合には、その刑事責任を追及するために留置することとなるが、この場合は、本人のために保護するものだからである。例示のような施設が近くにない場合に、付近の民家を借りたり、旅館を利用したりするのは、『適当な場所』における保護である。」

(7) 精神錯乱《さくらん》者については、精神保健及び精神障害者福祉に関する法律（二一条・二四条・二九条）が、迷い子については児童福祉法（二五条・三三条）が、また、病者・負傷者については、生活保護法（一九条）・行旅病人及行旅死亡人取扱法（二条）に、それぞれ、公《おおやけ》の機関が規定されている。

(8) 明治三六年五月二二日、旧制高等学校生徒　藤村操は、日光の華厳《けごん》の滝に身を投《とう》じて自殺した。この時大樹《たいじゅ》を削《けず》り「巌頭之感」を書き残した。これはその書出しである。哲学と死という問題について人々に感銘《かんめい》を与えた最初の事件であった。

(9) 福岡高判昭和三〇年六月九日判特二一・一三・六四七

(10) 昭和三六年六月六日警察庁乙保発第一〇号、次長通達「酒に酔つて公衆に迷惑をかける行為の防止等に関する法律の施行について」第一3によると「法第三条による保護は、その要件及び期間については警職法第三条による保護と若干相違するが、保護した場合における手続は同様である。」としている。

(11) 迷惑行為については、軽犯罪法第一条第五号及び第一三号前段が競合する。競合する場合は、本法が特別法となる。

軽犯罪法第一条第五号は、「公共の会堂、劇場、飲食店、ダンスホールその他公共の娯楽場において、入場者に対して、又は汽車、電車、乗合自動車、船舶、飛行機その他公共の乗物の中で乗客に対して著《いちじる》しく粗野《そや》又は乱暴な言動で迷惑をかけた者」を拘留又は科料《かりょう》に処する。また、同条第一三号前段は、「公共の場所において多数の人に対して著しく粗野若しくは乱暴な言動で迷惑をかけた者」を同じく拘留又は科料に処する。

本法の方は、公衆に迷惑をかけるような著しく粗野又は乱暴な言動をすることによって成立し、軽犯罪法のように、迷惑の結果が発生することを要しないので、使いやすくなっていることを知ることができる。

(12) 宍戸ほか「警察官権限法注解3」二二頁は、『粗野又は乱暴な言動』とは、場所がらをわきまえない粗末野《そまつや》卑《ひ》な、又はみだりに荒々しい言語又は動作という意味である。たとえば、他人にけんか口論をふきかけたり、からんだりし、あるいは、公衆の面前でわい雑な放歌《ほうか》をするなどが、これに当たる。」としている。

(13) 横浜地判昭和四九年六月一九日判タ三一一・一九四

(14) 東京地判昭和四八年三月一七日判時七一〇・七二

(15) 高知地判昭和四八年一一月一四日判時七四一・九四

東京地判昭和四八年三月一七日判時七一〇・七二は、あくまでも同行を拒む酔っぱらいを左手でその右手首を、右手でその左手上腕部をつかみ、派出所へ連行しようとし、相手がなおも抵抗するので「その場で引き倒し、その上に馬乗りになって手錠《てじょう》をかけたこと」を「仮に原告を逮捕するにしても、原告をその場に引き倒し、その上に馬乗りになって手錠をかけた行為は、明らかに過剰《かじょう》な行為であって違法と言わざるを得ない。」としている。

第四章　避難《ひなん》等の措置《そち》

第一節　災害等と警察活動

一　災害等と緊急避難

一　一般人と緊急避難　　二　警察官と緊急避難

一　災害等が発生すれば、だれでも手を尽《つ》くして逃げようとする。発生の危険が差し迫《せま》っているとわかれば、やはり、あらゆる手段を講じてこれを避けようとする。そのため、他人の権利を侵害することがあってもやむを得ない。それが世の中の常識である。

法律は、この世の中の常識を文章にする。自分はもとより、他人を含めて、生命・身体・自由又は財産に対する現在の危難《きなん》があれば、それを避けるのは当たり前であるし、避ける過程を通じて他人の権利を侵害することがあれば、その侵害と避難《ひなん》の原因をなした害とを比較《ひかく》して、結論をだそう、という態度である。

他人の権利を侵害することが、犯罪の構成要件に該当する場合がある。たとえば人に傷害を与える、人の財産を破壊するなどである。刑法第三七条は、これを緊急避難の問題として犯罪の成立を否定する道を開いている。民法第七二〇条は、不法行為による権利侵害がある場合、自己又は他人の権利を防衛するためやむを得ず加害行為をすることがあっても、損害賠償《ばいしょう》をしなくてもよい場合を認めている。心は同じである。

すなわち災害等に際して、人間のとる自然の行動を前提として、現実の法律関係を調整しようというものである。

警察官といえども、同じ法の下に平等に生活をしているのであるから、右の法理の傘《かさ》の下にいるのだとすれば、あえて警職法第四条によらなくても、自己又は他人のため所要の措置《そち》をとることができそうである。

二　ところが、刑法は、警察官を別扱いとした。

（緊急避難《ひなん》）

・第三七条① 自己又は他人の生命、身体、自由又は財産に対する現在の危難《きなん》を避けるため、やむを得ずにした行為は、これによって生じた害が避けようとした害の程度を超えなかった場合に限り、罰しない。ただし、その程度を超えた行為は、情状により、その刑を減軽し、又は免除することができる。

・② 前項の規定は、業務上特別の義務がある者には、適用しない。

「前項の規定」つまり、災害等に際して人のする自然の避難行為から生ずる犯罪構成要件の充足を、違法性がないとして許そうとする法理を、(1)「業務上特別の義務がある者」には認めないことにしている。

「業務上特別の義務がある者」、警察官は、まさにこれに当たる者である。刑法は、災害等に際して、警察官には逃げる権利を与えないことにした。

もし、警察官が、自分を助けようとして、別に自分に向かってきているわけでもない一般人を傷つけるようなことがあれば、それは、社会的に非難されるばかりでなく、法的にも許されない場合があり得るのである。

自分の財産を守るために、他人の財産に損害を与える場合も同じである。

警察官は、その業務の性質上、他人のために、我が身は危険にさらす義務ある者である。あさましくも我が財産に眼がくらみ、他人の財産を侵害することはない、とされた者である。刑法第三七条第二項は、その点を明らかにしている。

しかし、警察官は、言われるとおり、自分のための避難《ひなん》行為はしないが他人のためにはする。そうでなければならない。刑法は、そこまでも許さない趣旨ではない。他人のための避難行為は除外されない。(2)

二　避難等の措置《そち》と法律

一　警察官職務執行法第四条　二　他の特別法による措置

三　警察責任の原則の例外

一　警察官が、災害等に際して他人のために働く、ということを、明らかにしたのが、警察官職務執行法第四条である。

第四条は、災害等により、人の生命・身体又は財産に危険が及ぶ場合は、一定の要件の下に、一定の措置《そち》をとるべきことが定められている。

これによって、そういう場合の警察活動の在り方が明確にされ、警察官は、何をどのようになすべきか迷わず職務に打ち込むことができ、また、どうすれば、それが職権濫用《しょっけんらんよう》のそしりを受けるかを知ることができる。(3)

第四条は、積極的な効果を期待すると同時に、また、濫用《らんよう》の危険を十二分に考慮して作られたのである。

普通に考えると、災害等は、緊急事態であり、警察官の判断に従《したが》って整然と動くことによって、自《みずか》らの被害を最小限にすることができる。ありがたいことである。大いにやってもらいたい。と、なるはずである。

しかし、危難《きなん》があまり差し迫《せま》っていないときのことを考えると、いちいち警察官に言われるのをうるさく感ずる者もある。とくに、自分の権利が、侵《おか》される立場に立つ人々がそうである。

そうだとすると、第四条の権限も、その点を考慮して、真に、人々にありがたがられる場合に発動されるのが望ましい、ということになる。

第四条は、警察官の避難《ひなん》等の措置の活動をそういう場合に限定した。天災や事変《じへん》や工作物の損壊《そんかい》や、人の生命・身体・財産に危害を及ぼすおそれのある災害の種類は限りなくある。その中から、とくに、危険が差し迫《せま》っている場合を選択した。

のみならず、第四条第二項は、そうした警察官の活動の跡《あと》を、公安委員会がみるようにした。公安委員会は、何も第四条第二項がなくても、警察活動を見守っている。しかし、念には念を入れて第二項の手続が規定された。

すなわち、警察官は、避難《ひなん》等の措置《そち》をとった場合は、それを順を経て公安委員会に報告し、公安委員会は、単に聞きおくだけでなく、関係機関に必要な協力を求める措置をとることとされたのである。(4)

二　法は、警察官の活動だけを頼りにしているわけではない。現代生活は危険に満ち満ちている。天災を主としておそれていた昔の生活とは比較《ひかく》にならない。

人の生命・身体又は財産に危害を生ずるおそれのある危険物や、危険な環境は現代生活につきものである。

そこで、警察官が乗り出すまでもなく、危険物についてあらかじめ、その予防を図《はか》るために、各種の法律が作られている。

火薬類取締法・高圧ガス保安法・建築基準法・毒物劇物取締法等の取締法規類である。警察官に身近な道路交通法や銃砲刀剣類所持等取締法にも類似《るいじ》の規定が置かれている。

これらは、予防のための事前監督の制度を作ったものである。

これに対して、警職法第四条は、現実の危害が切迫《せっぱく》した場合の応急《おうきゅう》の措置《そち》をとるべき手段を定めたものである。

しかし、その応急の措置も警職法の専売特許ではない。災害が発生し又は発生するおそれがある場合についても応急の措置を定めた各種の法律がある。[5]

それらの中には、警察官の権限をとくに規定したものもある。

たとえば、火薬庫が危なくなったり、火薬類が安定度を失ったりして危険状態になったときは、責任者は応急の措置を講じるだけでなく、警察官等に届け出ることとされている（火薬類取締法三九条二項）。また、警察官は、火薬類の製造所や販売所等その流通経路の各節々に立ち入り必要な検査をしたり、関係者に質問したりすることができるようにされている（同法四三条二項）。

このように、特別法に警察官の権限が規定されている場合はまずこれによって仕事をし、警職法第四条は、一般法として、補充的に用いらるべきことは、すでに述べたとおりである。

警察官の権限を規定せず、関係職員の権限を規定しているものについては、もし、それと、警職法第四条とが競合《きょうごう》する場合は、特別法たる当該関係職員の権限を優先させ、警職法第四条による警察官の働きは、これに協力する立場に立つ。そして、それらの特別法による働きをもってしては、危険の防止又は危害の排除がなされない場合に、初めて警察官が、警察官職務執行法第四条をひっさげて第一線に立つのである。

三　そして、一度、警察官が、この面で活動するとなったら、例の警察責任の原則にこだわらず、その場に居合《いあ》わせた関係者等に対しても必要な警告を発し、かつ、必要な措置《そち》をとる。

この理は、地震や津波《つなみ》などのことを考え合わせれば、至極《しごく》もっともなことがわかる。すなわち、天災は責任を負うべき者がいない。責任を負うべき者のみを対象にせよという警察責任の原則が働く余地がない。

そして、責任のあるなしにかかわらず、警察官による避難《ひなん》等の措置に服《ふく》してもらう必要があるのである。

第二節　措置《そち》の要件と種類

一　措置を要する場合

一　危険な事態　二　警察官が出る場合（措置の要件）

一　世の中には危険な事態が多い。
第四条は、これを次のように要約した。

「天災、事変《じへん》、工作物の損壊《そんかい》、交通事故、危険物の爆発、狂犬、奔馬《ほんば》の類《たぐい》等の出現、極端《きょくたん》な雑踏《ざっとう》等危険な事態がある場合」

「天災」は地震・津波《つなみ》等の自然災害、「事変《じへん》」は騒乱、火災等の社会現象である。(6) 動物園の檻《おり》が破れた、などというのは「狂犬、奔馬の類等の出現」に当たる。

流行歌手の人気で劇場で死人が出たなどというのは「極端な雑踏」である。

以上の例示にあてはめにくい危険な事態は、例示の一番最後に付された「等」の文字によって総《そう》括《かつ》される。

たとえば、水道に毒が入ったなどという場合、右に例示されたどれにも当てはめにくい。だから、「等」で読むのである。(7)

二　危険な事態は限りなくある。その全部に、警察官が出るわけではない。前節で見たように、そのあるものは、関係機関があって、予防の段階だけでなく、応急《おうきゅう》の措置《そち》もとる場合がある。警察官が出動するのは、その危険な事態の中のあるものである。

危険な事態がばく然と存在する段階では、それぞれの関係機関が措置をとればよい。人の生命・身体・財産の保護に任ずる警察官が出動する以上は危険が直接に、かつ、差し迫《せま》って存在するのでなければならない。第四条は、このことを、とくに、「人の生命若しくは身体に危険を及ぼし、又は財産に重大な損害を及ぼす虞《おそれ》のある」と表現し、列挙《れっきょ》された危険な事態の中から、警察官が第四条による権限を行使する場合を限定された場合として示そうとした。

その趣旨はすでに述べたように、警察官による権限の濫用《らんよう》の禁止である。もっとも必要な場合にもっとも効果的に権限を行使させようという趣旨である。

もちろん、そうは言っても、危険な事態が現実に発生した場合にだけ限る趣旨ではない。もちろん発生の公算《こうさん》が大きい場合も含んでいる。(8)

また、危険な事態は何も不特定多数に対するものでなければならない、ということでもない。個人であってもいい、差し迫《せま》った危険な事態があると判断されれば第四条による措置《そち》がとられるのは当然である。ただし、その個人が、警察官である場合を含まないことは、すでに述べたとおりである。

財産に対する危険の場合は、その財産が、よほど重大なものでなければならない。わずかな財産と個人の自由とでは釣り合いが取れないからである。第四条は、このことを「財産に重大な損害を及ぼす」場合でなければならないとした。

かくて、警察官が出て避難《ひなん》等の措置をとるべき場合は、第四条によると、

（避難等の措置）

・第四条　警察官は、人の生命若しくは身体に危険を及ぼし、又は財産に重大な損害を及ぼす虞《おそれ》のある天災、事変《じへん》、工作物の損壊《そんかい》、交通事故、危険物の爆発、狂犬、奔馬《ほんば》の類《たぐい》等の出現、極《きょく》端《たん》な雑踏《ざっとう》等危険な事態がある場合……後略……

である。これを、避難等の措置の要件という。

二　避難《ひなん》等の措置《そち》

一　第四条の措置　二　警告　三　強制手段による場合
四　管理者等に措置をとらせる場合　五　警察官が代わってする場合

一　一で述べられたような場合、すなわち、警察官職務執行法第四条第一項の要件に当てはまるときは、警察官は次の措置をとることができる。

（避難等の措置）
・第四条　警察官は、……中略……場合においては、その場に居合《いあ》わせた者、その事物の管理者その他関係者に必要な警告を発し、及び特に急を要する場合においては、危害を受ける虞《おそれ》のある者に対し、その場の危害を避けしめるために必要な限度でこれを引き留め、若しくは避難させ、又はその場に居合わせた者、その事物の管理者その他関係者に対し、危害防止のため通常必要と認められる措置をとることを命じ、又は自《みずか》らその措置をとることができる。

二　第一は警告である。これは任意手段であり、相手に強制するようなものでなければ、どんな方法をとることもかまわない。たとえば、堤防が崩れそうだ、となれば、付近《ふきん》の住民やその場に居合《いあ》わせる者たちに、口頭でも掲示でもサイレンでも、その場に応じてもっとも効果のある方法で必要な予告又は注意を与えることである。

警告を発する相手は「その場に居合わせた者」全部であり、とくに「その事物」すなわち危険の原因になっている物や場所や会合や催《もよお》し物等の「管理者その他の関係者」である。

警告は、警察官の一方的な意思表示であるから、相手方に対して、とくに法律上の義務が発生するわけではないが、(9)「管理者その他の関係者」は、異《い》を立てたりしないで、警察官の正当な警告を受忍《じゅにん》する義務がある。(10)

堤防が決壊《けっかい》しそうだ、と警告しているのに、これを無視する管理者もいないはずであるが、個人の石垣が崩れそうだ、などという場合に、あるいは水掛《みずか》け論《ろん》になるかも知れない。

警察官はあくまで冷静に説得を続け、相手を納得《なっとく》させるよう努めなければならない。(11)

もちろん、今にも崩れそうだ、とくに急を要する、ということになれば、次に述べる実力行使の段階に入る。

三　実力行使ができるのは「特に急を要する場合」である。

すなわち、現実の危険が一段と切迫《せっぱく》している。今、すぐにでも手を打たないと危ない、警告などしている場合ではない、そういうときである。

こうなれば、警察官は、危ない所へ行かないようにしたり、危ない所から立ち退《の》かせたりしなければならない。ぐずぐず言う者は、実力で「引き留め」たり、「避難《ひなん》させ」たりするのはもちろんである。

工事現場でガス漏《も》れ騒ぎがある。大事《だいじ》に至って近隣一帯《きんりんいったい》爆撃を受けたようになることもある。ガス漏れは、単にその付近《ふきん》にとどまらず、下水管などを通って人家を侵《おか》すこともあり得る。

しかし、通常は、ガス管を管理しているガス会社や工事人がしかるべく措置《そち》をとる。警察官が先に発見したとしても、これらの「管理者その他の関係者」に警告すると同時に、付近の住民にも警告して必要な注意を払わせるのが先決である。

しかし、ガスの漏れ方が急な場合は、そう悠長《ゆうちょう》にかまえてはいられない。直ちにその場に居合《いあ》わせた者や付近住民を避難させたり、通行人を近寄らせないよう引き留めたりする強制手段による活動をしなければならない。

その時は、事態が理解できないからぐずぐず言う、後でわかれば感謝される。そういう場合だから、強制手段によることが許されるのである。

これに対して、その事物の管理者その他の関係者となると若干《じゃっかん》立場が変わってくる。たとえば、興行《こうぎょう》で異常な人気が爆発した場合を考えてみよう。流行歌手の某《ぼう》が来た、というので、その劇場へ押し寄せたファンがいっぱい外にあふれている。定員の一〇倍もの人が、一時に押し寄せ前売券を示して中に入ろうとする。

事前にこれを知った警察署長は、むろんのこと劇場をもっと広い所に変えるよう関係者に警告を発しておいたのだが、相手はそのまま予定どおりに決行しようとする。

狭《せま》い劇場に一〇倍もの人が押し寄せたら、圧死者が出る等、事故になることは眼に見えている。警告は相手方に法的義務を発生させない。そこで相手もたかをくくっての興行《こうぎょう》である。

こうなれば、警察は事態を冷静に見守り、雑踏《ざっとう》整理に励《はげ》んでいなければならない。しかし、前売券をもったファンが、警察官の警告を無視して実力でなだれ込むような事態になれば、それこそ、まさに、「特に急を要する」ことになる。

警察官は強制手段によって群集を解散させたり、入場を停止したり、場合によっては、管理者その他の関係者の善処《ぜんしょ》、すなわち主催者に興行の中止を求めることもできるのである。

四　第四条によれば、「その事物の管理者その他関係者に対し、危害防止のため通常必要と認められる措置《そち》をとることを命じ、又は自《みずか》らその措置をとることができる。」

「通常必要と認められる措置」というのは危害防止のため必要であるが、関係者にとってはもっとも被害の少ない方法をとることである。(12)右でいうと、ある程度以上の入場を停止し、集まった群集を効果的に散らすことであろう。

個人の石垣を崩れないように修理させる、などというのは、通常必要と認められる措置である。措置命令に従《したが》わない場合のために罰則は設《もう》けられていない。しかし、天災・事変《じへん》に際して公務員の指示に従わなかったり、援助を求められてこれを拒んだりした者に、正当な理由がないと認められるときは、軽犯罪法第一条第八号を適用して拘留又は科料の対象にする場合があるであろう。

五　警察官が「自《みずか》らその措置をとる」ことも認められている。関係者が尻ごみをしたりするようなとき、警察官が火の中水の中をくぐるのは、当然であり、そういう場合にこの規定が働く。相手が言うことを聞かない、相手を待っていられない、という場合もこの規定によることになる。しかし、その費用を後から関係者から徴収はしない。これは、行政代執行法による代執行ではない。あくまでも警察だけで警察の費用でやるのだと知らなければならない。

右の措置は、人の自由を制限し、財産権を侵害したりすることになるので、その判断は慎重でなければならない。

警察官は、速《すみ》やかに上司に報告し、その指揮を仰《あお》いですることを原則として、緊急やむを得ないときだけ、自己の判断でするようにしたらよい。[13]

第四条には、経済的負担に対する損失補償《そんしつほしょう》が定められていない。通常、他人の土地、物件の使用・収用には、その損失を補償することが法治《ほうち》国家の原則である。ところが第四条にはそれが見当たらない。同じ災害に対するものとして、たとえば災害対策基本法には損失補償の規定を伴《ともな》ったものがある。

そこで、もし、物件の使用、収用等の公用負担を伴う措置《そち》をとる場合は、それら、損失補償の規定を伴った特別規定によるようにしなければならない。[14]

（1） 小野清一郎「新訂刑法講義総論」一二六頁は、「緊急避難《ひなん》は違法性を阻却《そきゃく》するものであるか、それとも道義的責任を阻却するものであるかにつき議論がある」として「私は我が刑法第三七条に規定する緊急避難は違法性阻却の原由であると考える。其の前提条件に於《おい》て自己又は他人の生命乃至《ないし》財産に対する現在の危険あることを以て足り、其の避難行為につき法益の権衡《けんこう》を必要とする規定から推《お》して、それを単に行為者の道義的責任を阻却するだけでなく、行為の違法性そのものを阻却すると考へざるを得ないのである。」とされている。

団藤重光編「注釈刑法(2)の1」二六一頁は、「学説上争いがある。多数説は、違法性阻却《そきゃく》事由《じゆう》と解しているが……中略……近時は、優越する法益保全を目的とした緊急避難《ひなん》は違法性阻却《そきゃく》事由《じゆう》であるが、価値対等の法益保全を目的とした緊急避難は責任阻却事由であるとするいわゆる二分説も、しだいに有力になってきている。」と注釈している。

（2）　団藤重光編「同右書」「特別の義務者とは、たとえば、警察官・自衛官・消防官・船員など職務上危難《きなん》に立ち向かう職務にある者をいう。もっとも、このような職責にある者が自己の安全を図《はか》るために職務を抛棄《ほうき》することは許されないとしても、第三者の安全を図るために避難行為をなし得ないとすることは不都合である。この点についてたとえば、警察官職務執行法第四条は、警察官の権限として、人の生命・身体・財産に対する危険、財産に対する重大な損害を及ぼすおそれのある天災・事変《じへん》・雑踏《ざっとう》その他の危険な事態がある場合であって特に急を要する場合においては、その場に居合《いあ》わせた者等に対し、危害防止のため通常必要と認められる措置《そち》をとることが認められている。したがって、法令上特別の義務のある者に対する緊急避難を除外するとしても、第三者の生命・財産の保護を目的とした緊急避難行為は、概《おおむ》ね、その業務上の義務の履行、あるいは職権の行使として合法と認むべき範囲に含まれることになる。」としている。

（3）　宍戸基男「注解警察官職務執行法」九八頁～九九頁は「本条（四条）は、このような危険な事態において警察官がとるべき手段とその要件を定め、その職権職務を明確にしてこれを公務として保障するとともに、その権限の濫用《らんよう》を防止することとしたのである。」としている。

（4）　宍戸「同右書」一一頁は、「本法の立法に当たっては、警察権の濫用をあらゆる面から防止しなければならないという政治的・社会的なムードがあり、また本条の例示の中でも、大規模な天災事変等については、できるだけ警察と他の機関との連絡を密接にさせたいという意思があったので、これらの気持がばく然とここに表現されたものであろう。」としている。

（5）　災害が発生し又は発生するおそれがある場合の応急《おうきゅう》の措置《そち》を定めたものとして災害対策基本法第五八条ない

し第八六条、消防法第二八条・第二九条・第三〇条、水防法第一二条・第一四条・第二一条、災害救助法第二四条・第二五条・第二六条、水難救護法第三条・第四条・第六条ないし第一〇条等の定めがある。同様の規定は各種取締法規の中にもある。たとえば、火薬類取締法第三九条・第四五条・第四五条の二、道路交通法第六条・第五一条・第六一条・第七五条の三・第八三条、鉱山保安法第三一条の二等がある。

(6)　田上穣治「同右書」一三八頁は、「天災は主として自然力による災害であり、事変《じへん》は主として人為的原因による大規模な事件である。」としている。

(7)　宍戸「前掲書」一〇四頁～一〇五頁は、『等』の中には、以上の例示と類似《るいじ》性をもち、人に危険を与えるような種々の自然現象又は社会現象が含まれる。たとえば、著しい放射能を多量に含んだ降雨がある場合、飲料水が鉱毒などでおかされた場合、野球場・競輪場等で紛争が起きて見物人ややじうまがひどく暴れている場合、水争いや暴力団の出入りなどで殺気だったけんかが行われている場合、演習場で実弾の射撃演習が行われる場合などが考えられ、その性質・原因を問わず、また、その状態や行為が、法律又は社会上、正当なものであるか、不正なものであるかを問わない。現実に人に危険を与えるおそれがある現象すべてを含むものである。」としている。

(8)　田上穣治「警察法」一三八頁は、第四条の措置は「生命・身体又は財産に現実の危険が切迫《せっぱく》している場合に限られる。ただ危険な事態が現実に発生した場合のほか、発生の公算《こうさん》が大きい場合を含み、又それは必ずしも不特定多数の公衆について生ずる場合に限らない。」とする。

(9)　田上穣治「前掲書」一三九頁は、「これは単純な通知であって、特別な法的効果を生ずる行政処分ではない。」としている。

(10)　宍戸「前掲書」一〇六頁は、「警告は、警察官の意思の通知であって、警察下命《かめい》と異なり、これに従《したが》う法的義務を生ずるものではないが、関係者は、警察官の正当な警告を受忍《じゅにん》する義務がある。」とする。

(11) 宍戸「前掲書」一一〇頁は、「①本条の定める説得手段や強制手段は、本法の第二条以下の各条項によるものと比べて、手段としての性格又はその強さについて特に異なっているわけではない。②警察官が本条による手段を行使したときは、指揮監督を受けている上司に報告しなければならないが、それは警察の組織体の性格上当然のことである。そして、それは、本条による措置《そち》についてだけでなく、他の条項による措置（保護・制止・立入り等）についても同様である。」としている。

(12) 宍戸「前掲書」一〇八頁は、『通常必要と認められる措置』とは、社会通念上、危害防止のために普通用いられる手段のことである。具体的状況に照らし、多種多様の措置があり得るから、強《し》いて例示されなかったものである。たとえば、危険区域への立ち入り禁止、制限、橋や道路の応急《おうきゅう》工事、破損した広告塔の撤去、電車・自動車の停車、火薬の分散や消火、狂犬の撲殺《ぼくさつ》、やじうまの解散、劇場、競技場への入場停止、極端《きょくたん》な雑踏《ざっとう》等の整理のため他に適当な手段がない場合のポンプによる放水の措置などが考えられる。しかし、本条には、経済的負担に対する損失補償が定められていないところからみて、他人の土地・物件の使用、収用等の公用負担の権限は含まれていないと解すべきであろう。そうした措置が必要な場合には、たとえば災害対策基本法第六四条・第八二条等損失補償の定められた特別規定によるべきである。」とする。

(13) 田中八郎ほか「条解警察官等職務執行法」六一頁は、「本条の措置は、自由を制限し、財産権を侵害することとなるので、このような措置については、より判断能力の高いものが判断し、措置することが望ましい。この点からも、警察組織の点からも、警察官等が本条の措置をとる必要のあるような事態においては、責任ある指揮官が現地に出て指揮すべきであり、現場に上司の警察官等のいる場合は、その指揮に従って措置すべきものである。個々の警察官等が本条の措置《そち》をとるのは上司に連絡し、その指揮を受けるいとまのない場合に限られることとなろう。」としている。

(14) 注（12）参照のこと。

第二節　措置の要件と種類

第五章　犯罪の予防及び制止

第一節　犯罪の予防及び制止の要件

一　侵害と警察活動

一　侵害に対する活動の種類　二　侵害に対する活動の根拠

一　災害等から身を守るには、逃げるのが一番である。警察官の活動も避難《ひなん》させることが第一となる。

しかし、同じく人の生命・身体・財産に対する侵害でも、それが人の手によるとなると様相《ようそう》が一《いっ》変《ぺん》する。

一般人ならば逃げるが勝《かち》、ということがあるが警察官は逃げられない。もちろん逃げようにも、侵害が急迫《きゅうはく》である。刃物をもって突いてきた、となると、一般人でも夢中になって手元の物をぶっつけたり、武器があれば武器を取って応戦したりする。そのため、相手が傷ついたり、死んだりしてもやむを得ない。刑法第三六条（正当防衛）は、これを、「急迫不正の侵害に対して、自己又は他人の権利を防衛するため、やむを得ずにした行為は、罰しない。」と規定した。

警察官の活動は、これに一歩を進める。自分や他人の身を守るために武器を用いることもあるが、その先には、不正な侵害者を逮捕し裁判に付するという使命が控《ひか》えている。

前章で警察官の活動対象であった「事変《じへん》」をとって考えてみよう。

「事変」は、人為的《じんいてき》な原因による大規模《だいきぼ》な事件である。たとえば、騒乱《そうらん》がその例である。騒乱が起こったとき、警察官は、できるだけ関係者以外の民を避難《ひなん》させ、巻き添えによる被害を少なくしようとする。同時に、その事変の中心に向かって活動を開始する。それは、騒乱を鎮圧《ちんあつ》し、首謀者等を逮捕する活動である。

そして、警察官の働きは、その部分にとどまっているわけではない。もっと早い段階からこれに注目し、変に備え、予防を図《はか》る。

まず、情報活動がある。そして、段階が進んで犯罪がまさに行われようとするとき、出動して変に備える。

警察官は、相手に警告を発する。

警告のかいなく事態《じたい》が急迫《きゅうはく》したら、すぐさまこれを制止する。

さらに検挙活動を進める。

このような活動は、騒乱《そうらん》等の大規模《だいきぼ》なものに限られるわけではない。警察官の、日々の活動の中にも現れてくる。

けんかです、と急訴を受けて現場に駆けつけると、棒を振《ふ》り上げて今にも相手に打ちおろそうとしている。

とっさに、警察官はどうするか、というと、言うまでもないことである。

棒を振り上げている男に声をかけ、打ちおろすのをやめさすか、飛びかかってその手を押さえるか、又はその両方か、状況に応じて暴行・傷害の結果の発生を防止することである。

そして、それは、任意手段にとどまらず、強制手段によって犯罪予防の目的を達しようとする活動である。

二　警察官職務執行法第五条はその活動に根拠を与える。

情報収集をはじめ、警察官の犯罪予防のためにする活動は無限であり、警察法第二条が、その根拠を与えていることはすでに述べた（一章三節一）。

そして、犯罪がまさに行われようとするとき、第五条の警告活動が始まり、さらに、事態《じたい》が急《きゅう》迫《はく》すれば第五条の制止活動が始まる。

警告活動は、すでに述べたように（四章二節二）、警察官の一方的な意思の通知であり、相手に、とくに、義務を課するものではない。それは、任意手段による警察活動であり、それが、とくに、警察官職務執行法に規定された理由は、職務質問の場合と同じである（一章三節二）。

制止活動は、直接人の身体や自由に影響を与える。強制手段による警察活動である。そして、それは、国民の自由を制限する働きであるから、厳重な要件にしばられ、事態が急迫したときにだけ、その行使が許される。

二　予防及び制止の要件

一　警告の要件　二　制止の要件
三　公安条例による警告と制止

一　それは、次のように表現されている。

（犯罪の予防及び制止）
・第五条　警察官は、犯罪がまさに行われようとするのを認めたときは、その予防のため関係者に必要な警告を発し、又、もしその行為により人の生命若しくは身体に危険が及び、又は財産に重大な損害を受ける虞《おそれ》があって、急を要する場合においては、その行為を制止することができる。

この条文は二つに分かれている。

前段は警告に関するものである。そして、後段は、制止に関するものである。

警告は任意手段である。だからのべつ幕なし、やられてもいい、ということにはならない。大したこともないのに、警告ばかりしていたら、まさかの時の信用がなくなる。

それは、「犯罪がまさに行われようとする」ときに発せられる。犯罪が行われようとするときではない。犯罪が「まさに」行われようとするときである。それは、現認《げんにん》することもあるだろうし、また、情報によって知ることもあるであろう。どちらでもよいが、ただ、ばく然としていてはいけない。犯罪がおきそうな気がするという程度ではなく、「まさに」おきようとする。犯罪の実行の可能性が相当に迫《せま》っている。しかも、それが客観的に明らかである。そういう段階でなければならない。(1)

また、その相手も無差別《むさべつ》であってはピントが外れる。それは、「関係者」に対して発せられる。棒を振《ふ》り上げて、殴《なぐ》りかかろうとする事態《じたい》においては、関係者は、その棒を振り上げている男である。被害者になろうとする者が気づいていないようであれば、それも警告の対象たる関係者である。子供が誘拐されるという情報があれば、その親や、周りの者が関係者である。放火の危険があれば、建物等の所有者等をはじめその場に居合《いあ》わせた者が関係者になる。(2)

さて、警告が効を奏しなかった場合、段階が押し迫って、もはや悠長《ゆうちょう》に警告してはいられなくなれば、ここに、制止をなすべきときを迎える。

二　制止は「急を要する場合」に許される強制手段である。

警告は、その前の段階のものである。注意を与えれば、関係者の考慮を促《うなが》す余地《よち》が残っている。それによって犯罪の実行可能性が相当に迫《せま》っているが、防止は可能である。その余裕《よゆう》がまだある場合である。

これに対して制止は、犯罪が既遂《きすい》に達することが眼に見えていて、その予防のためには一刻《いっこく》も猶《ゆう》予《よ》ができないという段階のものである。

それは、猶予できないことが眼に見えていなければならない。したがって、たとえば背任罪のように、複雑で眼に見えにくい犯罪は制止の対象にならない。いつが急を要する場合であるか、はっきりしないからである。

制止の対象になるものは、警察官が現場で判断して間違いがないものでなければならない。犯罪の予防であるが、すべての犯罪が、この手段で防止されるわけではない。

第五条は、この辺の機微《きび》を頭において「その行為により人の生命若しくは身体に危険が及び、又は財産に重大な損害を受ける虞《おそれ》があって、急を要する場合」と書いた。「犯罪が発生する虞があって……」とは書かなかった。

したがって、生命・身体・財産に直接危害を及ぼさない、背任や贈収賄のような罪は、ここでいう制止の対象にはなりにくい。(3)

棒を振《ふ》り上げて殴《なぐ》りかかる、などという場合が、第五条でいう制止の典型的な場合である。それは、棒を振り上げ振り下ろすという「行為により人の生命若しくは身体に危険が及び……急を要する」。それによって、暴行ないし傷害の罪が既遂《きすい》に達しようとしている。へたをすれば、傷害致死の罪ないしは、殺人罪に発展するかも知れない。そういう危険な段階にきている。まさに、警察官が制止しなければならない場合である。

人の家に火をつけようとする行為も同様である。火をつけるという「その行為により」「財産に重大な損害を受ける虞《おそれ》があって、急を要する場合」に当たる場合は、これを制止することになる。これは、放火の罪が既遂に達しようとする直前の段階に当たる。

三　警告や制止の対象を、集会・集団行進又は集団示威《じい》運動に限ってみると、警察官職務執行法のほかに、各地に公安条例が存在することを忘れてはならない。

代表として、東京都の公安条例（昭和二五年七月三日都条例四四号）（集会、集団行進及び集団示威《じい》運動に関する条例）を掲げておこう。

・第四条　警視総監は、第一条の規定、第二条の規定による記載事項、前条第一項但し書の規定による条件又は同条第三項の規定に違反して行われた集会、集団行進又は集団示威運動の参加者に対して、公共の秩序を保持するため、警告を発しその行為を制止しその他その違反行為を是正《ぜせい》するにつき必要な限度において所要の措置《そち》をとることができる。

「集会、集団行進又は集団示威運動」を、「集会等」と言い換えると、この条例によって、警告・制止の対象となるものは、①無許可（取消を含む。）集会等、②許可申請書記載の主催者、進路・場所等を違えた集会等、③条件違反の集会等である。

これらの集会に対しては、警察官職務執行法と並んで、同条例によって警告・制止ができる。条例の警告・制止に関する条文と、警察官職務執行法第五条とは、その趣旨・目的・対象等を同一にしているわけではないから、事態《じたい》に応じて、それぞれの要件に従って措置をとることになる。(5)

水難救助法第七条、公職選挙法第五条・第一五九条、酩酊者規制法第五条なども同様である。

（1）　宮崎清文「警察官のための行政法講義」二七二頁は、『犯罪がまさに行われようとする』とは、その行為が犯罪構成要件に該当する段階の直前にある場合のことをいう。」としている。警察官職務執行法が作られた当初は、かような解釈によっていたものと思われる。たとえば、昭和二八年に刊行された、田中八郎・勝田俊男「条解警察官等職務執行法」六六頁は、「『犯罪がまさに行われようとする』というのは、その行為が犯罪構成要件に該当する段階の直前にあるという意味である。刑法にいわゆる犯罪の着手《ちゃくしゅ》との関係は、刑法に未遂罪・予備罪の規定のあるものについては、それぞれ当該条文によって逮捕することもできるが、未遂・予備を罰しない罪については、いわゆる着手の前後を問わず報告することができる。しかし、未遂・予備を罰する罪であっても、未遂又は予備の兆候が現れた場合にあっては、本条の適用がある。」と解説されている。これに対して、宍戸基男「注解警察官職務執行法」一一九頁は、それらの説を紹介しつつ、「言葉のうえでは、『まさに』は、まさに『直前』と言い換えられるのが普通であろう。しかし、本条の趣旨からみて、この場合の『まさに』は、漢字で書けば、『直前』の意味の『将《まさ》』ではなく、『正に』と書くべきところであって、『まさしく犯罪が行われようとしている』、すなわち、犯罪の実行の可能性が相当に迫《せま》っており、それが客観的に明らかな場合をいうものと解するのが相当であると考える。」

（２）　田上穣治「警察法」一四〇頁は、「関係者には、犯罪を犯そうとする者のほか、その保護者・管理者・被害者等が含まれる。」としている。

（３）　宍戸基男「注解警察官職務執行法」一三〇頁は、「いわゆる自然犯の中でも、生命・身体・財産に直接危害を及ぼさない犯罪、たとえば、偽造・贈収賄・背任・横領等の知能犯はもとより（知能的犯罪は、もともと現場の措置《そち》になじまない）、秘密に関する罪、名誉に関する罪、住居侵入、不退去の罪、犯人蔵匿《ぞうとく》、証拠湮滅《いんめつ》の罪、わいせつに関する罪、信用及び業務に関する罪等は、その犯罪だけでは本条の制止の対象とならないのであり、また、たとえば、道路交通法・消防法・狩猟法・食品衛生法・火薬類取締法・地方公共団体の条例その他各種の行政法規違反の罪、すなわち、いわゆる行政犯は、原則として、本条の制止の対象とならない。行政法規に罰則を付したものは極めて多いが、それはその法令によって達成しようとする行政秩序を維持するためのものであって、直接に、生命・身体・財産に対する危害を処罰するものは少ないからである。」としている。

(4) 竹島久和士「警察官の権限行使をめぐる諸問題」(警察学論集二一八・五一三二)

(5) 東京高判昭和四四年四月九日集二二・二・一三九は、東京都の公安条例について、「右条例第四条に規定する「制止」については、警察官職務執行法第五条中にもその定めがあり、両者は、共に、公共の秩序を保持するための手段として設《もう》けられた警察上の即時強制であるという点においては、趣旨・目的及び対象を同じくするものであるといえないこともないが、より具体的に、その発動の場合を考えて見ると、両者の趣旨・目的及び対象が同一であるとは必ずしもいえない」ことを前提に、合憲性を論じている。

第二節　警　告

一　警告の本質

一　口頭や文書に限られるか　二　警告をしてよい場合

一　人の生命・身体・財産に、まさに危害が及ぼうとしている。そういう場合に出くわしたら、警察官は、何よりもまず警告を発するであろう。

甲巡査は、警ら中、けんか口論を現認《げんにん》した。近づいて帰宅を促《うなが》すことにする。ところが、けんか当事者ＡＢのうち、Ａは、未練が残るらしい。一、二歩帰りかけたが、また振《ふ》り返って、お巡《まわ》りなど来たってこわくない、と言い放《はな》ち、再びＢに向かって挑戦する気勢を示した。Ａは、甲巡査が現認したときから攻撃的であり、酒気を帯びているらしいこともわかった。甲巡査の口頭による警告はどうも効かないらしい。どうしたらよいか。

警告は、さきに説明したように警察官の一方的な意思の告知である。相手方に到達したからといっても、相手はそれによって別に法的義務を負うものではない。

しかし、今、甲巡査をはさんでAB相対峙《あいたいじ》し、一たん去りかけたAは再び振《ふ》り返ってBにつかみかからんばかりの勢いを示している。放置すればけんかは再開するかも知れない。そうすれば、暴行ないし傷害の犯罪が発生するかも知れない。

もし、法的にうるさいことを言って、警告は意思の伝達であるから、口頭か文書か、いずれにしても有形力の行使があってはならない、ということを言い過ぎると、この場合、甲巡査は、Aが犯罪を犯す直前まで、満《まん》を持《じ》して待っている、ということにならざるを得ない。

すなわち口頭の警告でだめだったのだから、次は、人の生命・身体、この場合は、Bの身体に危険が及び、急を要するに至るまで待っている。場合によっては、Aが犯罪を侵してもやむを得ない、という態度をとることになる。

これを言い換えると、巡査が機敏《きびん》に措置《そち》しないからBが危うくなる。Aが犯罪人になる、そしてその直前になってから初めて制止するという、綱渡り的結論が導き出される。常識は、もっと早くそうなる前に手を打て、という。

法が、そのような非常識な結論を出さなければならないようにできているはずがない。

すなわち、警察官は、右のような現場に行き合わせたら、何をおいても、まず、予防のため、機《き》敏《びん》な措置《そち》をとらなければならない。

何よりもまず、警告を繰り返さなければならない。(1) そして、その警告は、何も口頭や文書に限られることはない。

動作による警告もあり得るはずである。しかし、動作による警告が、相手方との接点においてなされる場合は、下手をすれば制止と区別がつかなくなる。そして、制止行為は強制手段による職務執行である。

警告は、任意手段による職務執行である。動作による警告手段があるとしても、それは、あくまでも、任意手段の範囲を逸脱《いつだつ》するものであってはならない。もとより、任意手段といっても、ある程度の有形力の行使も含まれている。その範囲で、動作によることが許されるのである。

二　警告は任意手段であるから、制止の場合よりも要件が厳しくない。急を要する状態でなくとも、犯罪がまさに行われようとするのを認めたときに行使できる警察官の職務執行である。それは、時間的にある程度の幅をもって判断することが許されるばかりでなく、対象となる犯罪についても、それが、軽微《けいび》であるか、重大であるかを考えなくてもよい。

警察官は、いかに軽微な犯罪であってもそれが現に行われているのを認めたときは、当然これに警告を発し、場合によっては制止ないし検挙の活動に移ることとなる。(2)

二　警告の手段

一　口頭や文書で　二　立ちふさがり肩に手をかける
三　警棒を斜《なな》めに構えて押す

一　警告は任意相手の翻意《ほんい》を促《うなが》すものであるから、何よりも、口頭や文書によって、繰り返し繰り返し実行するのを本則とする。

しかし、そればかりに終始《しゅうし》できるわけではなく、場合によっては他の方法を加味《かみ》して行うこともできる。

二　身体を使ってする警告の方法もあり得るわけである。

警告は、まさに行われようとする犯罪行為を予防するため必要であると認められる場合は、その事態《じたい》に応じて合理的に判断して、臨機適宜《りんきてきぎ》の方法によることができる。

甲巡査は、Ａが振《ふ》り返って気勢を示す事態を見るなり、すっとＡの前に立ちはだかった。手を出してＡの肩を押さえた。

この機敏《きびん》な行動が裁判所でどう判断されたか。

「巡査甲が被告人（A）の前に立ちはだかり、手で被告人の肩を押さえて早く帰らせようとしたのは、前記認定の如《ごと》く、被告人が同巡査の帰宅の勧告を無視して再びけんかを始めそうな気勢を示したので、事態《じたい》は、まさに被告人によって右犯罪行為が行われようとする状況であると判断し、その犯罪行為を予防するためになしたものと認められるのであって、同巡査の右状況判断は前記認定の本件事実関係の下において相当であるばかりでなく、その判断の下に執《と》った右の措置《そち》もまた、……中略……当時の具体的事情に応じ……必要かつ相当な程度を超えない方法であったと認められる。(3)」

というのである。「……中略……」の所は、文章がごたつくのでわかりやすくするため省《はぶ》いたが、そこには、「当時の具体的事情」を再掲《さいけい》整理してある。繰り返すと、

「当時神宮外苑《じんぐうがいえん》周辺の道路は神宮球場における野球試合の観戦を終わって出て来た多数の群集で著《いちじる》しく雑踏《ざっとう》していたこと」「被告人は酒気を帯び平静を欠いていたこと、そのまま手を拱《こまぬ》いて放置すれば現実に相手方に対し暴行沙汰《ざた》に及ぶかも知れない気配《けはい》があって一刻《いっこく》の猶予《ゆうよ》をも許さなかったこと等」の具体的事情である。

そして、甲巡査の行為は相手の「前に立ちはだかり、手で被告人（A）の肩を押さえた」もので

ある。

このような具体的事情下においては、この程度の方法が、第五条の警告の手段として認められる。それは、「必要且《か》つ相当な程度を超えない。」

警察官の現場の行動の指針《ししん》として覚えておいていいことである。

警察署へ抗議に来た者を庁舎の外へ押し出す。再び入ろうとする。その前に立ちふさがるのも第五条の警告に含まれる。(4)

三　素手《すで》でなく、警棒を使うことが許されるか。たとえば、警棒を両手に持ち、右手を下に、左手を上に、斜《なな》めに胸の前に構えた姿勢で行動することは許されるか。

これは、二とおりに分けて考えてみなければならない。その一は、警察官が、その姿勢で立ち並び、一定の人垣を作る場合である。その二は、その姿勢で群集を押していくことである。

その一の消極的な手段としての警棒の使用は、これだけをもって、相手方に強制を加えることにならないから、当然許される。警告の方法は、口頭や文書に限られるものではなく、臨機適宜《りんきてきぎ》の方法が許される。なわを張ったり、白バイや騎馬《きば》を走らせることも警告の一方法である。そして、警棒を構えて人垣を作ることも、また有力な警告の方法であるということができる。(5)

しかし、同じ姿勢で動き出す、スクラムを組んだ群集を押していく、ということになると、それがなお、警告の限界内にあるのか、制止の段階に入ったのか、一概《いちがい》に決めつけることはできない。それは、全く、状況により、ケースによるのである。

しかも、状況によっては、緊急避難《ひなん》の認められる場合もある。たとえば、ひしめき合っている群集が、橋から落ちるのを防止するため、警棒を構えて押し返すのがそうである。(6)

第五条後段の要件を具備《ぐび》して制止の段階に入る場合はよい。しかし、いまだ急を要しない段階で、警棒を構えて押したとすると、それは、緊急避難になる場合は格別、第五条前段の警告の手段として許されるかが問われるのである。

警告は任意手段である。そして、任意手段の中にも、ある程度の有形力の行使が含まれていることはすでに述べた（二章二節二）。警棒を構えて群集を押すという行為が、任意手段の範囲で許される有形力の行使であるかどうかである。

これについての判例がある。スクラムを組んで抵抗する群集を解散させるために、警棒を斜《なな》めに構えた姿勢で押し寄せていった行為を警告の一手段として是認《ぜにん》したものである。(7)

この集会については、警察からあらかじめ責任者に対し、再度にわたり口頭による警告が発せられていた。それでもなお、当日は集会を決行しようとしたので、警察はさらに文書の掲示によって「会場に入り、又はこの付近に蝟集《いしゅう》し、佇立《ちょりつ》し、徘徊《はいかい》することのないように警告」した。相手側はこれを無視した。スクラムを組んで警告に抵抗しようとした。そういう状況下においてなされた警棒の構えであり、押し寄せであった。

これを抽象化・一般化して、警棒で相手を殴《なぐ》ったり、突いたりすることがなければ、斜《なな》めに構えて押すことは許されたのだ、と速断してはいけない。

右の判例は、当時の具体的状況によって、そうなったのである。状況が違えば許されないかも知れない。

なるほど警告は、口頭や文書によるだけでなく、臨機適宜《りんきてきぎ》に方法を選ぶことは許される。しかし、任意手段であり、強制は許されない、ということを銘記《めいき》しておかなければならない。右の判例が、警棒を斜めに構えて群集を押し寄せるという手段を是認《ぜにん》できる場合のあることを示したのは、強制手段を警告行為に導入することを許したのではなく、その程度の行動は、なお、任意手段の範疇《はんちゅう》に属すると判断したからである。

そして、それも、ぎりぎりのところ、当時の具体的状況に照らして許されたのだということを知らなければならない。

（１）　大阪高判昭和二六年二月二日判特二三・一三は、「被告人は当時盆踊場で太鼓《たいこ》に寄りかかって太鼓打《うち》をして之《これ》を乱打《らんだ》せしめて盆踊を妨害していたのでA巡査は軽犯罪法第一条第一三号又は第一四号違反の行為がまさに行われようとすると認め、その予防のため被告人に警告を発したところ、被告人は矢庭《やにわ》に同巡査を殴打《おうだ》してきたのである。しかして犯罪予防のために警告を発することは被疑者をして自発的に当該行為を中止せしめ以《も》って犯罪に至らないようにすることを目的とするものであるから、若し被告人が一回の警告を受けても之《これ》を肯《がえ》んぜず更に当該行為を継続する様な場合には、なお警告を繰返して初期の目的を達するよう努める職務を有するものと解すべきである。」としている。

(2) 山口地下関支判昭和四六年二月二四日警察官職務執行法関係判例集五一は、「警察官は、いかに軽微《けいび》な犯罪であってもそれが現に行われているのを認めたときは、これに対し警告を発し、それでも効果がないときは実力をもってその行為を制止することができるものと解せられる（警察法二条一項参照）。被告人らは、前記公安条例及び道路交通法によってつけられた許可条件に違反する蛇行進《だこうしん》をしたのであるから、警察官がこれを制止したことは自然であり、何ら違法な点はない。したがって、判示警察官らの行為は適法な職務執行といえる。」としている。

(3) 東京高判昭和三八年七月三〇日高裁時報一四・七・一四七

(4) 神戸地判昭和四〇年一一月一日下刑集七・一一・二〇三九は、「被告人が故なく庁舎内で侵入しようとしたので、右警察官等が同署玄関付近で立ち塞《ふさ》がったのは犯罪予防のための行動であったと認められるのであって、警察官職務執行法第五条の警告も必ずしも文書又は口頭のみに限定せられるべきものではなく、臨機適宜《りんきてきぎ》の方法を採ることができるものと解すべきであるから、右警察官等の執《と》った行動を目《もく》して職務行為の範囲を逸脱《いつだつ》したものとする所論《しょろん》に賛同するを得ない」としている。

(5) 名古屋地判昭和四六年六月二一日警察官職務執行法関係判例集五〇は、機動隊が阻止《そし》隊形を組んだ点について判断して「警察官職務執行法第五条にいう『警告』には、単に文書又は口頭による警告のほか、必要最少限度の行動による警告をも含まれると解するのが相当であるといわなければならない。而《しか》して、本件においては、まず口頭による警告がなされ、被告人ら集団がこれに従わなかったので、同集団の行進を阻止《そし》して前記道路交通法違反の罪を防止すべく、機動隊がその進行方向にこれと対峙する形に配置されたのであって、この限りにおいては、これは、まさに行動による警告として相当な行動であったと解されるから、これを目《もく》して違法な職務執行行為ということはできない。」としたものがある。

(6)　田上穣治「警察法」一四六頁は、「例えば、ひしめき合っている群集が橋から落ちるのを防止するため、警棒で群集を押しかえすことは、緊急避難《ひなん》であって、その際に警棒によって群集の中に軽傷者が出てもやむを得ない。（中略）又消防団員であっても、消火作業中に自己の生命の危難《きなん》を避けるため他人の財産を犠牲にすることは、されるといわなければならない。」としている。（団藤重光「刑法綱要総論」一七六項）

(7)　大阪高判昭和二七年三月二一日判特二三・八六によると甲巡査は現場に「到着後約一時間ぐらい待機していたところ、約五〇〇名ぐらいが集合し演説する者も出て来たので、小隊長の命令に基づいて行動を開始し、警棒をもって大衆を押して行ったが正面でスクラムを組んで抵抗する群集があったので、これを解散させるため甲巡査は胸の辺りに右手を下にして左手を上にした構えで警棒を持ち右群集を押し寄せて行った途中、突然被告人に竹棒で胸を突かれたので乙巡査の協力の下に、被告人を逮捕した事実が認められる。したがって甲巡査の行為は右第五条に基づいて昭和二一年勅令第三一一号違反の犯罪予防のため、当日同所に参集《さんしゅう》した被告人らに対し自発的退散を促《うなが》すに必要な警告の方法として警棒を構えて群集を押し寄せて行ったのであって、所論《しょろん》のように警棒をもって群集を殴《なぐ》るなどの、不法な実力を行使したものではない。所論はいわゆる警告の方法として警棒の使用は許されないもののように考えているけれども、警察官等職務執行法第五条の警告はまさに犯罪が行われようとしている場合にその予防のため関係者に発せられるものであるから、必要であると認められる場合においてはその事態《じたい》に応じ合理的に判断して臨機適宜《りんきてきぎ》の方法が採用されなければならない。したがって必ずしも文書又は口頭のみに限定される理由はないのである。必要ある場合には行動によって警告を発することも相当であるといわなければならない。

原判決挙示の証拠によれば、本件集会については当局からあらかじめ責任者に対し再度にわたり口頭による警告が発せられたのであるが、当日に至って右警告を無視して集会がなされようとしたのでさらに当局は文書の掲示により群集に対して『会場に入り、又はこの付近に蝟集《いしゅう》し、佇立《ちょりつ》し、徘徊《はいかい》することのないように警告』を発したけれどもなお右集会が決行されようとしたので甲巡査らにおいて前記行動にでたものであることが明らかである。しかして、かような事態の下において多数の群集に対して、しかもスクラムを組んで警告に抵抗しようとしていた人々に対し右認定の程度に甲巡査が警棒を構えて群集を押し寄せたことはいわゆる警告として相当の行為であるといわなければならない。」とした。

第三節　制　止

一　制止の心構え

一　厳格な運用の必要　二　民事紛争に謙抑《けんよく》であること　三　親子間の暴行、夫婦げんか、家庭内の紛争

一　警察官は、犯罪がまさに行われようとするのを認めたときは、その予防のため関係者に必要な警告を発するが、そのかいなく、犯罪の危険が迫《せま》り、急を要する場合は、それを制止しなければならない。

けんかを仲裁《ちゅうさい》され、一たんは帰りかけたAが再び振《ふ》り返ってBにつかみかからんばかりの勢いを示したその時、Aの前に立ちふさがってその肩を押さえたのは、いまだ、任意手段としての警告の範囲をでるものではなかった。しかし、Aが、その手を振り払《はら》い、Bに向かって殴《なぐ》りかかったとすると、今度は、単に立ちふさがるばかりでなく、手をつかんで引き止めるなり、抱き止めるなり、本格的な制止活動に移らなければならないであろう。

制止は強制手段としての職務執行である。それだけに行き過ぎがとくに心配されている。すなわち司法活動としての捜査は、基本的に裁判官のチェックを受けることとされているが、公《おおやけ》の秩序と安全の維持という、行政目的に奉仕する警察官の職務執行は、それがないだけに、一層厳格な運用が必要とされている。

二　さらに、紛争が、民事に根ざしている場合、これに介入《かいにゅう》したという誹《そし》りを受けないよう注意をする必要がある。しかし、そのために保護を全うできないことがあってはならない。そこが難しいところである。

ある町の教育委員会が校具を撤収《てっしゅう》しようとして消防会館へトラックを差し向けた。町民の中に反対する者がいて、これを阻止《そし》しようとつめかけていた。

さて、警察はどうしたか。町教委に味方して、トラックの進行を円滑《えんかつ》にすべく、つめかけた町民を排除した。

警察は、町教委が実力をもって校具を撤収《てっしゅう》する決意を固めていることを予知していた。そして、町教委が、それを敢行《かんこう》すれば、町民との間に紛争が発生するおそれのあることも熟知していた。

そこで、警官隊を配置し、町民とトラックの間に入れて道路上に立ちはだかろうとした町民を排除することばかりを考えていた。

ところが、本件校具の撤収については、これを有効に執行できるかどうか問題があったのである。教育長が、これを不法占拠《せんきょ》であると誤信し、要請を受けた警察も、その根拠を確かめることなく、安易《あんい》に要請に従ったとすると、むしろ、撤収が違法であり、これを防衛しようとする町民の行為の方が正当行為であるかも知れないのに、これを排除したという重大な結果を招来《しょうらい》する。要請の相手が町だからといって、安易にこれに従うことは、実力行使に当たる警察官としては十二分に注意をしなければならないのである。

そして、この場合は、逆に撤収のため乗り入れようとした町教委のトラックの方を退去させなければならなかったとされた。(1)

工場から機械が運び出されている。すぐ来てくれ、という急訴を受けて駆けつけた警察官は、なるほどすでに二、三の機械がトラックに運び上げられているのを見た。どうすべきか。

甲巡査は、まず、工場主Aから事情を聴取《ちょうしゅ》したところ、同人から搬出《はんしゅつ》を止《や》めさせてもらいたい、という要請があったので、作業していた男たちに中止を呼びかける。それでも続けようとするので逮捕することもある旨を告げて重ねて警告する。ここで作業は中止になる。

次は、搬出指揮者Bに事情を聞く。Bは機械類の売渡証《うりわたししょう》を持っていた。Aに聞くと自分で書いたものだが金は借りたのだという。

こうなってくると、民事紛争の根は深そうである。警察官としては、現場で黒白《こくびゃく》をつけるわけにはいかない。お互いによく話合いをするように両人に勧告し、暴行傷害等の刑事事件をおこさないよう注意して引き揚《あ》げる。

Aは不満かも知れない。しかし、ここでもし、積極行為にでたりすれば穏当《おんとう》を欠くことになる。「現場における当事者からの事情聴取によって、根底に売買目的物に関する民事の紛争が存することが判明した場合には、警察法第二条第二項の法意に照らし、警察官職務執行法第五条に基づく警察官の介入《かいにゅう》は、謙抑《けんよく》であることが要請される。(2)」謙抑とは、控《ひか》え目であることである。

三　夫婦げんかや、親子の暴力沙汰《ざた》に積極的に介入することはどうであろうか。

甲巡査は、Aがその母Bを殴打《おうだ》するのを目撃して、おふくろさんに何をするのだ、と言いながら玄関から急遽《きゅうきょ》、座敷《ざしき》内に踏《ふ》み込んだ。そしてAの背後からその手をつかんで取り押さえようとした。Aは承知しない。甲巡査に組みついて激しく格闘した。甲巡査はこれを逮捕したが、果たして行き過ぎにならないかが争いになった。

第一審裁判所は、この甲巡査の職務執行を違法とした。子が母を殴《なぐ》ってもそれは罪とならない。しかも、殴り終わってその後は別に何もする気のない所を甲巡査に押さえられた、という言い分を認めたのである。

子が親を殴っても罪とならない、というのは、法律は家庭に入らず、という道徳律《どうとくりつ》を誤解したものである。高等裁判所はこの点をはっきり指摘した。

そして、Aの所為《しょい》もなおBを殴るべく継続中であったことが確認された。そうなれば甲の踏込《ふみこ》みは事態《じたい》に適応した適宜《てきぎ》の処置であり、その制止行為も合理的な必要限度を逸脱《いつだつ》しないものになる。(3)

しかし、おふくろさんに何をするのだ、と言いながら踏《ふ》み込んで制止することが一年以上もかけて争われたという事実に注目しておく必要がある。

なるほど本件は、現に暴行が継続中であったが、もし、直前であったりすると、果たして急を要したかどうか、一般事件以上にもめる可能性をもっていると思わなければならない。

夫婦げんかとなると、一層複雑さを増すから、よほど事実関係の確認に注意しなければならない。

二　犯罪の既遂《きすい》と制止

一　既遂は逮捕するだけでよいか　二　逮捕と制止の選択の理論

一　制止は、犯罪がまさに行われようとして急を要する場合に行われる。犯罪が既遂に達した場合は、これを検挙すれば足りる。

こういう考え方を、杓子定規《しゃくしじょうぎ》に振《ふ》り回すと、実務上はとんでもない袋小路《ふくろこうじ》に追い込まれる。たとえば、許可条件に違反して蛇行進《だこうしん》を敢行《かんこう》しているとする。周囲は規制によって一般車両はなく、歩道上の一般人もまばらである、とすると、別に制止をしなければならない急迫《きゅうはく》した状況は見られない。

したがって、第五条後段の要件は充足《じゅうそく》されていない。

しかし、条件違反という犯罪は既遂に達している。これを鎮圧《ちんあつ》しないと法の威信《いしん》を守ることはできない。

全員現行犯逮捕してしまえばいいではないか、というのは理屈が過ぎる。

なるほど、道路の特別使用を許可するに際して付せられた条件に違反して蛇行進《だこうしん》をしている。条件違反を内容とする道路交通法第一一九条第一項第一三号（三月以下の懲役又は五万円以下の罰金）の犯罪は成立している。(4) 警察官は、司法警察職員として参加者を現行犯逮捕することに法律上の障害は存在しない。

しかし、それでいいか。一般車・一般人の影はまばらであり、現場は歩車道の区別のある二、三メートル道路である。違法は違法だが、危険性を考えると、蛇行進をしばらく放置しても、それにより一般人の生命・身体を害し、又は財産に重大な損害を与えるおそれは認められない。

もし、全員逮捕の挙にでれば、それを境にして現場は、怒号《どごう》と混乱のるつぼと化するおそれがある。かえって、けが人が出るかも知れない。

中心人物だけ捕まえよ、という方法もある。しかし、鎮圧《ちんあつ》という行政目的を達成するために、逮捕という司法手段を用いるのは邪道《じゃどう》である。(5) 正攻法《せいこうほう》でいけるはずである。

二　すなわち、彼我《ひが》の人数、四囲《しい》の状況からみて集団に対し、一挙に現行犯逮捕の措置《そち》にでることは、かえって混乱を増大させ、交通妨害を招《まね》くおそれがある。むしろ、現に存在する違法状態を事実上差し止めることで、ともかくも侵犯《しんぱん》された交通秩序を回復する、そうすることによって平《へい》穏裡《おんり》に事態《じたい》を収拾《しゅうしゅう》できると判断したときは、その裁量《さいりょう》により、検挙活動よりは圧縮規制などの制止活動を選択する方が法の精神に合《あ》うと考えられるし、また、そうすべきである。(6)「法の精神」というものがでてきた。これをもう少し、明らかにしてみよう。

すでに現行犯として逮捕鎮圧《ちんあつ》できる状態において、これを逮捕という最強の手段によらず、それよりも弱い、制止程度の強制手段を選択することが賢明であり、実際にマッチすることは言うまでもないが、その根拠はやはり第五条後段ということになるのだろうか。

ところが第五条後段は、だれが見ても犯罪の予防のための強制手段である。これを「前犯罪行為」に対処するものとし、なお、犯罪が継続反覆《はんぷく》しているときは、既遂《きすい》になった行為のかたわらに、この前犯罪行為もまた新たに発生していると見て、第五条後段の制止ができるとする判断もある。(7)これは技巧《ぎこう》が過ぎる。

やはり、第五条の制止は、あくまでも犯罪の予防のための強制手段である、という考えを、貫《つらぬ》いた方がすっきりする。

警職法は、犯罪予防のための強制手段を規定したが既遂犯罪鎮圧のための手段は、これを規定しなかった。なぜか。

必要がないからである。

犯罪が既遂に達している場合は、これを逮捕するという最強の強制手段が許されている。しかも、現行犯の場合は、何人も、令状なしでこれに飛びかかり組み伏せることが許されている。これは、憲法を頂点とする法秩序全体の精神からくるものであり、明文のあるなしはまた別の問題になる。だから、逮捕することをやめ、一時的な鎮圧措置《ちんあつそち》でまかなうという場合に、人権問題がおこるはずがない。

これが、犯罪発生の前段階でなされる予防措置との差である。まだ犯罪をおこすとは限っていない。その段階で、単におそれだけで官憲《かんけん》の手が下《くだ》るとしたら、国民生活を不安に陥《おとしい》れるかも知れない。そう考える人が多い。そこで要件を厳しく明確にして、権力の濫用がおこらないようにしよう。第五条はそのために設《もう》けられたのである。

警察官は、公安を維持するために、犯罪があればそれを鎮圧する責務を有している。そして、それを現行犯逮捕によるか、第五条後段に見られる程度の強制措置に頼るかは、状況により警察官に任《まか》せられている。そして、逮捕によらず、制止による場合は、第五条後段の要件を充足《じゅうそく》するかどうかにかかわらず、所要の規制措置をとることが許されるのである。(8)

三　制止の実際

一　世に怒《おこ》り上戸《じょうご》という者がいる。酒を飲むと人にからんだり乱暴したりする。

これを知ったとき、警察官は、どの段階で制止をするか。

第五条は、犯罪がまさに行われようとするその行為により人の生命・身体に危険が及び急を要する場合に、その行為を制止することを認めている。財産に重大な損害を受けるおそれがあって、急を要する場合も同様である。

このように、警察官が制止行為にでるのは、「急を要する場合」すなわち急迫性《きゅうはく》の認められる場合である。たとえば、棒を持って人の背後に迫《せま》っている場合はだれが見ても急を要する場合に当たる。

しかし、そういう、典型的な場合でないと制止行為にでられないとすると、みすみす、被害者を危険な立場に立たせなければならないことになる。それが不合理なことは、さきにも述べたとおりである。

要は社会通念《つうねん》である。急迫性《きゅうはく》といっても被害者が本当の被害者にならないように手を打つ。その手を打つに必要な若干《じゃっかん》の余裕《よゆう》のある急迫性でなければならない。棒を持って殴《なぐ》りに来るならば、被害者のそばへ行く前に手を打つのが普通である。それが社会通念にいう急迫性である。

第五条の「急を要する場合」を、そのように若干余裕をみて解釈をすると、怒《おこ》り上戸《じょうご》の酔っぱらいが、怒りの目標物を定めて出かけようとするとき、すでに、危険は切迫《せっぱく》したと見ることができる。

Aは、酒を飲んでBの店へ行きBを出せとわめいた。急訴を受けて駆けつけた甲巡査は交番へ同行を求める。Aはわめきながらもついてきた。さて、その後、お前はなぜおれを連れて来てBを連れて来なかった、とからんだ。そのうえ、おれがBを連れて来てやる、と言って交番を出ようとする。

甲巡査は、Aが怒り上戸の癖《くせ》のあることを知っていた。Aはその日も飲み、相当に興奮《こうふん》している。このまま出せば、Bに対して暴行に及ぶことは間違いない。当初からの言動がそれを裏付けている。

そう判断した甲巡査は行かせまい、としてAの手をつかんで交番へ引っ張り込んだ。

余裕《よゆう》のない急迫性《きゅうはく》を念頭《ねんとう》におけばこの行為、すなわち第五条の制止に当たるかが問題になる。

しかし、社会通念《つうねん》による急迫性を念頭《ねんとう》におけばAがBを連れて来てやる、といってBの店へ行こうとしている以上は、犯罪を行う危険性はすでに切迫《せっぱく》しているものと認めなければならない。その場で制止をしなければ、制止の時期を失《しっ》し、A（被告人）の行為を阻止《そし》し得ない場合に該当する。

「もし右のような場合においてもいまだ急を要する場合とは認めず、同巡査としては被告人について行き、被告人がB食堂に入るのを見きわめあるいは被告人が犯罪行為に着手《ちゃくしゅ》しようとするのを認めたうえ初めて制止行為に出《い》でるべきであるとすれば、それは徒《いたず》らに警察官に難《がた》きを求めるものであるのみならず、これがために無用の摩擦《まさつ》、混乱を来《きた》すことも考えられ、到底《とうてい》社会通念に合致《がっち》した解釈ということはできない……中略……かかる場合は如何《いか》なる警察官でも被告人を制止したであろうと考えられるのであって、甲巡査がB食堂の方へ行こうとする被告人を、その場で直《ただ》ちに制止したのは、警察官として当然の措置《そち》に出でたものというべきである」(9)

劇場の中で大声を出し、今にも暴行に及びそうな者を劇場の外へ連れ出し、説得するのに反抗して、再び劇場内へ後もどりしようとする場合も全く同じに考えることができる。

もし、劇場内へもどれば、他人に暴行を加える等危険な事態《じたい》が発生するおそれがあり、急を要すると認められるならば、当然これに手をかけて、後もどりしないようにすることができる。第五条の急を要する場合に当たるのである。(10)

殴《なぐ》り合っている現場でけんかに割って入るのは、当然、第五条の制止に当たる。そのため、相手を投げ倒したり、押さえつけて動かないようにするのは、「自己の保身《ほしん》を兼ねた殴り合いのけんか制止の手段」(11)として許されるのである。

なお、この例は、非番の巡査が警察官であることを名乗ってした職務執行であるが、警察官は、警察事務に関し、一般的職務権限を有し、退庁後といえども所属管内において、その権限を行使することができる。

非番であろうと当番であろうと、警察官は、けんかの現場に出くわしたら、直《ただ》ちに割って入る覚悟がなければならない。

しかし、懇意《こんい》にしている店などで、気を許した行動にでたため、生命を落とした警察官の例がある。

乙巡査は、満員だと断られた客Cがわめき立てるので注意をしたところ、言うことを聞かない。かえって玄関先に出てきた同人の愛人を殴ったりするので、乙巡査はこれを制止すべく肩を押した。廊下《ろうか》は滑《なめ》らかでCは転んだ。この後の乙巡査の態度がよくない。Cの愛人も見ているのに、いらっしゃい、いらっしゃいとさし招《まね》き、怒って跳《と》びかかってくるCを壁に押しつけ、これを嘲弄《ちょうろう》したのである。

Cは怒髪《どはつ》天を衝《つ》いた。おどれ、男勝負じゃ、やったろう、来い。乙巡査はなお、いい気になり、おお、やったろう、外へ出え、ミーよ、やるんなら、出ろ、と応酬《おうしゅう》した。

Cは素手《すで》ではかなわないと見て一散《いっさん》に台所へ走り込み、包丁を手にすると、後を追ってきた乙を突き刺し、死に至らしめた。

Cを制止したところまでは、職務執行として認められる。しかし、度を超えて嘲弄《ちょうろう》的態度にでた。その瞬間から、職務執行変じて私闘となった。「およそ、酔客が大声を発して勝手口の戸を蹴《け》って店内に立ち入り、暴言を吐き、愛人とはいえ、接客婦の顔面を殴打《おうだ》する等の所為《しょい》にでた場合、警察官が、その者を制止して帰宅を促《うなが》すことに、一応警察官職務執行法第五条にいう犯罪の予防及び制止に該《あた》り、警察官としての職務範囲に属するものと言わなければならない。しかし、前認定のごとく、その度を超えて嘲弄的態度を示し、求められて男同士の勝負に応ずるがごとき態度に出《い》でたことを考えるときは、これら一連の行為は、最早《もはや》公務執行の域を脱して一個人の私的行為と化し、その行動は単なる私人間の闘争に終始《しゅうし》したものと認めるのを相当とする。(12)」

けんかも、集団と集団が相対峙《あいたいじ》している場合、とくに、組合同士がやり合っているようなときは、手出しは、よほど慎重にしなければならない。

ある会社で、労働組合が分裂して新旧二つになった。それがある日、アパートの居住問題をめぐって対立、入居組と阻止《そし》組に分かれて争った。それは、新旧両組合員がそれぞれの団結を維持し、相手方による切り崩しに対抗するための手段として争われた。「それ自体は通常争議の経過において予想される事態《じたい》であり当事者に放任されていてしかるべきものであり、暴力団ならともかく、単に集団が接触している状況から直《ただ》ちに不法事態が発生しているものとは言えないのであって、かつ先頭部分の一部において双方《そうほう》の代表者がなお話し合っていたとしてみれば、純客観的にみてこの段階においてはいまだ警察官がこれに介入《かいにゅう》し実力を行使して制止に移るべき緊急状況にはなかったものと言うべく、ことに右制止行為の結果、その場にあった多数の工場労組員を区別なく側面より押し込み……有刺鉄線《ゆうしてっせん》に押し倒して負傷者を出させ、この間に新労組員らがたいした抵抗を受けることもなく同第一棟前に前進できたとすれば、その方法は妥当《だとう》性を欠き、警察権によって除こうとする障害の程度と、これを除くことによって生ずる社会上の不利益との間には、正当な比例を保つことを要するといういわゆる警察上の比例原則にも反するものである。」(13)

この例では、妥当性を欠いたが、結局違法と決めつけられることだけは免《まぬか》れることができた。

その際、裁判所の取った判断の要点は、すなわち、こういう場合に実力行使をする判断の要点でもある。列記してみると、①以前にも不祥《ふしょう》事件がおきたことがあるか。②両者のこの問題に対する対立感の程度、③両組合の人数、当時の雰囲気《ふんいき》、④接触の程度、⑤凶器に変ずるおそれのある物の存在、旗竿《はたざお》等、⑥警察官の制止手段、⑦制止着手後《ちゃくしゅご》の混乱状況

これらの判断なしに、安易《あんい》に割って入ることは許されない。

二 素手《すで》でする制止の手段は、肩を押さえる、手をつかむ、胴を抱《かか》えるなどのほか、投げ倒す、押さえ込む、押し倒す、と、多彩《たさい》であるが、いずれも大して問題とならない。

問題は、警棒をはじめ、各種の器具・装備を利用することである。

まず、警棒を使うことはどの程度許されるか。さきに、警告の手段として、警棒の右端を下に、左端を上にして胸の前に斜《なな》めに構え、その姿勢で押し寄せていくことが許されることがわかった。

制止のためには、もう少し、流動的に使用ができるか。

具体的な問題に入る前に解決しておくことがある。それは、警棒が、警職法第七条にいう武器であるかどうかである。武器ならば、第七条の厳しい要件に当てはまる場合以外には使用できない。武器でなければ、より緩和された要件で、制止の場合にも利用できる。

裁判所は、六〇年代に、「警察官けん銃警棒等取扱規範第四条第二項(14)に明らかなように警棒は武器ではないのであって、警棒は同条第一項に規定するように警職法第七条の警察官の職務の遂行の

ほか警職法第五条の犯罪の制止その他の職務の遂行に当たって使用することができるのである。(15)」とした。

右の規範は、二〇〇一（平成一三）年にけん銃の部分・国家公安委員会規則第七号と警棒の部分・規則第一四号に分けられた（理由は三七〇頁で述べる。）。規則第一四号の「警察官警棒等使用及び取扱い規範（以下「警棒等規範」という。）」は旧規範第四条をそのまま踏襲している。

甲乙両巡査はパトカーで警ら中、殴《なぐ》り合いのけんかをしているＡＢを認めた。両巡査は直《ただ》ちに制止活動に入った。甲巡査はＡ、乙巡査はＢをつかんで引き離した。抵抗したのはＡである。甲巡査は、Ａの両肩を両手でつかんでこれを現場の南方電車軌道《きどう》上に押して行った。この時、Ａの知合いのＣが出て来て、身内のことだからいいじゃないかと言いながら甲巡査の両手をつかんだ。それで甲巡査のＡをつかんだ手がゆるんだ。その隙にＡは甲巡査の手をすり抜けて、再びＢに向かって突進しようとする。行くな。甲巡査は追いかけてその肩に警棒を当てた。殴ったな。興奮《こうふん》したＡは甲巡査の顎《あご》を突き上げてくる。ここで甲巡査は警棒で制止する。甲巡査は、警棒を横にしてＡの両脇《わき》下に入れて左にひねり、右手をねじ上げてパトカーの方へ向かった。そこでまだ暴れるので両手錠《てじょう》をかけ、これを現行犯逮捕した。

裁判所は、「とっさの判断による制止行為として事態《じたい》に応じた有効なもので適法である」とした。

しかし、このケースでは紙一重《かみひとえ》の所がある。脇の下へ横に入れて制止した行為は、とくに問題はないとして、行くな。と言って相手の肩に当てた行為である。相手は殴《なぐ》ったな、といきり立った。事実、もう少し強く当たっていたら、裁判所もこれを「殴った」と判断したであろう。

さて、制止の手段として警棒で殴ることが許されるであろうか。

警棒を武器として使用できる場合（後述七章二節二の一参照）は別として、普通、制止の手段として警棒で殴る、突く等の行為にでることは許されない。よく間違うのは、集団行動をしている場合である。それも、相手が崩れ去り、算《さん》を乱《みだ》して逃げようとする、その後から殴る、突くの行為が常識に照らしても、浅ましいものに見えることを注意しなければならない。

学生デモが警官隊の挟撃《きょうげき》を受けて人なだれを生じた。そうして「身体の自由を失っていた学生に対し、あるいは逃げ場を求めて逃げまどう学生に対し警察官のうちのある者は、警棒を振《ふ》るって、殴る、突く等の暴行を加え、また、第二次激突の際、算を乱して門外へ逃げ去ろうとする学生に対し、警察官のうちの者は、その背後から警棒を振るって殴りつける等の暴行を加え、その結果、学生らの間に、多数の重軽傷者を輩出《はいしゅつ》した。」という事実を認定した裁判所は、「右の警察官らの行動は、連日連夜の警備出動の疲労、激しい投石《とうせき》等を行って攻撃的行動をとっていた学生デモ隊に対する反発、及びそれまで隠忍自重《いんにんじちょう》していたのにいっせいに行動にでた勢い等が手伝《てつだ》い、また、さらに、隊行動としての群集心理も多少加わっていたものであった。」と、まず、これに同情を示しながら、そうであった「であろうとしても、中立性と人権保障を心がけなければならない警察官の行動としては、厳《げん》にこれを慎《つつし》まなければならないところであって、明らかに、その職務権限を超えた違法なものであると断ぜざるを得ない。(16)」とした。

いかなる疲労、いかなる隠忍《いんにん》があろうとも、警察官である以上、冷静沈着《れいせいちんちゃく》でなければならない。まして、集団の中に隠れて、弱い相手を見つけ次第《しだい》警棒で殴《なぐ》る、突くなどの暴行にでるとしたら、そしてその姿を鏡に写して見なおしたとしたら、恥ずかしくて顔をおおうほかはないであろう。

警察において定めた警棒の操法《そうほう》によれば、警察官が警棒を使用して前進する場合は、左手をもって警棒の上を、右手をもって警棒の下を握り、左手を肩の高さと同じにし肩との距離を一〇センチあけるべきものとされ、もし前方から押された場合には警棒を横にして握るものとされ、いかなる場合にも警棒を片手で使用することは許されない（武器として使用される場合は別である）。ところが、警棒を右のように両手で持ちながら、これを縦にして、その先端で相対峙《あいたいじ》していた相手の胸を突き上げた警察官が現れた。

争議で分裂した二つの組合員のうち、一方は、違法なピケを張り、他方の入場を阻止《そし》しようとした。そこへ要請を受けて警察官が出動した。

ピケ隊は、警察の再三《さいさん》の警告を無視してピケを解かない。ついに、実力を行使してこのピケを排除することになる。裁判所は、この実力行使は適法な職務執行だとした。しかし、例によって、二、三の警察官の冷静を欠いた行動が問題になる。一人は、警棒をもってなじる相手の胸を突いた。また一人は、警棒を振《ふ》るって相手の前額部《ぜんがくぶ》に一撃を加えた。

相手は、警察官の違法な職務執行によって損害を受けたとして国家賠償法により損害賠償の請求訴訟をおこす。

警察は、警察官の再三《さいさん》の警告を無視して多数を擁《よう》して違法なピケを設定しているのだから、これに対して、ある程度の実力行使はやむを得ない。その実力行使の過程において、たまたま相手方に傷害を与えたとしても、別に故意過失があったわけではない、として争った。

前述（三節二章）のように国家賠償法によって、都道府県が賠償の責に任《にん》ずるのは、警察官がその職務を行うについて、故意又は過失によって違法に他人に損害を加えた場合である。

しかし、裁判所は、右の主張を採用しなかった、本件において、ピケは違法であった。そして、これを実力によって排除した警察官の職務執行は適法である。そこまではいい。

相手は「凶器を手にして抵抗した訳ではなく、単にスクラムを組んでその前進を阻止《そし》し、あるいは素手《すで》で警察官を押し返したにすぎないか又はすでにピケラインの撤収《てっしゅう》が発令され、緊張の状態から解放されたのに、一部の警察官が正規の警棒の操法《そうほう》に違反して又は不必要に警棒を以《もっ》て……（相手の）……胸部を突き上げ、あるいはその頭部等を殴《なぐ》りつけるなどして、前記の傷害を与えたものであるから、右の行為は、ピケ隊の抵抗を排除するに必要な実力行使の限界を超えた違法なものであるというべきである。」。「他に特別の事情の認めうるもののない本件においては、前記認定事実のみから判断しても右原告等（被害者）の傷害が各警察官の故意又は過失に起因するものと認めるのが相当である。(17)」としたのである。

傷害を与えた警察官が特定されれば、刑事事件にまで発展したかも知れない。冷静沈着《れいせいちんちゃく》・基本を忘れない職務執行が要請される所以《ゆえん》である。

三　群集が無軌道になって警察官の警告を聞き入れない場合に、水をかけるのはどうか、というと、一概《いちがい》に、いいとも悪いとも言えない。やはり、状況によるのである。

放水の強さにもよる。放水の強さは、運転台のアクセルの踏《ふ》み加減によるが、通常四五度の斜角で約七、八〇メートルは届くとする。これを、まともに受けた者の中には転倒するものもあり得るわけであるが、数百人ないし数千人に及ぶ多衆の違法行為を制止規制するのに必要な有形的物理作用として、職務執行上、真にやむを得ない程度のものと認められるとされた例がある。

裁判所はいう。実力施用の限界について、一般的・概括的《がいかつてき》に基準を立てていうことは難しい。

「結局、具体的にデモ隊ら多数集団の人数、規模、その行為手段の程度等、事案の実情に即して合理的な判断をするよりほかはない。[18]」

このときの状況をみると、「学生デモ隊は、国会正門方向に移動しようとして阻止《そし》線で警備していた警察部隊の警察官に対し、大勢の圧力で突き当たる等の暴行を加えて、その職務執行行為を妨害したものであるところ、他方、警察官側にあっては、学生デモ隊に対し警告放送や放水等当然と思われる制止処置を行ったほかに、何ら非難されるような行動をしなかったものである」。そして、その放水により「これをまともに受けた学生たちの中には、車両ボンネットの上から転落したり、地上に転倒したりしたものがあったことも認められるが……しかしながら、右の程度は、警察官の違法行為者に対する制止、抑制措置《そち》として、職務執行上、真にやむを得ない程度のものと認めるのが相当であるから、右の放水をもって、警察官の不法な挑発行為と認めることはできない。[18]」

四　犯罪発生の可能性が高い場合に、警察官がこれに対して事前の情報をとり、予防のための万全の措置を講ずる必要のあることは言うまでもないことである。

しかし、正規の集会やデモ行進や、労働争議に際して、部隊をあらかじめ配置することの可否《かひ》が、しばしば問われる。

それは、無用の刺激を与えて、かえって、混乱を助長《じょちょう》するのではないか、という戦術的観点から論ぜられるというよりは、言論の自由、集会の自由など、憲法で認められた自由に対して、官憲《かんけん》が、初めから圧迫を企図《きと》しているのではないか、という、疑いの観点から問題にされる。

しかし、あらかじめ不慮《ふりょ》の事態《じたい》が予想されるならば、その際即時有効適切に対処できるよう、万全の準備を整えるのは、警察の当然の責務であり、自由の圧迫などという非難は当たらないものである。

警察官は、集会であろうと、デモ行進であろうと、はたまた労働争議であろうとも、そこに違反状態を生ずればこれを規制し、違法行為を認めれば、これを制止検挙する任務を帯びている。そのため、あらかじめ多数の警察官が現場近くに前進待機させられていたとしても、それをもって、警察権発動の正当性の根拠が欠けるものであるという非難は当たらない、とされるのである。(19)

五　単なる集会であっても、それを継続させるときは、不測《ふそく》の事態を生じ、ひいては一般通行人又は付近の住民の身体・財産に危険が及びそうだとなれば、その集会を解散させるのは、警察官の職務権限である。(20)

集団示威《じい》運動も同様である。整然とそれがなされている場合は別論として、もし、それにより、一般通行人も、付近の住民の生命・身体に危険が及び、又は、財産に重大な侵害をもたらしそうだということになれば、第五条による制止の対象として、解散を警告し、聞き入れられない場合は、実力でこれを規制することが許されるのは言うまでもない。(21)

六　集会やデモが警告を無視して解散の気配《けはい》を見せない。しかも、これを放置しておけば不測《ふそく》の事態《じたい》を生じ、一般人や付近住民の生命・身体・財産に危険が及ぶおそれがある場合に、これを規制する方法に、圧縮規制というのがある。

これは、群集を機動隊員で取り囲み、一か所に寄せてから、一人ずつつかみ出し、これを順次一定場所に連行する方法である。

この方法の限界は、一か所に長く抑留《よくりゅう》できない、ということである。制止は、応急措置《そち》であって身柄を拘束しようとするものではない。身柄拘束にわたらない限りにおいて一か所に寄せ、輪を小さくし、自発的に退去を要請してどうしても従わないものはこれを引っ張り出したり押し出したりして、一定方向に追いやることは許されるのである。(22)

七　労働争議に主として出てくる態様に、スクラム・ピケットラインというものがある。労働争議は、労働者が団結して会社側に当たるのであるから、あらかじめ、ある程度の実力行使をすることは許されている（労働組合法一条二項）。しかし、暴力の行使は許されていない。

したがって、労働争議が激発《げきはつ》して人の生命・身体に危険を及ぼし、あるいは財産に対し重大な損害を与えるおそれが出てくると、その必要な限度においてこれを規制する必要が生まれる。

たとえば、ホテルの従業員がスクラムを組み、ピケットラインを張って入場者を阻止《そし》していたとする。そして、その騒ぎによって一般通行を阻害し、野次馬《やじうま》も混じってホテル入場者との抗争も起き出した、ということになると、警察はまず解散を促《うなが》し、聞き入れなければ、実力を行使して、これを解散させなければならない。

その際、スクラムを引き離し、ピケットラインを崩すなどの方法をとっても差支えがない。(23)

ピケッティングは、それによって会社の業務が阻害されたとしても、平和的に説得的に行われている場合は、正当な争議行為として許される場合がある。

この段階では、いまだ警察官の出る幕ではない。そこに、暴行・脅迫という事態《じたい》が発生し、人の生命・身体に危険が及び、又は財産に重大な損害を与えるおそれがでてきたときに、これをどのように措置《そち》するかを考えなければならないのである。

ある電鉄会社で争議がおきた。労組側はピケを張り、電車の運行を阻止しようとした。騒ぎは、まず、検車並びに仕業点検の阻止から始まった。会社側の運転課長らは、ピケ隊員に「頭部を小突《こづ》かれたり胸部を押されて駅事務室内に押し返され」た。これが午前四時ころのことである。

次《つ》いで午前五時ころ、駅長ら数人がホームに出ようとしたところを「立ち塞《ふさ》がりあるいはスクラムを組んで同人らが電車を発車させようとすることを阻止し、その際右Cに対し暴力をもってホーム横に留置中の電車外側に同人を押し付けさらに同人の頭・肩・胸・足部を突く等の暴行を加え、かつ従業員に対し暴言を浴びせこれを肩や胸等で駅事務室の中へ押し返した。(24)」

この状態が一時間おきに繰り返されるのである。警察はどうしていたか。「会社側は当日午前八時ころから午後三時ころまでの間、電話・書面あるいは口頭をもって繰り返しT警察署に対し警察官の出動を要請」していた。しかし、警察は、すぐには動かなかった。「同署においては県警察本部に連絡し、その指示を受けつつ、警察独自の立場で出動の要否を決定すべきであるとの態度を堅《けん》持《じ》」していた。

後に、弁護人は、警察は会社と通謀《つうぼう》して違法にも争議に介入《かいにゅう》したと論難《ろんなん》したが、右の事実をつきつけられて敗退している。

警察は、右の態度を堅持しつつ、「同署員をして現地の状況を確認したうえで出動」するという賢明な方策をとった。そして、その出動は、午後三時過ぎになったのである。

これが、裁判所の支持を受けたのは言うまでもない。(25)

八 このように、争議行為をはじめ、集会や示威《じい》行進等、相手方の行為にも一定の正統性が認められている場合は、どこまでが適法であり、どこからが違法になるか、判断は複雑で難しい。

これは、まさに、上級幹部に課せられた使命である。それ以外の警察官は、指揮官の指示に従っておればよい。いちいち、第五条の要件を思い浮かべて自分の行動を決しようとする必要はない。(26)

これによって、隊長の指示・指揮とずれることがあり得る。たとえば、正門前のスクラムを排除せよ、という場合に、その辺にいたピケ隊員を全部排除せよということだと誤認《ごにん》してそのように行動する隊員がいたとする。

それ自体は、命令が徹底しなかったのであるから、内部的には反省検討の余地《よち》があるが、だから、その隊員の職務執行は違法だ、ということにはならない。

隊員に、隊長と全く同等の注意義務を要求するのは常識に反しているからである。

隊長は、部隊をほしいままに動かす権限を与えられている。部隊活動に当たっては、常に大局《たいきょく》的見地《てきけんち》から情勢を把握《はあく》し、随時適切に指揮命令を行う判断と注意義務を課せられている。これに対して、個々《ここ》の平隊員は隊長の命令を受けて行動するので、特別任務を与えられた場合は別として、自《みずか》ら裁量《さいりょう》する余地がないのが普通である。(27)

（1）　高松高判昭和四〇年四月三〇日下刑集七・四・五六〇は、この問題を扱い「思うに警察は公共の安全と秩序の維持に当たることを責務とし、その活動は右の範囲に限定され、いやしくも私法上の紛争に干与《かんよ》することは固く戒《いまし》むべきことであるから、警察官の右行動、ことに町教委の校具撤収《てっしゅう》を援助する目的で地区民を排除するがごときは、警察本来の責務を逸脱《いつだつ》し、警察活動の濫用であって、違法であり、最早《もはや》これを目《もく》して、交通整理であるとか、警職法第五条の制止行為ないし警告行為であると弁じる余地《よち》はない。」と決めつけている。

（2） 東京地判昭和四七年二月二六日判時六七〇・五九

（3） 横浜地判昭和三七年五月七日下刑集四五＝六・四〇七。その控訴審は、東京高判昭和三八年三月一九日判時三三四・三二である。

（4） 公安条例をもっている地方公共団体の地域においては、同条例違反の犯罪が成立する。ただし、処罰の対象となるのは、集会、集団行進、集団示威《じい》運動の主催者、指導者、扇動者《せんどうしゃ》だけである（東京都条例四四号五条）。

道路交通法第七七条第一項第四号には、公安条例と同様な道路の特別使用に対する許可制度、同条第三項第四項には条件が、同条第五項第六項には必要な措置《そち》が講じられる旨各規定がある。その罰則は第一一九条第一項第一三号である。

公安条例と道路交通法は、観念的競合《きょうごう》の関係にある。

最判昭和五〇年九月一〇日「道交法第七七条第一項第四号は、その対象となる道路使用行為等につき、各普通地方公共団体が、条例により地方公共の安寧《あんねい》と秩序の維持のための規制をするにあたり、その一環として、これらの行為に対し、道交法による規制とは別個に交通秩序の維持の見地《けんち》から一定の規制を施《ほどこ》すこと自体を排斥する趣旨まで含むものでなく、本条例の規制と道交法第七七条及びこれに基づく徳島県道路交通細則による規制が重複して施されている場合においても、道交法による規制は、このような条例による規制を否定、排除する趣旨ではなく、条例の規制の及ばない範囲においてのみ適用される趣旨のものと解するのが相当であり、右条例をもって道交法に違反することはできない。」

（5）鹿児島地判昭和四五年三月二七日刑裁月報二・三・二九九は、「たとえば他人の生命・身体に危害を及ぼすおそれのある者を、行政警察上の強制措置《そち》の要件が備わらないのに、偶々《たまたま》何らかの犯罪で逮捕の要件を充足《じゅうそく》したからとして犯罪捜査のためでなく行政警察上の目的達成のために、逮捕し身体を拘束することが許されないことを考えてみても明白《めいはく》である。右の場合、逮捕に至らずより軽度の手段によったとしても、その手段が強制手段である限り、それが違法であることになんら変りはない。」としている。

（6）長崎地判昭和四二年九月二二日下刑集九・九・一一八八は、「付近に通行人があって蛇行進《だこうしん》を放置すれば通行人に危害の及ぶおそれのあるような場合は格別であるが」本件の場合はそうでなかったから制止は「要件を満たさず具体的権限に基づかない違法な行為であった」と判断した。

これに対し、福岡高判昭和四四年三月一九日刑裁月報一・三・二〇七は、「かかる事態《じたい》に直面した警察官は、直《ただ》ちに司法警察として蛇行進参加者（前記道路交通法の処罰規定をみても、可罰の対象者を蛇行進の指揮者ないし主催者に限定する趣旨であるとは認められない）を現行犯逮捕することに、何ら法律上の障害なく、もとより適法であり、警察法第二条第一項が、予防に並べてすでに発生した犯罪の鎮圧《ちんあつ》をもって警察の責務とした趣旨に適合するのであるが、もし彼我《ひが》の人数、四囲《しい》の状況などからみて集団に対し一挙に現行犯逮捕の措置に出ると却《かえ》って混乱を増大させ、交通逼塞《ひっそく》を免《まぬか》れなくする虞《おそれ》があり、むしろ現に存する違法状態を事実上差し止めることで、ともかくも侵犯《しんぱん》された交通秩序を回復し事態を平穏に帰せしめうるとみた場合は、その裁量《さいりょう》により敢《あえ》て現行犯逮捕という強力な手段に訴えることなく、これより軽度の警察官職務執行法第五条後段に定めている制止程度の即時強制の措置をとり得ることとしても決して法の精神に反することなく、警察法第二条第二項で厳《げん》に戒《いまし》めている権限濫用の場合にもあたらないと思料《しりょう》される。」とした。同旨、東京地判昭和四六年四月一七日刑裁月

報三・四・五二七

(7) 鹿児島地判昭和四六年六月二九日判時六五〇・一〇一は、「警職法第五条にいわゆる『犯罪がまさに行われようとする……とき』とは、通常、ある犯罪が行われんとする場合における当該犯罪の実行に接着した事前の時期、段階を指称《ししょう》し、すでに当該犯罪について、実行の着手《ちゃくしゅ》があり、あるいは既遂《きすい》に達した事情がある場合は、原則として、これに含まれないものと解するのが相当である。すなわち、同条にいわゆる『その行為』とは実質的にみて、まさに犯罪に該当せんとするいわば『前犯罪行為』を意味する。したがって、同条後段は、右の『前犯罪行為』を規制することを目的としたものである。しかし、当該行為が、その態様上、継続・反覆《はんぷく》して行われる場合においては、一方で、すでに犯罪として着手あるいは既遂に達したものが存するとともに、他方では、いまだ犯罪の着手に至らない前示のいわゆる『前犯罪行為』の存在をも考え得るのであるから、その限りにおいて、なお、犯罪の実行に接着した事前の時期・段階の観念を容《い》れる余地《よち》がある。したがって、かかる場合においては、右のような時期・段階をとらえ、これを前示警職法第五条にいわゆる『犯罪がまさに行われようとする……とき』に該当すると解するに妨《さまた》げない。(中略) 本件におけるがごとく、行為の一部が、すでに犯罪として既遂に達する一方、さらに別途、『犯罪がまさに行われようとする……』、すなわち『前犯罪行為』も認められる場合には、右の『前犯罪行為』に基づく危険、虞《おそ》れを抑制・排除するため、警職法第五条に基づく規制行為をなすことも、既遂に達した犯罪行為を理由として行為者を現行犯人として、逮捕し、その身柄拘束の反射的効果として、右の犯罪制圧などの目的を達成することもなし得るのであって、そのいずれを選択するかは、その衡《しょう》に当たる警察官の職務執行上の合目的裁量《ごうもくてきさいりょう》・選択に委《ゆだ》ねられているものと解するのが相当であり、むしろ、犯罪行為ないしこれに基づく危険の抑制・排除を主な目的とする場合においては、警察比例原則の運用上も、人身の自由に対する拘束・制約の程度の少ない警職法第五条の規定に基づく規則によるべきものと考えるのが、一層合理的で、これによるのを排除したうえ、現行犯逮捕の方式にのみより得るとする見解は、採用できないところである。」としている。

（8）　大阪高判昭和四〇年二月二七日高検速報三・七は、「昭和三八年六月八日、大阪地評など主催の政暴法粉砕第三次統一行動に伴う集団示威《じい》行進に参加し、解散後及交差点において、後続部隊学生約六〇〇名がジグザグ行進、渦巻行進を行い、機動隊員がこれを制止した際、制止中の機動隊員及び違法行為の証拠保全に当たっていた警察官に対し石塊数箇を投げつけた」という事実に対して「ところで警察官職務執行法第五条は犯罪がまさに行われようとする場合に所論《しょろん》のような要件の下に制止行為をなし得る旨規定しているものであるが、本件の場合は、これと趣《おもむき》を異《こと》にし、右警察官の実力行使の際には前記条例第五条の『公安委員会が附した条件に従わないものは一年以下の懲役又は五万円以下の罰金に処する』という規定に該当する犯罪行為がすでに成立し、更に継続して侵害行為が繰り返されていたのであるから、警察官は同法とは別に司法警察として現行犯逮捕又はその他の防止手段がとれるはずである。すなわち警察法第二条によれば犯罪の予防と併せて犯罪の鎮圧《ちんあつ》を警察の責務として規定しているのであるが、犯罪の予防については犯罪予防の名の下に徒《いたず》らに実力行使が濫用され、不当に人権が侵害されることを慮《おもんぱか》り、これを防止するため、犯罪予防の手段をとり得る要件やその手段を必要最少限度に止めて、人権を保障しようとする意図から、警察官職務執行法第五条が設《もう》けられているものと解せられる。これに対し、同法は犯罪がすでに行われている場合についての鎮圧手段をとり得る要件やその手段について何ら規定していない。だからといって本件のように犯罪がまさに行われようとする段階をこえてすでに犯罪が発生し、かつ違法状態が継続している場合にこれを鎮圧して公共の安全と秩序を維持する責務を果たすためには刑事訴訟法による強制手段以外にとるべき手段がないであろうか。本件のような場合現行犯逮捕によって犯罪を鎮圧しようとすれば、その混乱を一層大きくし、ひいては多数の者の人権を侵害する事態《じたい》が生じる虞《おそ》れがないとは言えないから、これを避けるためむしろその当時の状況により多数の者の逮捕手段にでることなく、急を要する場合には犯罪予防につき規定された同法第五条にいう制止行為程度の即時強制手段は是認《ぜにん》されてしかるべきものであって、このような場合には所論《しょろん》にいう同条の『人の生命者しくは身体に危険が及び、又は財産に重大な損害を受ける虞《おそれ》がある場合』でなくとも、犯罪行為を制止することができるものと解するを相当とする。」としている。

東京高判判昭和四七年一〇月二〇日集二五・四六一も右と同旨である。「現に犯罪が実行されている段階に至れば、これを阻止《そし》するのは公共の秩序の維持に当たる警察の当然の責務であるし、またこの場合には現行犯として行為者を令状なしに逮捕することすら認められているところからみても、あえてその要件ないし阻止行為の態様を限定するまでのこともないため、別段の規定を設《もう》けなかったものと解されるからである。それゆえ、すでに犯罪が現に実行されている段階においては、警察官としては当該犯罪を鎮圧《ちんあつ》するため必要と認められる限度において、しかも憲法に保障する個人の権利及び自由を不当に侵害し権利の濫用にわたらない限りは、犯人に対し犯罪の実行をやめさせるため強制力を行使することが許され、この場合においては特に警職法第五条後段の要件を必要としないものと解するのが相当である。」としている。

秋田地判昭和五一年四月五日判時八四〇・一二五も全く同様の趣旨で、警職法第五条後段の要件を充足《じゅうそく》するか否かにかかわりなく、その程度の強制措置《そち》が許されるとする。

(9) 大阪高判昭和三四年九月三〇日下刑集一・九・一九二四
(10) 東京高判昭和三四年四月二五日高裁時報一〇・四・二六四
(11) 東京高判昭和三一年三月一八日裁特四・六・一三七
(12) 高松高判昭和三三年一一月一四日判特九・一一・四五五
(13) 熊本地判昭和三九年三月三一日警察官職務執行法関係判例集八〇

(14) 警察官けん銃警棒等使用および取扱い規範（昭和三七年五月一〇日国家公安委員会規則七号）、現「警察官等警棒等使用及び取扱い規範（平成一三年一一月九日国家公安委員会規則第一四号）」は第四条に次のような規定も置いている。

・第四条（警棒等の使用）　警察官は、犯人の逮捕又は逃走の防止、自己又は他人に対する防護、公務執行に対する抵抗の抑止、犯罪の制止その他の職務を遂行するに当たって、その事態《じたい》に応じ、警棒等を有効に使用するよう努めなければならない。

・2　警察官は、次の各号の一に該当する場合においては、警棒等を武器に代わるものとして使用することができる。

一　刑法第三六条（正当防衛）又は同法第三七条（緊急避難《ひなん》）に該当する場合

二　凶悪な罪の犯人を逮捕する際、逮捕状により逮捕する際又は勾引状若しくは勾留状を執行する際、その本人が当該警察官の職務の執行に対して抵抗し、若しくは逃亡しようとする場合又は第三者がその者を逃がそうとして当該警察官に抵抗する場合、これを防ぎ又は逮捕するため他に手段がないと認めるとき。

(15) 福岡高判昭和四〇年三月八日福岡高検速報昭和四〇年九四一

(16) 東京地判昭和四〇年八月九日下刑集七・八・一六〇三

(17) 横浜地判昭和三四年九月三〇日下民集一〇・九・二〇六五

(18) 東京地判昭和四〇年八月九日下刑集七・八・一六〇三

(19) デモ行進規制の例として、

東京高判昭和四五年一一月一一日刑裁月報二・一一・一一五二は、「前記路地奥に待機していた警察官は、デモ隊に許可条件違反の行為があった場合に、これを規制するほか、さらに違法行為を発見したときは、これを制止・検挙すべき任務を帯びていたのであって、その規制方法などにも違法過剰《かじょう》の点は認められないから、本件の規制を含む公務の執行は適法に行われたものであり、したがって、被告人に対し原判示第二の公務執行妨害の罪が成立することは明らかであると言わなければならない。」としている。労働争議については、

東京高判昭和二六年一二月一一日高判時報一・一三・一九〇は、「労働争議に関しては労資双方《そうほう》に対し中立不《ふ》偏《へん》の立場にあらねばならないことはもちろんであるが、これに附随《ふずい》して発生することあるべき不慮《ふりょ》の事態《じたい》に即時対処できるよう万全の準備を整えておくことは警察本来の任務であるから仮方所論《しょろん》の如《ごと》く原判示場所付近に現実に不法事態の発生しないうちに原判示の如く多数の警察職員が動員配置されたからとてこれを目《もく》して警察権発動の正当性の要件を欠くものであると非難するのは当たらない。」としている。

(20) 東京高判昭和三三年七月二八日判特五・九・三七〇は、「これ以上集会を継続させるときは、一般通行人や付近の住民の身体・財産等に危害を及ぼす犯罪の発生する虞《おそれ》があり、これを解散させる緊急の必要があったものと認められるときは、警察官はこれを予防するため、集会の解散を警告し、これに応じない場合には実力をもって解散を強行することが警察官の職務権限に属するものである。」としている。

(21) 福岡高判昭和二七年一〇月二日判特一九・一一九は、当局が、公安条令に違反する無届けデモを、無届けなることを理由に解散しようとした措置《そち》を法令の解釈を誤っているがなお適法であったとして次のように判示している。

「本件集会は本条例第一条の規定する場合に該当するに拘《かかわ》らず、届出をしないで行われたばかりでなく、当時の情況は判示のごとく公共の安寧《あんねい》秩序を乱す危険があったので、警察職員においてその解散を命じたところ、これに応じなかったため、解散が強行されたものであることが原判示挙示の証拠により認められるので、警察職員の右解散の措置が公安維持のためにする職務の執行であることは明白《めいはく》である……およそ警察職員が抽象的職務権限に属する事項に関し、法令の方式に準拠《じゅんきょ》してこれを行うものである限り、その職務執行の原因たるべき具体

的事実を誤認《ごにん》し又は当該事実に対する法規の解釈運用を誤ったものとしても、真実その職務の執行と信じてこれをなしたものであれば、それが著《いちじる》しく常軌《じょうき》を逸《いつ》したものでない限り、一応適法な職務執行行為と解すべきであるから、仮に所論《しょろん》の如《ごと》く該《かかる》集会が無届けであることにより、所定の者が処罰されることは格別、集会そのものを解散せしめることは集会の自由を不当に制限するものと解し得られ、また当時該集会を解散せしめることを必要とするまでの公安を害する緊迫した明確な危険は存しなかったがゆえに該解散の措置《そち》は適法でないとしても、警察職員が無届けを理由に解散を命じ得るものと考え、かつ当時の状況から、公安を害する危険ありと判断して該集会の解散を命じ、これに応じないため解散を強行したものである以上、該解散の措置はその職務権限に属する職務の執行というに妨《さまた》げはないから、本件の集会を解散せしめた措置が適法な公務の執行であることを否定すべき理由は存しない。」

　似たような判断をしたものとして、東京地判昭和三三年五月六日判時一四八・六がある。

(22)　福岡高判昭和四五年一〇月三〇日刑裁月報二・一〇・一〇六八は、「その実力排除は渦巻状態の学生を売店側に圧迫して、その輪を圧縮するとともに運動を停止させたうえ、自発的に退去しない者を引っ張り出し、又は押し出して、これを順送《じゅんおく》りに集札口に向かわせたものである。」と認定し、これを容認している。

(23)　福岡高判昭和二八年一〇月一四日集六・一〇・一三六六は、「現に暴行が為されて居《お》り之《これ》をそのまま放置するときは勢いの趨《おもむ》くところ一般来客（主として占領軍兵士）の少なくとも身体に対し危険を及ぼす事故が発生するかも知れない急迫《きゅうはく》の状態に立ち至っていたことが明らかであるから、警察官が斯様《かよう》な状態に在る本件ピケッティングに対し実力による解散の措置を講じ所論の様にスクラムを引きはなしピケットラインを崩す等の行動を執《と》ることは前説示《せつじ》の実力による虞《おそれ》危険行為の排除としてまさに警察官等職務執行法第五条後段に該当する適法行為と言うべく、従って本件における警察官のピケット解散の措置《そち》を合法的なものと判断した原判決には所論《しょろん》の様な右法条の法意を誤解した違法はない。」としている。この原判決、福岡地判昭和二八年五月二一日は、ピケが、どういう場合に違法となるかに論及《ろんきゅう》して「正当な争議行為に基くピケッティングであってもその方法によってはピケッティング自体が違法となる場合もあると解する。

本件においてもピケを張ることにより一般来客の立入を阻止《そし》し、よって会社の営業を妨害することは争議手段として許さるべき行為であるとしても、これにより直接第三者の権利を侵害してはならない。即《すなわ》ちピケをはること自体により又は説得等の方法により立入を断念させ、よって会社の営業を妨害するは格別、それにも拘《かかわ》らず強《し》いて中に入らんとする第三者たる来客等に対し、暴行脅迫を加えてこれを阻止するが如《ごと》きことは許されない。従って本来正当なるピケッティングもかかる事態《じたい》に立至ればその正当性は失われ違法行為となるものと解する。」としている。これによって本件のピケ排除は適法とされたのである。

ピケ排除に関する裁判例としては、右の外にもいろいろあるが、

福岡高判昭和三〇年五月一六日裁特二・一一・五二〇（肥料出荷を妨害する違法なピケ隊員の排除）

仙台高判昭和三八年一〇月一一日仙台高検速報昭和三八年二二号（測量隊の公道通過を実力で阻止しようとしたピケ隊の排除）をあげておこう。

(24) 名古屋高金沢支判昭和三九年二月一一日下刑集大・一・一二

(25) 福井地判昭和三七年一二月二一日下刑集四・一一＝一二・一一四九。これは、注（24）の第一審である。

(26) 東京高判昭和三七年一〇月一三日労働関係刑事判決集八・三八八は、「警察官が指揮官の統率《とうそつ》の下に部隊として行動しておる場合において警職法第五条・第六条発動の要件が具備《ぐび》したか否かの状況判断は、指揮官において、自《みずか》ら収集した情報に基づきあるいは自ら観察した所に基づきこれを決すべきものであって、隊員が各自にこれをする必要はなく、またこれをなすべきものでもないと解する。それゆえ、各隊員としては指揮官の命により与

えられた自己の職務を遂行すれば足り、自《みずか》ら警職法発動の要件たる事態《じたい》を認識しなかったからといってその職務の執行が適法な公務執行にあらずと謂《い》うことはできない。」としている。

(27)　東京地判昭和三九年六月二日下民集一五・六・一四三八は、「等しく警察官であってもその地位に応じて職務を執行するに当たって課せられる注意義務の内容・程度に差異《さい》があるのは当然であって、機動隊員各自が指揮官と全く同一内容の程度の注意義務を課せられるわけではない。すなわち機動隊長は与えられた命令の範囲内で部隊の指揮官として部隊の排除活動の進め方、その方法について裁量《さいりょう》権を持ち、部隊活動全隊について指揮監督の権限とそれに対応した注意義務とがあり、部隊行動に当たっては担当地域の情勢を常に大局的見地《たいきょくてきけんち》から把握《はあく》し、部隊の行動に適切な指揮命令を与えなければならない職責を担《にな》っているのに対し、個々《ここ》の中隊員は隊長の命令の下に行動するもので、特別の任務に服している場合を除けば行動について裁量権を生じる余地《よち》はほとんどない。現に本件の場合にも隊員は、隊長に与えられた命令の内容（とくに、排除の方向など）を正確には知らず、また知るべき義務も要求されていない。したがって隊員個々が正門前に限らず国会周辺のデモ隊を悉《ことごと》く排除すべき命令が下ったものと誤認《ごにん》したとしても、強《あなが》ちこれを非難することはできず、……隊長に要求されたと同一の高度な注意義務までは要求できないものと解するのが妥当《だとう》であり、そうであればこのような誤認の下に排除活動に従事したこと自体を過失として非難することは失当《しっとう》である。」としている。

第六章　立　入

第一節　立入のできる場合

一　立入と要件

一　前章で、母親を殴《なぐ》る息子の行為を制止するため、その家に土足で跳《と》び込んだ巡査の例をあげた（五章三節一の三）。

警察官が人を助けようとして活動する場合、その舞台は常に街頭《がいとう》や公園や野原であるとは限らない。それは、私人の住居であることもある。学校や役場等の公務所内であることもある。また、会社やホテル、麻雀屋《まーじゃんや》、料理屋、スーパーマーケット、汽車、電車、バス、飛行機、船の中であるかも知れない。

およそ、人が存在する所はどこでも、警察官の助けを求める事態が発生する可能性をもっている。そして、その際、警察官はどこへでも、必要に応じて入って行くことができなければならない。

二　昔、警察官と空気はどこへでも入っていける、と言われた時代があった。戦前の警察官職務執行法に当たる行政執行法の第二条[(1)]が、夜間の立入権を、危害切迫《せっぱく》と売春等の現行ある場合に制限する旨《むね》規定するにとどまり、昼間《ちゅうかん》の立入については言及《げんきゅう》しなかった。

今でこそ、法に規定がない場合は警察官に権限がないということが徹底しているが、当時は、制限されていないから、警察官の自由だと考えられ、そこで、警察官と空気の発想が生まれた。[(2)]

現行憲法の下において、かような発想が許されないことは、言わずして明らかである。[(3)]

三　もとより、居住者等、土地・建物又は船車の管理者がＯＫをすれば、当然その中に入っていくことはできる。その意に反するとき、なおかつ、生命等に対する危害切迫を理由として立ち入るには、厳格な法の要件に基づかなければならない。

場所を、公開の場所と、非公開の場所に分けてみると、とくに、非公開の場所について法の要件は厳しくあらねばならない。

警察官職務執行法第六条は、かような観点から、厳しい規定をおき、とくに、非公開の場所と、公開の場所とを分け、各々、その立入のできる場合を明らかにした。

二　非公開場所（住居等）への立入

一　第六条第一項　二　立入の目的
三　立入の対象となる場所　四　危害の切迫《せっぱく》
五　要件のまとめ　六　理由告知《こくち》と証票呈示《しょうひょうていじ》

一　人の住居に代表されるように非公開を原則としている場所に立ち入るには、よほどの理由がある場合でなければならない。

警察官職務執行法第六条第一項は、これを次のように表現している。

・第六条（立入）　警察官は、前二条に規定する危険な事態が発生し、人の生命、身体又は財産に対し危害が切迫《せっぱく》した場合において、その危害を予防し、損害の拡大を防ぎ、又は被害者を救助するため、已《や》むを得ないと認めるときは、合理的に必要と判断される限度において他人の土地、建物又は船車の中に立ち入ることができる。

二　警察官が、立入をしたい場所は、「他人の土地、建物又は船車」である。他人の管理する一切《いっさい》の場所である。もちろん公開されている場合は別である。

他人の建物でも、県の文化財になって一般に公開されている場合は、ここにいう他人の建物ではない。ここでは、他人が管理していて一般には公開されていない場合に、警察官が立ち入るには、どのような場合でなければならないかを問題にする。

田んぼや畑は他人の土地である。あぜ道も他人の土地である。散歩《さんぽ》に行って田のあぜ道をわたり歩いている。あれは、どうだ、と言われれば、それくらいの立入は、所有者らにおいて、あらかじめ、黙示《もくじ》の承認がある。少なくも、異議をとなえないことが確かであると考えられる。だから許されるのであるが、土地収用《しゅうよう》を前提《ぜんてい》とする測量のため役人が立ち入ろうとする。所有者は、土地を収用されるのをきらって、その測量のため立ち入ることを承知しない。いつもは、だれでも、ちょっと通って写真をとるくらいのことは許されたかも知れない場所に、バリケードを築《きず》き、陥《おと》し穴を掘り、糞尿《ふんにょう》を満たした肥担桶《こえたご》を並べ、わら束《たば》を用意して立ち入ろうとする者に投げかける準備をしている、ということになると、これは、もはや、穏《おだ》やかではない。立ち入る方もそれ相応の覚悟をもっていかなければならない。

覚悟というのは、糞尿をかけられた場合にすぐ拭《ふ》きとるために何かを用意するということではなく、強制的に立ち入る、そのための法律上の要件を踏まえて遺漏《いろう》のないようにしていく、ということである。

三 まず頭におかなければならない要件は何かというと、それは立入目的が第六条第一項所定のものであるかどうかである。目的がもし、それ以外であると、もはや、第六条第一項によって、強制的に立ち入ることはできない。それは、たとえば、犯罪捜査を目的としていくのではない。それは、「危害を予防し、損害の拡大を防ぎ、又は被害者を救助するため」に行くのだ。「人の生命、身体又は財産に対し危害が切迫《せっぱく》」しているから、その「危害を予防」する。すでに危害が及んでしまっている場合は、その「拡大を防ぐ」。危害が人の身体に及んでいる場合はその「被害者を救助する」。そういう使命を帯びて現場に立ち入るのである。

四 では、人の生命・身体又は財産に対し「危害が切迫」するのは、どういう場合であるか、というと、一つは、火事や地震や暴動等の場合である。それは、第四条に例示されてあるもろもろの「危険な事態がある場合」である。そして、その二は、犯罪がまさに行われようとするときである。第五条によって警告制止を必要とする場合である。

同じ犯罪であっても、人の生命・身体・財産に直接危害が及ばないものがある。たとえば、わいせつ・賭博《とばく》・名誉毀損《めいよきそん》・秘密漏示《ろうじ》・文書偽造等の罪である。これらの犯罪がまさに行われようとするのを現認するのは難しいし、まして、危険が切迫《せっぱく》した場合をつかまえることはでき難《がた》い。そこで、この種の罪については、現行犯逮捕はあり得ても、第六条の立入ができる要件の充足《じゅうそく》は、まず難しい、と考えておく方が無難《ぶなん》である。

五　以上、第四条・第五条の規定している危険な事態が発生し、人の生命・身体又は財産に危害が切迫した場合に、管理者等の意に反して、人の住居等、本来公開されていない場所に立ち入ることが許される。

その立入目的は、危害を予防し、損害の拡大を防ぎ、又は被害者を救助するためである。犯罪捜査等他の目的で立ち入ることはできない。

すなわち、この三つのうち、どれか一つが目的とされる場合は、立入が許される。そして、立入の際に、その目的がしっかりしておれば、現実に、立ち入ってから、その目的を達成できなくても責められることはない。(4)

しかし立入をはじめ、警察活動に行き過ぎがあってはならない。立入は、それ以外に方法がない、「已《や》むを得ないと認めるとき」でなければならない。それも、客観的にそうでなければならない。

さらに、その立入は、「合理的に必要と判断される限度において」なされる必要がある。戸をあけて入ればすむのに戸を蹴破《けやぶ》って入るのはいけない。

第六条は、第三項にわざわざ「警察官は、前二条の規定による立入に際しては、みだりに関係者の正当な業務を妨害してはならない」という注意書をおいている。

「みだりに」というのは、「ゆえなく」「正当な理由なく」というのと同じで、要するに社会通念《つうねん》に照らして正当であるかどうかを、言い表したものである。

社会通念に照らして正当でない、たとえば必要以上に相手の業務を妨害したりすることは、職務執行として適法でなくなることを注意しているのである。

では、警察官の職権濫用《らんよう》をおそれる各種の言いまわしを除いて、非公開場所としての「他人の土地、建物又は船車」の中に立ち入ることができる場合は、何かというと一定の危険事態がおきて、人の生命・身体・財産に対する危害が切迫《せっぱく》した場合であり、警察官において、危害予防・被害拡大防止・被害者救護の必要を認める場合である。

六　立入に当たって、管理者又はこれに準ずる者から要求された場合には立入の理由を告げなければならない。また、警察官であることを証明する証票《しょうひょう》（警察手帳で代表される）を呈示《ていじ》することとされている。

理由として必要なことは、危険な事態が発生し、危害が切迫している、ということである。

三　公開場所への立入

一　第六条第二項をおいた理由　二　公開場所とは
三　警察官の要求を受けた管理者らの受忍《じゅにん》義務
四　他の行政取締法規との関係

一　一般に公開されている場所であれば、そこに警察官が入れることは、言うまでもない。それは警察法第二条以外にとくに法の根拠《こんきょ》を必要としない。

ところが、第六条第二項は、公開場所に警察官が立ち入る場合について規定をおいている。その理由は、公開といっても、管理者又はこれに準ずる者に裁量《さいりょう》権があれば、Aは入れてやるがBはいやだ。一般はいいが、警察官はいやだという場合があるかも知れない。それを封《ふう》ずるためである。すなわち、一般人が出入する以上、そこにいかなるトラブルが発生するかも知れない。犯罪の予防又は危害予防を責務とする警察官が、そこへ入れるようにしておかないと、不測の事態に困ることがでてくる。そういう配慮によるのである。条文は次のように書かれている。

・第六条（立入）2　興行場《こうぎょうじょう》、旅館、料理屋、駅その他多数の客の来集《らいしゅう》する場所の管理者又はこれに準ずる者は、その公開時間中において、警察官が犯罪の予防又は人の生命、身体若しくは財産に対する危害予防のため、その場所に立ち入ることを要求した場合においては、正当の理由なくして、これを拒《こば》むことができない。

二「興行場、旅館、料理屋、駅その他多数の客の来集する場所」というのは、公衆が自由に出入りできる場所のことである。料金をとるかとらないかを問わない。

「興行場《こうぎょうじょう》、旅館、料理屋、駅」は、公衆が自由に出入りできる場所の例示であって、これにつきるわけではない。公開の演説会場、汽車・電車等の乗り物、動物園・遊園地・遊技場・デパートその他の店先等は、いずれも公衆が自由に出入りできる場所である。(5)

多数の者が出入りしても、特定の者に限定して主催される研究会や懇親会《こんしんかい》は公開の場所ではない。そういう場所に立ち入るには、第六条第一項の要件を充足《じゅうそく》しなければならない。ホテルや旅館の客室も公開の場所ではない。それは、特定の人が金を払って占領《せんりょう》したプライベートな室である。

会社や駅の事務室も公開の場所ではない。

公開の場所も時間によっては非公開の場所になる点に注意しなければならない。第六条第二項は、「その公開時間中において」と書いている。

三　さて、公衆が自由に出入りできる場所の「管理者又はこれに準ずる者」は、警察官が「その場所に立ち入ることを要求した場合においては、」「正当の理由なくして、これを拒《こば》むことができない。」

一般人の中のある者についてはお断《ことわ》りする。たとえば、公衆浴場は公衆が自由に出入りできる場所であるが、入れ墨《ずみ》をした人はお断りします、と看板《かんばん》に書き、実際にこれを断ることは「管理者又はこれに準ずる者」すなわち浴場主や番台《ばんだい》にとって自由である。

しかし、警察官はお断《ことわ》りします、とは言わせない、というのが、第六条第二項後段の趣旨である。警察官を断るには「正当の理由」がなければならない。

そして、ここでいう「正当の理由」とは、警察官の立入目的として決められている「犯罪の予防又は人の生命、身体若しくは財産に対する危害予防」の事由があるか、ないか、ということではない。

お巡《まわ》りさんなんか必要ない。お巡りさんに入ってもらわなければ困るようなことはありません。というのは「正当の理由」にはならない。その判断をするのは警察官だからである。その代り、警察官は、立入に際して、みだりに関係者の正当な業務を妨害したりしない（六条三項）。

では、ここでいう「正当の理由」があって、警察官が締め出しを食らうのは、どういう場合であろうか。つきつめてみると、それは、その場所が公開されているものでないこと、又は、公開時間が過ぎてしまったこと等、非公開であることを理由にする場合であると解せられる。

公開の場所であれば、たとえば制服を脱《ぬ》いで、一般人をよそおってくれれば、悠々《ゆうゆう》と入れる性質のものだからである。

それがもし、非公開の場所だということになれば、管理者又はこれに準ずる者の承諾があれば格別、そうでない場合は、改めて第六条第一項の要件が必要になる。要件が充足《じゅうそく》されていないぞ、ということは、立派に拒否できる理由である。管理者又はこれに準ずる者は、この場合も立入の理由を聞き、また、警察官であることを証明する証票《しょうひょう》の呈示《ていじ》を求めることができる（六条四項）。

四　立入は第六条に根拠《こんきょ》をおくときばかりとは限らない。他の行政取締法規、たとえば、風俗営業等の規制及び業務の適正化等に関する法律（昭和二三年法律一二二号）第三七条二項は、善良な風俗を保持するために、特定の営業所への立入の権限を警察官に与えている。

そして、その立入を拒《こば》んだり、妨《さまた》げたり、忌避《きひ》したりする者に対しては罰金を科することとし、間接に立入を受忍《じゅにん》させるようくふうしてある（同法四九条六項六号）。

罰金を取るぞ、と言っても、どうぞ取って下さい、と、ふてくさる者に対しては、本当に罰金を取る、というほかに、直接、強制的に立入を実現するわけにはいかないのであるから、これも、第六条第二項の権限と同様、任意手段による職務権限である。

他の行政取締法規、たとえば、火薬類取締法第四三条・第六一条。消防法第四条・第四四条等も全く同じである。

では、これと、第六条第二項とはどういう関係になるか、というと、それは、一般法と特別法の関係になる。

特別法たる各種行政取締法規に規定する立入の要件をまず考えて行動することが必要である。

そして、一般法としての第六条第二項は、二次的・補充的に用いることになる。(6)

（1）行政執行法（明治三三年六月法律八四号）の第二条は、「当該行政官庁ハ日出前、日没後ニ於《おい》テハ生命身体又ハ財産ニ対シ危害切迫《せっぱく》セリト認ムルトキ又ハ博奕《ばくち》、売淫《ばいいん》ノ現行アリト認ムルトキニ非《あら》サレハ現居住者ノ意ニ反シテ邸宅ニ入ルコトヲ得ス　但《ただ》シ旅店、割烹店《かっぽうてん》其《そ》ノ他夜間ト雖《いえども》衆人ノ出入スル場所ニ於テ其ノ公開時間内ハ此ノ限《かぎり》ニ在ラス」と規定していた。

（2）出射義夫「警察官職務権限要綱」二一五頁は、「従来行政執行法は昼間《ちゅうかん》における立入に就《つい》ては規定するところがなかった。従《したが》って昼間における立入に就ては自由になし得《う》ると言う説と、規定を欠いている以上条理と慣習によって警察上必要と認められる限度においてこれを認むべきものであるという説があった」としている。できないという説はなかった。

（3）現行憲法第三五条は「何人《なんぴと》も、その住居、書類及び所持品について、侵入・捜索及び押収《おうしゅう》を受けることのない権利は、第三三条の場合を除いては、正当な理由に基《もと》いて発せられ、且《か》つ捜索する場所及び押収する物を明示する令状がなければ、侵《おか》されない。」と規定している。しかし、これは、司法警察に関するものであり、行政目的によるものについては直接の適用がないとするのが、通説及び判例の立場である。

宮沢俊義「日本国憲法」（法律学大系コメンタール篇1）二〇七頁は、「本条（三五条）は、もっぱら刑事手続に関するものであり、行政手続には直接の適用はないと見るべきである。本条は、したがって、各種の行政目的のためになされる臨検《りんけん》・検査等（労基法一〇一条、所得税法六三条、食品衛生法一七条、生活保護法二八条等）には、適用がない。しかし、しばしば述べられたように、それぞれの性質に応じて、本条が準用されるべきは当然である。」とする。

判例では所得税法第六三条・第七〇条第一〇号に規定する検査に関し、

最判昭和四七年一一月二二日集二六・九・五五四は、まず、右検査が「もっぱら、所得税の公平確実な賦課《ふか》徴収《ちょうしゅう》のために必要な資料を収集することを目的とする手続であって、その性質上、刑事責任の追及を目的とする手続ではない」ことを確認したうえ「憲法第三五条第一項の規定は、本来、主として刑事責任追及の手続における強制について、それが司法権による事前の抑制の下におかれるべきことを保障した趣旨であるが、当該手続が刑事責任追及を目的とするものでないとの理由のみで、その手続における一切《いっさい》の強制が当然に右規定による保障の枠外にあると判断することは相当ではない。しかしながら、前に述べた諸点を総合して判断すれば、旧所得税法第七〇条第一〇号・第六三条に規定する検査は、あらかじめ裁判官の発する令状によることをその一般的要件としないからといって、これを憲法第三五条の法意に反するものとすることはできず、前記規定を違憲であるとする所論《しょろん》は、理由がない。」とした。

（4）宮崎清文「警察官のための行政法」二七五頁は、『危害を予防し、損害の拡大を防ぎ、被害者を救助するため』に行われるものであるから、立ち入った後において、右のような行為が有効適切に行い得ないような場合は、いかに第四条又は第五条の規定する事態に該当しても立ち入ることは認められない。」とするが、一方、

宍戸基男「注解警察官職務執行法」一四七頁は、この見解を否定し「この危害予防等は、立入の目的を限定したもので、その効果を規定したものではないから」……（右のように）……「解するのは妥当《だとう》でない。被害者を救助するために他人の家に飛び込んでいっても、やや時機《じき》を失《しっ》したり、人数が不足したため救助行為を有効適切に行い得ない場合はあり得《う》るが、その場合の立入は適法・妥当なものである。」としている。

（5）宍戸基男「注解警察官職務執行法」一五三頁〜一五四頁

（6）同右書一五四頁は、「行政法令によって定められた立入と本条による立入とは競合《きょうごう》するが、本条の規定が一般的な犯罪予防・危害予防を目的とするのに対し、各種の法令による立入の規定はその法令によって達成しようとする行政規制の監督手段として定められたもので、本条に対し特別法たる立場に立つので、それらの法令の規定が優先的に適用される。」としている。

第二節　立入の実際

一　大学構内への立入

一　学問の自由と警察権　二　大学自治の枠外の集会　三　大学構成の公道

一　警察官の立入がしばしば問題になったのが大学構内での集会や催物《もよおしもの》である。

大学は、学術の中心として、広く知識を授《さず》けるとともに、深く専門の学芸を教授研究するために設《もう》けられている（学校教育法五二条）。それは、憲法第二三条によって、学問的研究の自由と、その研究結果を発表する自由を保障されている。(1)

もとより、一般人といえども、公共の福祉に反しない限り学問の自由を享受《きょうじゅ》するものである。大学は、とくに学問研究の中心として、一般の場合よりも厚く保護されるのである。

それは、大学の自治によって支えられる。大学は、教授や研究者を、国家の介入《かいにゅう》なしに選ぶこ

とができなければならない。また、その施設や学生の管理についても、ある程度の自治がなければならない。(2)

しかし、大学は治外法権《ちがいほうけん》ではない。外国の大使館のように、接受国《せつじゅこく》の官憲《かんけん》が一切《いっさい》立ち入ることを許さないのと違う。大学もまた、警察権の及び得《う》る範囲にある。

ただ、警察の警備活動の耐えざる監視下におかれるようでは、学問活動及び教育活動が、十全《じゅうぜん》の機能を果たし得ない、ということも、また理解し得ないことではない。

ここに、公安維持と学問の自由との調和の問題を生ずるのである。それは、学問研究及び研究発表の自由を最大限に尊重するとともに、学問研究ないし研究発表とは関係のない活動と、それによる治安の乱れをチェックする、そのための働きを確保するということにほかならない。

二　学内集会であっても、それが、学問研究に直接関係ない実社会の政治的社会的活動に当たる行為をする場合は、大学の有する特別の学問の自由と自治は享有《きょうゆう》しない。(3) 一般の場合と同様に考えればいい、ということになる。

たとえば、大学内で演劇の公演と資金カンパをするということであれば、それは、どこかの公会堂でするのと同じに考えていいわけである。

しかも、入場料をとって、だれでも入れるということであれば、まさに、第六条にいう「多数の客の来集《らいしゅう》する場所」である。警察官は、犯罪の予防又は人の生命・身体若しくは財産に対する危害予防のためであれば、その場所に立ち入ることができるのは言うまでもない。

三　大学構内への立入は、大学当局の要請をまってするのが普通であるが、直ちに立ち入っても差支えない場所がある。

それは、大学病院があったりして、一般人が自由に出入り通行している場所である。

O大学の敷地内にある道路に警察官が立ち入ったというので問題になったことがある。しかし、その道路は、大学ができる以前から、付近の住民や一般市民が自由に通行していた。ただ、その管理権が、O大学に移されていた、というだけのことである。

警察官が、ここに、第五条ないし第六条の要件を満たして立ち入ったとしても、大学の自治を侵《おか》す憲法違反の所業《しょぎょう》であると決めつけられる必要はない。

すなわち、ある場所に立ち入ることが許されるかどうかを判断するには、その場所が大学の管理地であるかどうかを考えれば済むのではなく、その日ごろの利用状況や研究施設の配置状況等を考えて、警察官の立入により、一般的に学問の自由に対する脅威《きょうい》を惹起《じゃっき》する場所であるかが検討される。

そして、なるほど大学の管理下にはあるけれども、大学の研究、教育施設の敷地とは、側溝《そっこう》・ブロック積・生垣《いけがき》等で截然《せつぜん》と区画された公道に準ずる性格を有する場所に警察官が立ち入ったのは正当であるとされるのである。(4)

二　乗物内への立入と停止権

一　陸上の乗物　二　海上の乗物

一　バスや電車に必要があって立入をしたいときは、これを止めなければならない。第六条の立入には、停車や停船の権限は含まれるのであろうか。

これについては、異論もないわけではないが、立入の前提《ぜんてい》として、動いているものは、まず止めなければならない、という常識に従《したが》ってよい、とされる。

急迫の場合において、「船車」に対する立入権を認める以上、その前提《ぜんてい》となる停車権・停船権をも認めているものと解さなければ、結局その目的を達成することができず、第六条の趣旨に合わないからである。(5)

二　海上における船舶の停止及び立入は、海上保安官と競合《きょうごう》するが、権限を行使できることに変《かわ》りはない。都道府県の地先水面《じさきすいめん》は、都道府県警察の管轄区域だからである。

三　通過するための立入

一　立入先への道がない場合　二　隣地等通行権

一　立入先について第六条の要件を充足《じゅうそく》しているが、道路が遮断《しゃだん》されたため、その回りの他人の土地を通らなければならないことがある。その通り抜けの対象となった土地についてみると、別に危害が切迫《せっぱく》しているわけでもなく、第六条の要件に全く当てはまらない。と、なると、目指す他人の土地・建物又は船車の中に立ち入るため、別の他人の土地建物等を通行のため立ち入らなければならないという場合は、その通過地の所有者の人権を尊重するために、職務執行を断念《だんねん》しなければならないか、というと、それは、あまりにも常識的でないことがわかるであろう。

二　ある他人の土地・建物又は船車の中に危害が切迫《せっぱく》した状態があれば、その危害に対処し、被害者ある場合は、その救出を図《はか》るために、是《ぜ》が非《ひ》でもそこへ警察官は駆《か》けつけなければならない。

そして、道路の遮断《しゃだん》等の理由により、やむを得ず別の他人の土地や建物を踏み通ることがあっても、それは許されなければならない。

すなわち、第六条の立入権には、船車の停止権と並んで、他の土地等の通行権も含まれるのである。それは、他に手段がないときに認められる。(6)

四　公開場所の立入要求を拒否された場合

一　立入を断念すべき場合　　二　説得のうえ最終的には立入できる場合

一

強制的に立ち入るのでなければ、危害が切迫しているかどうかを考慮する必要はない。抽象的な危険性があるだけで立入を考えることができる。

すなわち、人の生命・身体又は財産に対して危害が及びそうだとか、犯罪が発生しそうだとかいう、可能性が認められる場合であればよい。

もともと、こういう場所は、警察官は、警察法第二条によって、自由に立ち入ることができることは別に述べた（一章二節二）。

そこへプラスして、第六条第二項がおかれた意味もさきに述べた（本章一節三の一）。すなわち、一般人ならば立入が許される所へ、警察官も立入が許される。また、一般人の中のある者は立入を拒否することがあっても、公開が原則である限り、警察官だけを目の敵《かたき》にすることは許されない。

しかし、管理者又はこれに準ずる者にしてみると、どうしても立入を拒否したい場合があるはずである。第六条第二項は、それを「正当の理由」がある場合として取り上げている。

管理者又はこれに準ずる者にしてみると、絶対に立入を拒《こば》みたい場合がある。それは非公開の場合である。

公開の場合はどうであろうか、一般に公開している以上、警察官だけを入れさせない、というのは理由にならない。犯罪がおきたり、危害が及んだりすることはありませんから、というのも理由にならない。

なぜなら、その判断は、警察官がするものだからである。

二　こうしてみると、第六条第二項にいう「正当の理由」がある場合は、極めて限られた場合、第六条第一項の要件を必要とするような場合に限られてくることが理解される。すなわち、公開でさえあれば、警察官は、制服を脱《ぬ》ぎさえすれば、いつでも必ず入れるからである。

管理者又はこれに準ずる者は、公開の場所であるが、公開時間が過ぎたとか、都合により特定の者の会に限ることになった、とか、言うことにより、第六条第一項の要件を充足《じゅうそく》するまで立入を拒否するということはあり得《う》るわけである。

すなわち、第六条第二項にいう「正当の理由」として、管理者又はこれに準ずる者が主張できるのは、その場所又は時間に公開性がないことである。

入場料を取るというのは、公開性のあることになる。入場料を支払わない者には閉鎖されている、というのは、ここにいう公開性とは意味が違う。不特定多数の者が、その意思により立ち入ることができる。入場料を支払うかどうかの判断をすることによって、だれでも自由に入れる、というのが、公開されているということになるのである。

したがって、立入を要求した警察官に、入場料を払ってくれ、というのは、正当の理由にならない。

こうして見てくると、警察官が回れ右をして、次の要件（六条一項）の熟するのを待たなければならないのは、その場所又は、その時間が公開でないと抗弁されたときだけである。

それ以外の事で拒否されても、それは正当の理由を欠き、拒否にならない。

それでは踏み通るぞ、ということができるかについては問題がある。

第六条第二項の立入は、任意手段による職務執行であって、第六条第一項の場合とは違う。なるほど「正当の理由」がない場合はこれを拒《こば》むことができないというのであるから、相手の拒否行為は意味をなさない。ないも同然、と考えられないことはない。

ここで、職務質問に当たって、相手になることを拒否する場合にどうするのが正しかったかを思いおこしてみる必要がある。行こうとする相手に停止や同行を求めるときに、どうしなければならなかったか。

それは説得である。説得の技術である。健全な社会常識は、公開の場所から、警察官を締め出すことは正しくない、というであろう。警察官は、説得によって、相手に、この健全な社会常識を思い出させる必要がある。

しかし、どうしてみてもだめだった場合。その場合は、それでは入るぞ、と言うことができなければならない。それは、一たん、回れ右をして、制服を脱《ぬ》いできたときのことを考えれば納得《なっとく》のいくところである。(7)

(1) 憲法第二三条は「学問の自由は、これを保障する」と規定している。宮沢俊義「日本国憲法」二五五頁によると『学問の自由』とは、学問的活動の自由を意味する。①それは、まず研究の自由ないし学説の発表の自由を意味する。この点では、思想及び良心の自由（一九条）の一部ともいえる。②それは、さらに研究の結果ないし学説の発表の自由を意味する。この点では表現の自由（二一条）の一部ともいえる。」

(2)　東京地判昭和二九年五月一一日裁判所時報一六〇・九二は、「学問の自由を確保し、学問と教育の実をあげるためには、……大学の自治が尊重せられ、学問の秩序が乱される恐れのある場合でも、それが学生、教員の学問活動及び教育活動の核心に関連を有するものである限り、大学内の秩序の維持は、緊急やむを得ない場合を除いて、第一次的には大学学長の責任において、その管理の下に処理され、その自律的措置に任《まか》せられなければならない。そして、もしも大学当局の能力において処理し、措置することが困難ないし不可能な場合には、大学当局の要請により、警察当局が出動しなければならないと認むべきである。」とする。

(3)　最判昭和三八年五月二二日集一七・四・三七〇は、「大学の学問の自由と自治は、大学が学術の中心として深く真理を探求《たんきゅう》し、専門の学芸を教授研究することを本質とすることに基づくから、直接には教授その他の研究者の研究、その結果の発表、研究結果の教授の自由とこれらを保障するための自治とを意味すると解される。……中略……大学における学生の集会も、右の範囲において自由と自治を認められるものであって、大学の公認した学内団体であるとか、大学の許可した学内集会であるとかいうことのみによって、特別な自由と自治を享《きょう》有《ゆう》するものではない。学生の集会が真に学問的な研究又はその結果の発表のためのものでなく、実社会の政治的、社会的活動に当たる行為をする場合には、大学の有する特別の学問の自由と自治は享有しないといわなければならない。また、その集会が学生のみのものでなく、とくに一般の公衆の入場を許す場合には、むしろ公開の集会とみなさるべきであり、少なくともこれに準じるものというべきである。」としている。

(4)　岡山地判昭和五〇年三月二八日判時七八八・一一六は、「憲法第二三条により保障される学問の自由を確保するため認められた大学の自治の効果として、警察官は、一般犯罪捜査活動たると警備情報活動たるとを問わず、緊急やむを得ない場合、大学当局の要請ある場合及び司法令状に基づく場合を除いては、いわゆる大学構内でその職権を行使することは許されないものと解されるけれども、具体的に特定の場所への立入行為の許否を判断するに当たっては、当該場所が大学の管理地であるか否《いな》かのみでなく、その日ごろの利用状況、付近における研究施設の配置状況等をも勘酌《かんしゃく》して、警察官の立入により一般的に学問の自由に対する脅威《きょうい》を惹起《じゃっき》する場所であるか否かを検討しなければならない。……以上検討したところによれば、南北道路は大学の管理下にあるけれども、大学の研究・教育施設の敷地とは側溝《そっこう》・ブロック積・生垣《いけがき》等で截然《せつぜん》と区画された公道に準ずる性格をも有するものであるから、同道路への警察官の立入、権限行使は純然たる研究・教育施設及びその囲繞《いじょう》地内《ちない》における場合と同列に論ずることはできず、しかも前認定のとおり戊巡査らの警察官が立ち入り、権限を行使したのは南北道路上の東西道路との交差点から約一〇メートル以内の場所であるから、後記のとおり警察官の職務の正当性にかんがみれば、右場所における警察官の立入、権限行使が学問の自由、大学の自治に対する侵害であり脅威であるとは到底認められない。……。」

(5) 宍戸基男「注解警察官職務執行法」一五〇頁〜一五一頁は、「本条第一項による立入権には、停車権・停船権を含むものと解する。これについては若干《じゃっかん》の異説もあるが、停車又は停船は、立入を実現するための手段である。急迫の場合において、船車に対する立入権を認める以上、その前提《ぜんてい》となる停車権・停船権をも認めているものと解さなければ、結局その目的を達することはできず、本条の趣旨に合わない。」としている。

(6) 宍戸「同右書」五一頁は、「この立入権には、通行権も含まれる。」

(7) 判例は見当たらないが、学説では、これを認めるものとしては、

田上穣治「警察法」一四二頁は、「管理者が正当な理由なく立入を拒《こば》んだときは、警察官は実力を行使して立ち入ることができる。」とする。

田中八郎ほか「条解警察官等職務執行法」八一頁は、「正当な理由がないのに拒絶した場合には、警察官等は即時強制として立入ができ、この場合暴行又は脅迫をもって拒んだときは、公務執行妨害罪の成立することは第一項と同じである。」としている。

これに対して、

宍戸基男「注解警察官職務執行法」の一五六頁は、「本項は、その立入の性質上即時強制としての要件を欠き、強制立入の必要は認められない場合であり、また法文上も強制を認めると解するにはむりがある。やはり、任意手段の範囲内での要求とそれに対する相手方の応諾《おうだく》義務を規定したものと解すべきである（罰則の担保《たんぽ》がないからという理由で即時強制とし、また、説得に応じなければ即時強制できるとするのは、根拠《こんきょ》が薄い。強制的に立入できるとするには、それに合致《がっち》する要件を定めた明文の根拠が必要である。）。……（立入拒否が暴行・脅迫にわたれば公務執行妨害罪となり、また、軽犯罪法第一条第二八号・第三一号の罪が成立することはあろう。）」としている。

第七章　武器の使用

第一節　武器の使用と人権の尊重

一　武器使用の重大性

一　武器と警察官と国民意識　二　第七条が設《もう》けられたわけ
三　第七条に書かれていること

一　警察官は、武器を持たないで職務執行ができれば、それにこしたことはない。それは、警察官を支持する社会の在り方にかかわっている。もし、警察官を尊重し、その警告を聞き、警察官に対しては手出しをしない、という社会習慣が確立していれば、警察官は、安《やす》んじて、素手《すで》で職務執行をすることができる。世界の警察の中では、英国に比較的理想に近い姿を見ることができる、と言われていた。

しかし、警察官の警告を無視し、実力を行使してまでもその思いを遂《と》げようという風潮《ふうちょう》がある以上は、警察官の方でも武装しなければならない。(1)文明国の中では、アメリカの警察に、一方の典型例を見ることができるであろう。

わが国では、言うまでもなく、犯人逮捕に当たっては、生け捕《いど》りを目標として、徳川時代から、種々のくふうがこらされてきている。江戸時代の捕方《とりかた》は、飛び道具はもちろん、刀剣の類も避けて、十手《じって》・刺又《さすまた》・袖《そで》がらみ・梯子《はしご》等々、犯人を殺傷《さっしょう》しないで逮捕する道具を持って立ち向かうこととしていた。

下って、明治以降、戦前の警察は、サーベルを常用したが、その刃を鈍《にぶ》くする配慮《はいりょ》を忘れなかった。

しかし、戦後、アメリカの影響とともに、国民意識もかわり、武器も、刃のないサーベルから殺傷力のすぐれたピストルへと変化を遂げた。

これは、理想的な警察官の姿からするとあるいは退歩《たいほ》であったかも知れない。しかし、時勢とともに必要とされる変化であった。

二　警察法第六七条は、警察官は、その職務の遂行のため小型武器を所持することができるとし、全国の警察官は、一部を除きけん銃を携帯し、必要に応じて使用することとされている。(2)

その使用の根拠は、警職法（昭和二三年法律第一三六号。以下「法」という。）第七条に規定されている。第七条は、警察官が武器を使用するについての要件及び限界を定めている。それは、第二条から第六条まで、すなわち、本書第二章から第六章までとは趣《おもむき》を異《こと》にして、警察官が職務執行に際して、いかなる手段を用《もち》いることができるか、その種類や目的を規定せず、それらの手段の中からあるものをひき出して、その際武器を使用してもいいかどうかを端的《たんてき》に問題とする。武器の使用は、その殺傷力《さっしょうりょく》からみて、国民の人権にかかわることがとくに大きい。警察官は、職務を執行するに当たって、強制手段によることがある。その当然の結果として、相手にけがをさせたりすることがある。逮捕に当たって逃走しようとする被疑者に追い着きその肩をとんと押す。被疑者は前のめりに転んで御用《ごよう》となるが、転ぶ拍子《ひょうし》にけがをすることがある。しかし、それは、正当職務行為として違法性がない、とされる（刑法三五条）。警察官は、そのために、刑事上の責任を問われたり、民事上賠償《ばいしょう》をとられたりすることはない。

しかし、同じ、強制手段であっても、武器を用いるということになると、事が重大であるから、右の例のように、簡単《かんたん》にこれを正当視することはできない。アメリカ占領軍に言われて我が国でもけん銃を持つことにした。しかし、その使用は最低限にしなければならない、との配慮《はいりょ》が、当局にも、国民の間にも根強かった。そこには、江戸時代二百数十年にわたる平和な列島の伝統が根付いていた。自然、法第七条に詳細な要件を規定するどころか、さらに、国家公安委員会という民間人からなる第三者機関の定める規則によって、自粛《じしゅく》の姿勢を貫《つらぬ》くことにしていた。それが、二〇〇一（平成一三）年一一月三〇日まで通用していた「警察官けん銃警棒等使用および取扱い規範」（昭和三七年国家公安委員会規則第七号＝以下、「旧規範」と呼ぶ）であり、同規範によれば、けん銃よりも警棒等の使用を一律《いちりつ》に優先させるようになっていた。

しかし、このような平和の国の伝統も、グローバル化を進める世界の大勢には抗《こう》しがたかった。そして、世界の諸国は、日本ほど平和と安全を愛する伝統がなかった。その風が、いつしか、日本列島でも吹き荒れ、「近年の犯罪情勢を見ると、国民の生命、身体に危害を及ぼす凶悪な犯罪が増加するとともに、犯人が職務執行を行う警察官に対して凶器を用《もち》いて抵抗する事案が増加するなど凶悪化の様相《ようそう》を呈《てい》している。また、このような情勢の下、警察官が殉職《じゅんしょく》し、又は受傷する危険性も高くなっていると考えられる。このように凶悪化する犯罪情強に的確に対処し、国民生活の安全と平穏を確保するためには、警察官がけん銃を的確に使用する必要がある」[3]という認識を、ついに、当局に抱《いだ》かせることになった。

すなわち、けん銃使用をためらってきた一線警察官のちゅうちょを払拭《ふっしょく》し、もっと積極的にけん銃を使用できるようにするため、平成一三年一一月九日、旧規範の題名を「警察官等けん銃使用及び取扱い規範（以下「けん銃規範」と呼ぶ。）」に変え、警棒優先の呪縛《じゅばく》を解消して、「職務執行上けん銃の使用が必要である場合に警察官が適正かつ的確にけん銃を使用することができるよう」(4)考え方から改めることにした。警棒は、警棒として、別に「警棒等規範（平成一三年国家公安委員会規則第一四号。）」によることとする。

すなわち、第七条のごとき、武器使用の要件及び限界を規定する明文をおき、強制手段による職務執行の根拠のほかに、これをも視野に入れて特別の配慮《はいりょ》を促《うなが》そうということになるのである。

三　法第七条は、次のように規定されている。

・第七条（武器の使用）　警察官は、犯人の逮捕若《も》しくは逃走の防止、自己若しくは他人に対する防護又は公務執行に対する抵抗の抑止のため必要であると認める相当な理由のある場合においては、その事態に応じ合理的に必要と判断される限度において、武器を使用することができる。但《ただ》し、刑法（明治四〇年法律第四五号）第三六条（正当防衛）若しくは同法第三七条（緊急避《ひ》難《なん》）に該当する場合又は左の各号の一に該当する場合を除いては、人に危害を与えてはならない。

・一　死刑又は無期若《も》しくは長期三年以上の懲役若しくは禁こにあたる凶悪な罪を現に犯し、若しくは既に犯したと疑うに足りる充分な理由のある者がその者に対する警察官の職務の執行に対して抵抗し、若しくは逃亡しようとするとき又は第三者がその者を逃がそうとして警察官に抵抗するとき、これを防ぎ、又は逮捕するために他に手段がないと警察官において信ずるに足りる相当な理由のある場合。

・二　逮捕状により逮捕する際又は勾引状《こういんじょう》若しくは勾留状《こうりゅうじょう》を執行する際その本人がその者に対する警察官の職務の執行に対して抵抗し、若しくは逃亡しようとするとき又は第三者がその者を逃がそうとして警察官に抵抗するとき、これを防ぎ、又は逮捕するために他に手段がないと警察官において信ずるに足りる相当な理由のある場合。

このように、第七条の規定は、詳細を極《きわ》めている。この本文を「使用要件」といい、ただし書以下を「危害要件」といって区別している。

これらの説明に入る前に、使い方の一部《いちぶ》始終《しじゅう》をイメージしておこう。

けん銃を使うときには、使っていい場合というものがあるが、それは、後述する。そう言う場合に出くわしたときに、警察官はどうするだろうか。まず、けん銃を取り出す。安全装置をはずす。相手方に向かって構える。「やめないと撃つぞ」とかの予告をする。威嚇射撃《いかくしゃげき》をする。相手に向かって撃つ。こうした動作が、一連の運びの中にあって状況によって前後させたりはぶいたりしながら職務をつくすことになる。

この一連の動作をけん銃規範は「第二章　使用等」と表現する。その意味は、「けん銃の使用等を行うことができる場合を『取出し』、『構え』、『威かく射撃等』及び『相手に向けて撃つ』の四つの場合に分け、それぞれの場合における判断の準則及び留意事項を定め」(5)ることにしている。

このうち、『取り出し』は、「けん銃を使用するための準備行為に過ぎず、使用には当たらないので、法第七条本文の要件は必要ない。(6)」と説明されている。

もちろんこれにも注意はいる。

「あらかじめけん銃を取り出しておく場合には、けん銃を奪取《だっしゅ》されるおそれや相手を興奮《こうふん》させるおそれがあることから」、規範には、第四条の二項にその注意書きをおいた、とされる。(7)

また、撃つ前にすることとなる「予告」は、これを、するかしないかは状況によるとし、その性質は、「取り出し」と変わることはない。

そうなると、厳しい使用要件を要するのは、「構え」、「威かく射撃等」及び「相手に向けて撃つ」

ことであり、そして、もし、その使用によって、相手方に危害を与えるということになれば、その場合は、危害要件をも、あわせ具備《ぐび》しなければならない。

それでは、第七条の要件に該当する場合であれば、それによって、たとい、人死があっても許されるのか、というと、これだけではまだ結論を下《くだ》すわけにはいかない。

それは、警察官の武器を使用する職務執行によって守られる法益と、相手方に危害を与えるという別な法益の侵害とを比較して釣《つ》り合いがとれていなければならないからである。

二　武器使用と必要な限度

一　第七条と必要な限度　二　判断の諸要素

一　一口《ひとくち》に武器の使用というが、事態は、まさに千変万化《せんぺんばんか》する。詳細な規定をおき、要件や限界を定めた、と言っても、これによって、すべての場合を明らかにした、というわけにはいかない。
まず、あるケースは、簡単《かんたん》に第七条の要件に当てはまるのか、当てはまらないのか、結論を出すのが難しい。また、あるケースは、形式的に第七条の要件に当てはまっているように見えるが、実質的には、どうも行き過ぎのような気がするという場合もあり得る。

すなわち、警察官は、第七条という武器使用の規定が存在する以上、可能な限り、これに添うように努力しなければならない。

と同時に、やはり、武器の使用によって救われる法益と、侵害される法益との釣《つ》り合いの関係を常に念頭におく必要があるのである。

第七条は、このことを、「その事態に応じ合理的に必要と判断される限度において、」と表現している。

しかも、使用を分けて、人に危害を与えない場合と、人に危害を与える場合の二種とし、後者については、前者より厳しい要件を規定して「他に手段がないと警察官において信ずるに足りる相当な理由のある場合」にだけ許されることとしている。

さらに、人の生命に危害を加えることが許されるのは、逃走防止・防護・抵抗抑止の目的を達するために第七条ただし書の要件を満たすほか、生命に危害を加えることが真にやむことを得ない場合でなければならないと解すべきであり、この限界を超えた警察官の武器の使用は、いかなる場合でも、違法な行為であるとされている。(8)

二　このように、武器使用に当たっては、常に必要な限度を超えていないかどうかが問われるのであるが、その判断の基礎となるのは、その場におけるあらゆる事情である。夜間と昼間の違い、場所の状況、彼我《ひが》の人数、応援の有無《うむ》、凶器は何であって、その抵抗の度合いはどうか。逮捕に関連した場合ならば、その逮捕の原因となっている犯罪の種類、軽重、犯人の態度が問題になる。(9)

要するに、警察官が武器を使用したのは、何人《なんぴと》が見ても、もっともである、そういう状況があることである。

しかも、警察官は、その武器の使用に当たっては、守らなければならない諸注意がある（けん銃規範）。その注意義務をいささかも怠《おこた》らなかったことが必要とされる。

国家賠償《ばいしょう》の問題に発展して、警察官の故意過失が問題になる場合、その使用が適法であり、注意義務に怠りがなかったことを立証するのは警察官の側であり、その証明がない限り、警察官の当該けん銃の使用は、違法であり、かつ過失があったものと推定されることになる。(10)

（1）　イギリスも一九七〇年代になると治安情勢が悪化し、けん銃を所持すべきであるとの議論がなされるようになった。外電によれば、一九七七年には、ロンドンだけでも五、〇〇〇以上のパトロール地域で警察官の武装化が決定されているという（一九七七年三月七日ロイター発共同）。

（2）　けん銃規範の第一一条によれば「警察官は、制服（活動服を含む。以下同じ）を着用して勤務するときは、けん銃を携帯するものとする。ただし、次の各号のいずれかに該当する場合は、この限りでない。一　室内で勤務するとき（交番その他の派出所、駐在所その他これらに類する施設で公衆の面前において勤務するときを除く。）。二　会議又は事務打合せに出席するとき。三　儀式に出席するとき。四　音楽隊員が演奏に従事するとき。五　看守《かんしゅ》勤務の警察官が留置施設において勤務するとき。六　交通整理、交通取締り、交通事故の処理又は交通事故に係る犯罪の捜査に従事するとき。七　災害応急対策のための活動に従事するとき。八　雑踏《ざっとう》警備に従事する場合等でけん銃を携帯することが職務遂行上持に支障があると所属長が認めたとき。九　前各号に掲《かか》げる場合のほか、けん銃を携帯することが不適当であると所轄庁の長が認めたとき。2　警察官は、特殊の被服又は私服を着用して勤務する場合において、けん銃を使用する可能性のある職務に従事するときは、けん銃を携帯するものとする。」

(3)　旧規範が、二〇〇一（平成一三）年一一月九日付けで改正されたのに伴《ともな》い、同日付で警察庁次長から依命《いめい》通達が、発せられた。「警察官等けん銃警棒等使用及び取扱い規範の一部を改正する規則の制定について」（平成一三年一一月九日警察庁乙官発第二四号。以下本文・注とも「制定通達」という。）2(1)

(4)　制定通達「第一　改正の趣旨」

(5)　制定通達「第二5　けん銃の使用等」

(6)　警察官等けん銃使用及び取扱い規範の解釈及び運用について（平成一三年一一月九日警察庁官房長通達。以下『解釈運用通達』という。）2(1)

(7)　制定通達「第二5(1)」

規範第四条二項は「2　前項の規定によりけん銃を取り出しておく場合には、けん銃を奪取《だっしゅ》されることのないよう細心の注意を払うとともに、相手を殊更《ことさら》に刺激しないよう配慮《はいりょ》しなければならない。」と書いている。

(8)　東京地判昭和四五年一月二八日判タ二四六・一三四は、第七条を説明して「これは、武器の使用が国民の権利に対する重大な影響を伴《ともな》うことに鑑《かんが》み、これの使用に当たってはいわゆる警察比例の原則に服すべきことを明らかにしたものであって、警察官が武器を使用する場合においても、警察官の職務執行の目的と武器使用によって生ずる社会的不利益とは正当な比例を保《たも》つことが、その適法要件となる。このことは、警察官の、職務遂行の目的に適合した武器の選択及び武器の使用態様の、いずれの場合にも考慮《こうりょ》されなければならない。とくに、警察官の武器使用により、人に危害を与える場合には、このことが厳格に要請されなければならないことは明らかであり、警職法第七条ただし書は、警察官が武器を使用し得る場合であっても、正当防衛（刑法三六条）・緊急避難《ひなん》（刑法三七条）及び警職法第七条第一号・第二号に定める職務行為を行う場合以外には人に危害を与えてはならない旨明定する。そして、右の場合であっても、その目的のために、人の身体に危害を加えることと、さらに人の生命に危害を加えることとではその要件が異なり、警察官が、武器の使用により、人の生命に危害を加えることが許されるのは、逃走の防止、防護、抵抗抑止の目的を達するために、前示の警職法第七条ただし書の要件を満たすほか、生命に危害を加えることが真にやむことを得ない場合でなければならないと解すべきである。この限界を超えた警察官の武器の使用は、いかなる場合でも、違法な行為である。」とする。

(9)　宍戸基男「注解警察官職務執行法」一八〇頁は、「その判断の要素となるのは、犯罪の種類・態様、犯人の態度及び行動、第三者の応援の有無《うむ》、時間・場所、危害の急迫性《きゅうはくせい》の度合い、被害法益の軽重、抵抗の強弱、相手及び警察官の数、使用する武器の種類、使用の態様などが主であろうが、要するに、相手側、警察官側及び周囲の状況等あらゆる事情が総合されなければならない。」としている。

(10)　東京地判昭和四五年一月二八日判タ二四六・一三四は、「警察官の武器、とくに拳銃《けんじゅう》の使用については、その使用の限界並びに注意義務が明定されて、その使用・取扱について厳格な注意が要請されているのであるから、警察官が武器、とくに拳銃を使用して人に危害を加えた場合には、当該行為者側においてその拳銃の使用が適法な行為であること、あるいは前示の注意義務をいささかも怠《おこた》らなかったことを証明しない限り、警察官の当該拳銃《けんじゅう》の使用は、違法でありかつ過失があったものと推定するのが相当である。」としている。

第二節　武器又はこれに代わる物

一　警察官の代表的な武器

一　武器とは　二　警察官の代表的武器

一　昔から、武器といえば戦争用具である。その種類は多く、性能も千差万別《せんさばんべつ》である。しかし、そこに、共通する性質がある。それは、人を殺傷《さっしょう》する。それを目的として作られた器具であるということである。

武器等製造法（昭和二八年法律一四五号）という法律がある。武器の製造・販売その他の取扱いを規制するものであるが、その第二条を見ると、武器とは、

一　銃砲、二　銃砲弾、三　爆発物、四　爆発物を投下し、又は発射する機械器具、五　その他右に類する物又は部品類で政令で定めるものであるとされている。(1)

第七条でいう「武器」には、右のようなものが含まれることがある。警察官は、普段《ふだん》、ライフル

銃や刀剣類を所持していないが、現場で必要があってそれを手にすれば、その使用要件及び危害要件については、第七条にいう武器として見ていくことになる。

二　しかし、何といっても、警察官が、日常的に所持する代表的な武器は、けん銃である（特殊銃というものもあるが、主として、テロ対策用に特定の所属で使用する。）。第七条でいう武器の使用は、主として、けん銃の使用のことをいっているのである。けん銃とともに、警察官が、日常所持している警棒は武器ではない。そのことは、前に説明した（五章三節三の二）。今まで、武器ではない警棒を表に立て、なるべくけん銃の使用を抑制してきたところ、時勢の方が、それではすまなくなってきた。当局は、ついに意を決し、警棒を原則、けん銃は例外というふうに、同じ公安委員会規則に規定してきたのを改めて、けん銃規範を独立させ、場合によっては、けん銃が原則になりうることもある世の実情に合わせることにした。二〇〇二（平成一三）年一一月九日のことである。

二　武器に代わる物

一　警棒　二　催涙《さいるい》スプレー等

一　警察官が犯人を逮捕しようとする、あるいは犯罪を制止しようとする、そういうときに、もし、相手が、これに対して抵抗するならば、警察官は、機先《きせん》を制して警棒でその手をたたいたり、足をはらったりすることがある。

そして、そのために、相手にけがをさせたりすることがある。

しかし、これは、柔道の手で相手を素手《すで》で投げつけるのと変りがない。武器をもって相手に危害を加えたのとは、同列に論じられない。前述の必要性の限度を超えない限り、刑法第三五条の正当行為として、刑事上・民事上の責任を追及されることはない。

ところが、この警棒も、使いようによっては、武器に代わる物として、第七条ただし書の要件を必要とすることがある。

頭を殴打《おうだ》する。顔やのどを突く。腹や胸を激しく突く。肩を強打する等の場合である。その行為によって、相手方が負傷することが明らかに予想されるからである。

警棒等規範の第四条二項が、警棒等を「武器に代わるものとして使用する」場合として、第七条ただし書の危害要件を援用《えんよう》しているのはそのためである。

警棒使用は、確かに、武器の使用ではない。したがって、第二条から第六条までのそれぞれの、職務執行に随伴《ずいはん》して必要に応じて有効に活用することが許されている。とくに、ある程度の有形《ゆうけい》力《りょく》の行使が認められる強制手段による職務執行の場合は、警棒使用によって相手方に多少の傷害を負わせても、あえて、第七条ただし書の危害要件を援用するまでもなく適法であるとされる。しかし、頭を殴《なぐ》る。肩を強打する。顔や胸や腹を激しく突くという使い方をする場合は、第七条ただし書の危害要件を忘れることはできない。

安保反対国会デモで学生集団が荒れ狂っていた時のことである。

一部の教授、研究員たちが一団をなして「大研研」と略称される集団でこれに参加していたことがあった。この集団は、激戦地の国会正門からは、二〇〇メートルほど離れた地点で、初め、平穏《へいおん》裡《り》に待機していた。

ところが、警察官に警棒でやられ、大けがをした、と言って後《のち》に、国家賠償《ばいしょう》請求訴訟をおこしたのである。

果たして、平穏裡《へいおんり》に待機していたところへ警官隊がきて暴行・傷害を働いたのだろうか。この点については、裁判所は明確に結論を下《くだ》した。すなわち、平穏裡ではなかった。学生が大研研の集団に逃げ込み、かつ、他の集団もその周囲に蝟集《いしゅう》して、罵言《ばげん》も投石《とうせき》も気勢をあげた抵抗も、すべて一団となった客観的状況が現出《げんしゅつ》された。そして、「このような状況自体、東京都公安条例第四条にいわゆる公共の安寧《あんねい》を保持するうえに直接危険を及ぼすと明らかに認められる場合に該当するというべきであるから、大研研を解散せしめるための措置《そち》としての実力による排除行為自体は、適法なものと認めなければならない。」(2)

問題は、解散させるときの具体的な有形力《ゆうけいりょく》の行使である。とくに、その警棒の使用である。もし、警棒を武器に代わる物として使用したのではない。つまり、殴《なぐ》る、突く等の危険な使用方法によらずもみ合っていたのであったら、それは、第五条の制止の問題として、多少のけががあっても問題にならない。

大研研は、一部の警察官に「警棒のような物あるいは手拳《しゅけん》等で殴打《おうだ》され又は足蹴《あしげ》にされて負傷した」として訴えに及んだのである。

さて、裁判所は、どう判断したか。

まず、警棒で殴った、手拳等で殴打《おうだ》された、足蹴《あしげ》にされた、という事実認定の争いがあるが、ここでは問題にしない。裁判所は、その事実があったと認定した。その上に立って議論を進める。仮に、そのような事実があったとして、それが適法な職務執行と認められるかどうかは、第七条ただし書の危害要件を、この場合援用《えんよう》して判断することができるかどうかをまず決めなければならない。そして、裁判所は「警棒に限らず棒・竹竿《たけざお》の類《たぐい》あるいは手拳《しゅけん》・靴などで人に攻撃を加え危害を与えた場合にも、同条の要件を類推してその行為が適法かどうかを判断して妨《さまた》げないものと考える。(3)」とした。

後は、第七条ただし書の危害要件を充足《じゅうそく》する傷害であったかどうか、である。まず、状況から見ると、警察官の傷害行為は許されるとする。大研研は「東京都公安条例第四条に基づき実力を用《もち》いて解散させることのできる集団であり、これに属する者のうちに投石《とうせき》や旗竿《はたざお》を横に構え、竹竿やプラカードを振り上げ、突き出し、投げつける等の実力による抵抗をした者があったことは、前段認定のとおりであるから、かような場合に警察官としてこれらの者に対し自己の防護又は公務執行に対する抵抗抑止のため、事態に応じ合理的に必要と判断される限度において武器として警棒を使用その他これに準ずる実力を行使することができる。」

問題はその先である。警棒を武器に代わる物として使用することができる状況にあった。殴《なぐ》る、突くは許される客観情勢下にあった。にもかかわらず、裁判所は、大研研の請求を認め、警察側に賠償《ばいしょう》を命じたのである。

なぜか。取り上げられた有形力《ゆうけいりょく》の行使の態様を見よう。

まず、「原告YPは前記のとおり。警察官に話しかけた直後に」傷害を加えられた。また「Q・Rはスクラムを組んでいるときと逃走中に」警察官によって傷害を加えられた。「その余の原告らはいずれも逃走中に」警察官によって傷害を加えられた。

以上「前認定のとおりであって、正当防衛の成立を認めるに足りる資料がないばかりでなく、警察官職務執行法第七条の定める武器として警棒の使用その他これに準ずる実力の行使をなし得《う》べき要件を備えていたことについての立証もない。しからば被告ら（警察官）の正当防衛の主張は採用の余地《よち》がなく、警察官の原告らに対する加害行為は違法と断ずべきである。」(4)と、いうのである。

要するに、いかなる状況であろうと、無抵抗の者を殴《なぐ》ったり突いたりすることはいけない、ということである。

二　催涙《さいるい》ガス・催涙液(5)が武器であるかどうかは、その毒性の程度による。

それによって相当な時間、失明したり、場合によっては結膜炎をおこしたり、人の生理機能に相当の障害を与える効力をもつものは、これを武器としなければならない。

しかし、もし、毒性が薄く、一時的に眼をあけていられなくなったりするだけで、後に機能障害が残ったりしないものであれば、これは武器ではなく、実力行使の一手段に過ぎないことになる。
そして、警察の使用するものは、この後者であるとされている。

携帯用の催涙《さいるい》スプレーは、一時的に効果を上げるものの、人の身体の機能に障害の残るおそれのないものとして警察庁長官が認めたものである。二〇〇二（平成一四）年五月二三日から、第一線で使用されることになった。

すなわち、犯人の逮捕若《も》しくは逃走の防止、自己若しくは他人の防護、公務執行妨害に対する抵抗の抑止又は犯罪の制止のため必要であると認める相当の理由のある場合にぶつかったとき、その事態に応じ、合理的に必要と判断される限度においてであるが、相手の顔に向けて使用することができるとされている。そのような場面に遭遇《そうぐう》する可能性のある職場では、警察官等は、催涙スプレーを携帯するものとされる。(6)

しかし、閉鎖された建物内など、通風不良の場所で大量に用《もち》いる等、とくに、毒性の高まる用い方をするとすれば、そのときは、第七条の武器の使用に準じてその使用の要件を検討するのが相当であるとされる。(7)

このように、同じ物が、客観的状況によって、危険であったり、危険でなかったりすることから、警察では、武器ではない、としながら、使用に当たっては、第七条の要件のもとにこれを用《もち》いるこ

としている。(8)

とくに、催涙液《さいるいえき》については慎重な検討を必要とされている。(9)

(1) 武器等製造法(昭和二八年八月一日法律一四五号)第一条は、「この法律は、武器の製造の事業の事業活動を調整することによって、国民経済の健全な運行に寄与《きよ》するとともに、武器及び猟銃等の製造、販売その他の取扱を規制することによって、公共の安全を確保することを目的とする。」として、その第二条に武器に当たるものと列挙《れっきょ》している。

(2) 東京高判昭和四三年一〇月二一日判時五三六・一八

(3) 東京地判昭和三九年六月一九日下民集一五・六・一四三八。これは、注(2)の第一審の裁判である。注(2)の控訴審は、この考えを支持した上で結論を下《くだ》している。

(4) 東京高判昭和四三年一〇月二一日判時五三六・一八

(5) 催涙ガスは、ガス弾を打ち上げ、粉末ないしは、ガスを拡散《かくさん》することによって使用されるものであり、P型弾とS型弾の二種類が用いられている。

P型弾というのは、クロルアセトフェノンの粉末七〇グラムと雲母粉《うんもふん》三〇グラムの計一〇〇グラムがボール紙の筒につめられ、全体の重量は一七〇〜一八〇グラムになる。衝撃によって黒色火薬が爆発し、この勢いで筒の反対側の和紙でとめられた弱い部分がはずれ粉末が飛び散る仕かけである。

S型弾というのは、クロルアセトフェノンが粉末状でつめられているが、発射後ボール紙の筒にあけられた穴からスモークが吹き出しスモークとともにガスが拡散する仕かけである。

催涙液《さいるいえき》は、有機溶剤《ゆうきようざい》である四塩化《しえんか》エチレン九五にクロルアセトフェノン五の割合で溶解《ようかい》し、界面活性剤《かいめんかっせいざい》(商品名リバール）を用《もち》いて六〇倍に薄めたものであって、この場合、クロルアセトフェノンの濃度は〇・〇八％であるとされている。これを放射するときは、放水車を用いる。

（6）宍戸基男「注解警察官職務執行法」一八二頁は、「警察が現在、警備実施に際し使用している催涙ガスは、人を催涙させ、その行動力を短時間抑制する効果を有するにとどまり、なんら後に障害を残さないものであって、過去の使用例からみても本条にいう武器には該当しないものと考えられる（警察の見解として、このことは昭和四三年の衆院地行委において、当時の川島警察庁警備局長が答弁している。）」

平成一四年五月二三日国家公安委員会規則第一七号「警察官等の催涙スプレーの使用に関する規則」第二条、第三条。

（7）長崎地決昭和四七年九月二九日刑裁月報四・九・一五七八は、「催涙液を重畳的《ちょうじょうてき》にある程度継続した状態で浴びるといった二次的三次的四次的等の刺激が加わり又はそれに相当するような皮膚に擦《す》り傷等があったり又は皮膚を強くこするなどして弱めたり、あるいは長時間にわたって催涙液使用の現場に立ち入って激しい行動、たとえば警察官の検挙活動や学生らの抵抗行動等を続けた場合は、その皮膚の部分に薬物による炎症をおこすことがあることをそれぞれ認めることができる。そうだとすれば、催涙ガス、同液の使用は法第七条の武器の使用に準じてその使用を検討するのが相当である。」としている。

東京地判昭和四七年四月二五日刑裁月報四・四八〇一も、第七条に照らして催涙ガス使用の適否を論じている。また、東大列品館事件を扱かった、同日付の判例は、「本件催涙ガスは、もともと対象者に一過性《いっかせい》の催涙効果（付随的に発射音による威嚇《いかく》効果）を加えようとするのが本来の使用目的であると解されるから、屋外等において右の効果以外に対象者に対し危害を加えるおそれがあるとは認められない状況下で使用される場合には、警職法第七条の武器には当たらないというべきである。」としている。

（８） 宍戸「前掲書」一八二頁～一八三頁は、「理論的には、「警察が現在使用している程度の催涙《さいるい》ガスは、第七条本文の要件を充足《じゅうそく》する場合はもとより、第四条に警察官が、自己又は他人に対する防護のため実力を行使できる場合にも使用することができるものと解される。しかしながら、たとえ軽度であるとはいえ、人の生理的機能に障害を与えることによって警察職務を遂行しようとするものであり、また、ガスの拡散性《かくさんせい》からみて第三者に対して影響を及ぼすことも予想されるので、現在、警察では慎重を期して本法第七条本文の要件と同じ要件のもとに使用することとしている。」と説明している。

（９） 東京地判昭和四八年四月六日判時七二四・九六は、とくに催涙液の毒性について新判断をしている。

「逮捕された学生の中に（催涙液）のかかった着衣を長く着ていたということもあり、①顔面・首・両手・下肢・胸部・腹部・背中などに発赤丘疹《はっせききゅうしん》・水泡《すいほう》・浮腫《ふしゅ》等の皮膚傷害、②角膜《かくまく》のこんだくによる長期の視力低下、結膜炎による長期の視力減退等の眼傷害、③呼吸器に症状をきたした者、などが多数あり、その中にかなりの重傷者もいたこと、その後クロルアセトフェノン（以下「ＣＮ」という。）の毒性について、①ＣＮは強力な角膜刺激作用をもち、その角膜刺激の衝撃が脳に伝わりその中枢《ちゅうすう》の興奮《こうふん》が涙腺《るいせん》神経から涙腺に伝わり催涙をおこすもので、兎《うさぎ》を用《もち》いた実験では、ＣＮが直接眼に入った場合は五分以内に洗い流さないと角膜炎のあと必ず角膜こんだくをおこし、ときには眼球ゆ着を残し失明する例がある旨及び両眼にＣＮを受けた一八歳の青年が角膜こんだくが進行し失明状態になった。②ＣＮは、初めに皮膚に対して発赤・皮下出血・浮腫の症状を呈《てい》し、さらに小水泡を形成しうる。ひどくなれば皮膚に壊死《えし》がおこりその後アレルギー性の後遺症を残すこと。③ＣＮが体内に残留《ざんりゅう》すると、胃腸障害・興奮状態、肝臓の変化に関連がある。④ＣＮが細胞分裂に異常をきたし催奇形成《さいきけいせい》をもつ。⑤狭《せま》い室内で多量のＣＮを打ち込まれて窒息死した。という研究成果及び外国の症例などが紹介されたことが認められる。」とし、しかしながら、「本件当時警備当局では前記の研究成果は勿論、被害についても認識はなく、催涙《さいるい》ガスは一時的に涙腺《るいせん》を刺激して涙を出させるにすぎないとの実験結果に基づきその使用について、①あらかじめ使用する旨警告すること。②直撃しないで射角を三〇度以上とする旨、定めるほかは使用後の措置《そち》について何らの注意を払っていなかったこと及び本件において催涙ガスが使用された当時の状況すなわち、占拠学生らの妨害行為が熾烈《しれつ》を極《きわ》め建物に近寄ることすらできず、又講堂内においても身の危険を感じ排除活動をしばしば中断せざるを得ない状況のもとで占拠学生らの妨害行為を制止し逮捕するため、その限度であらかじめ警告したうえやむを得ず使用したものであり、警察官職務執行法第七条本文ただし書に該当する……本件における右使用をもって違法であるというを得ない。」としている。

第三節　人に危害を与えないけん銃等の使用

一　職務質問とけん銃の使用

一　けん銃を取り出して質問すること　二　けん銃を取り出して同行すること
三　不審者の逃走とけん銃の使用

一　A巡査は深夜、交番で立番勤務についていた。そこへ不審な男Xが通りかかった。A巡査は質問をしようとして、よく見ると、男は、上衣《うわぎ》の下に棒状のようなものを隠している。刀か、鉄パイプか、いずれにしてもこの深夜、下手《へた》に質問をしかけてやられてはかなわない。A巡査は、けん銃の安全止革をはずした。いや、待て、出した方がより安全だ。けん銃を抜き出してから質問にかかろう。

A巡査は、男の前に立ちふさがった。この時、抜き出したけん銃は、腰のあたりに構えられていた。巡査も驚《おどろ》けば、男の方もびっくりした。びっくりすると同時に本能的に隠し持った鉄パイプを右手に持ちなおした。

さて、こういう情景を頭において、A巡査の行動を批判してみよう。結論を先にいうとA巡査は悪かったのである。

深夜、たった一人の立番勤務で、警察官といえども、いささか心細い所へ、不審な男が現れた。すわ、と緊張した警察官の眼に、凶器らしい物がうつる。後で、その凶器らしき物は、鉄パイプとわかったから、これを先に見とがめたA巡査の眼力《がんりき》はさすがと言わなければならない。

そこで、A巡査の判断したこと。いつ、相手は攻撃してくるかもわからない。用心するにこしたことはない。そう思って、けん銃の安全止革をはずした。さらに出した方がより安全だと考えて、けん銃を抜き出した。これは、どうであろうか。

けん銃規範四条には、「警察官は、職務の執行に当たりけん銃の使用が予想される場合においては、あらかじめけん銃を取り出しておくことができる」とある。たしかに、「けん銃の使用が予想される場合」には、あらかじめ、けん銃を取り出しておく方が、その後の動作を確実にする。けん銃規範は、そこのところをおもんぱかっている。

問題は、この「予想される場合」の具体的な内容である。A巡査の最初の判断はこれにあてはまるのであろうか。けん銃規範には、「その解釈運用について」という親切な解説通達が付属している。(1) その別添1にあらかじめけん銃を取り出しておくことができる具体例が列挙《れっきょ》されている。その「2　職務質問(1)」にこう書いてある。「警ら中、刃物等凶器らしき物を携帯した不審者を発見して、職務質問を実施しようとする場合」

ここで、「警ら中」というのは、例示だから、それに似たような勤務の形態中なら、そのまま援《えん》用《よう》することは、さしつかえない。甲巡査は、交番で、立番中に見とがめたのだから、その勤務の状態は「警ら中」に準ずる。すると、そのけん銃を取り出した行為は悪くない、と結論づけることができる。それこそ、相手が、いつ殴《なぐ》りかかってくるかわからない。

このように、けん銃をいつ取り出すかは、当該警察官の判断による。いちいち上司の指揮命令に従ってからするのは、集団警備に従事しているときのことである（けん銃規範九条）。深夜の一人勤務の場合は、巡査が一人で判断するのは当然のことである。では、なぜ、A巡査の行動は悪かった、と言われるのだろうか。問題は、けん銃を取り出した後の行為である。

A巡査が、相手を呼び止めたとき、何の気なしに、すわりよくけん銃を腰に構えた。問題は、このところだ。

けん銃の使用には第七条の要件を充足《じゅうそく》するという問題がある。そして、「けん銃の使用」とは、「相手方に向かって構えること、威《い》かくのため撃つこと及び相手方に向かって撃つこと」であった。

安全止革をはずすこと、けん銃を取り出すこととは、けん銃の「使用」ではない。したがって、第七条の要件の充足《じゅうそく》には関係なく、警察官は自主的に判断をすることができる。

それでもその判断をするには、やはり考慮《こうりょ》することがある。それは、比例の感覚である。要するに過ぎたるは及ばざるがごとしである。けん銃を取り出すのは、警察官に、受傷の不安があるからであった。と、同時に、けん銃を取り出して相手に見せることは、それだけでも、相手に与える衝撃が大きい。自己の不安と相手の受ける衝撃と、そして、その衝撃に起因《きいん》する見境《みさかい》のない行動と。警察官は、そのすべてを考慮の中に入れていかなければならない。

けん銃規範第四条二項には、「けん銃を奪取《だっしゅ》されることのないよう細心の注意を払うとともに、相手を殊更《ことさら》に刺激しないよう配慮《はいりょ》しなければならない」とある。A巡査は、そのことを真剣に配慮したのだろうか。

相手方に向かって構えることは、けん銃の使用に当たる。けん銃の使用は第七条の要件を充足していなければならない。本章第一節一の三に掲《かか》げたように、第七条が武器使用の要件として定めている使用してもいい場合というのは、要するに、次の①②③の各場合である。

すなわち、警察官が、①「犯人の逮捕若《も》しくは逃走の防止」、②「自己若しくは他人に対する防護」又は③「公務執行に対する抵抗の抑止」の各場合につき、(a)「必要であると認める相当な理由のある場合」であって、(b)「その事態に応じ合理的に必要と判断される限度において」である。

①は、「犯人」に関するものである。ここでいう「犯人」とは、被疑者・被告人・受刑者であって、逮捕・勾留・勾引・収容の対象となるものである。これらの身柄を確保するに際して、(a)の客観的事情と、その事情にマッチして、社会通念《つうねん》上合理的だと判断される限度(b)であれば、けん銃を使用することができる。

②は、自己若《も》しくは他人に対する防護のためであり、警察法第二条の、「個人の生命、身体若しくは財産の保護」の責務の遂行に当たり、強制手段を必要としている場合である。具体的には、主として正当防衛又は緊急避難《ひなん》に当たる場合であるが、ほかにも、法第三条第二項第一号の強制保護、第四条の避難の措置《そち》、第五条の制止、第六条第一項の緊急立入等の場合もある。警察官が、そのような職務を執行中、自己又は他人の生命・身体を防護する必要を生じた場合は、前記(a)、(b)の要件と相まってけん銃を使用することができる。

③「公務執行に対する抵抗の抑止」とは、警察官が強制手段による職務執行を行っている際、相手方の抵抗があった場合である。

A巡査の場合を見よう。A巡査は、不審者に直面して、まず、不安にかられた。職務質問をしなければならない。その際、受傷はしたくない。予想される事実は、右の②ないし③である。場合によっては、①に発展するかも知れない。そして、現実に、相手が鉄パイプを振るって攻撃をかけてくるとすると、その事態は(a)に当たり、A巡査の応戦の程度は(b)によって問題があるが、それは、おこり得べき事態によって臨機応変《りんきおうへん》の問題となる。

さて、右に照らしてみた場合に、A巡査の例は、②の「自己」の「防護」に当たるのだろうか。相手はただ歩いてくるだけのことである。③の「抵抗」だってまだしていない。まして①の「犯人」と決まったわけではなく、「逃走」しているわけでもない。鉄パイプを右手に持って構えたのは、警察官の構えに反応しての「身構え」である。何をもって、けん銃を使用できる場合に当たるというのか。

そこで、結論。A巡査の行為、けん銃を取り出した行為は適切だったとされるにしても、けん銃を構えた行為は、問題だった。やってはならないことであった。

こう結論づけてみて、考えてみると、もう、この辺の判断に昔も今もないことがわかる。「この際、銃口を相手に向ける等無用な刺激を与えないようにすること」というのは、一九六二（昭和三七）年の受傷事故防止要領(2)に書いていることでもある。

二　同行時の使用はどうであろうか。

ここで思い出しておかなければならないことは、同行は、任意手段によるものであったか、強制手段によるものであったか。ということである。

職務質問のため許されている第二条第二項の同行は、あくまでも任意手段による職務執行である。説得によって、相手の翻意《ほんい》を求めて同行するものである。その場合にけん銃を使用するのは、全く不適当であることは言うまでもない。これを要するに、けん銃を使用できる職務執行は、強制手段によるものでなければならない。任意手段による職務執行に当たりながら、けん銃をちらつかせるというのは、すでに任意を破るものである。

さきにもふれたように「要件③の場合、「公務執行に対する抵抗の抑止」とは、強制手段による公務執行に対する抵抗の抑止の意味である。

職務質問も同行も、広い意味の公務執行ではあるが、第七条にいう公務執行ではない。(3)それでは、相手方が、質問中、あるいは同行中に突如《とつじょ》警察官に攻撃を加え、しかも相手の方が圧倒的に強く、警察官がやられそうであったらどうか、という問題について考えておかなければならない。

この際はまず警棒によって応戦すべきであるということはもちろんであるが、(4)警棒では間に合わない場合がある。その場合は、当然、けん銃を取り出し、警告し、威《い》かく射撃《しゃげき》をする。悠長《ゆうちょう》なことを言っていられなければ、相手に向かって撃つこともあり得《う》る。けん銃規範は、そう言う場合に、「使用をためらう傾向も見られるところ」を率直に反省し、「けん銃の使用に対する過度に抑制的な意識を払拭《ふっしょく》することにより、職務執行上けん銃の使用が必要である場合に警察官が適正かつ的確にけん銃を使用することができるよう」に新たに制定されたのである。(5)

このように、事態が急変し、はじめは任意の職務執行であったものが、相手次第《しだい》で法第七条の使用要件、さらに、危害要件を、それぞれ充足《じゅうそく》するような事態に発展する。警察官は、水の流れるがごとく臨機《りんき》に対応していかなければならない。

三　職務質問の相手が逃走する場合は、止まれ、逃げると撃つぞ、と言いたくなるところだが、それは許されない。職務質問は、あくまでも任意であり、逃走しようとする不審者を追いかけて停止させるのも、任意手段としての職務執行の一環《いっかん》である。逃げると撃つぞ、というのでは、仮に止まったとしても、それ以後の相手方の言動には、任意手段が欠けることになるおそれがある。ましてや、逃げる相手に向かって、けん銃を構えることも、威《い》かく射撃《しゃげき》をすることも許されない。

第七条によってけん銃を使用できる場合の①として、「犯人の逮捕若《も》しくは逃走の防止……のため」というのがあるが、ここでいう「犯人」とは、前述のように被疑者・被告人・受刑者である。逮捕・勾引・勾留及び収容の対象となるものである。職務質問の対象としての不審者は含まれない。現行犯人を逮捕しようとしたら、逃げ出した、というのとは場合が違うのである。

二　構える、威《い》かくする

一　構える　二　威かく射撃《しゃげき》
三　建て込んだ場所での発射

一　警ら中に不審者に出くわす。当然、職務質問をすることになる。そのまま、すなおに従ってくれればいいが、そうでない場合もある。

B巡査は、どうも怪《あや》しいと直観《ちょっかん》して、すたすた男の所へ近づいていった。相手は、ぎょっと振り向くなり隠し持っていた刃物を取り出してB巡査に向けて構えた。

こういう場合に、むかしなら、警棒をもって応戦の構えをとるところであるが、二一世紀になると、けん銃を取り出して構えることも入ってきた。どちらでもいい、相手次第《しだい》、警察官の適切な判断にまかせられる。

けん銃規範第五条によれば、「警察官は、法第七条本文に規定する場合においては、相手に向けてけん銃を構えることができる。」

「法七条本文」というのは、前節で明らかにした①「犯人の逮捕若《も》しくは逃走の防止」、②「自己若しくは他人に対する防護」又は③「公務執行に対する抵抗の抑止」の各場合につき、(a)「必要であると認める相当な理由のある場合」に、(b)「その事態に応じ合理的に必要と判断される限度において」けん銃の使用を許すとするものである。

B巡査は、刃物をもって向かってきそうな相手にたいしているのだから、そのうちの②の場合に当たる。こういう場合は、まず、けん銃を構えることになるが、その構え方については、けん銃規範五条の二項がある。「前項の規定によりけん銃を構える場合には、相手の人数、凶器の有無《うむ》及び種類、犯罪の態様その他の事情に応じ、適切な構え方をするものとする。」解釈運用通達によると、「けん銃の構え方には腰に構える、体の前に構える、相手に突きつける等があり、一般的に相手に与える畏怖《いふ》の程度は腰に構える場合が最も弱く、相手に突きつける場合が最も強いとされているが、けん銃を構えるに当たっては、『相手の人数、凶器の有無及び種類、犯罪の態様その他の事情』とけん銃の構えによって与える畏怖の程度を勘案《かんあん》した上で、適切な構え方をしなければならない。」とっさの判断の間でも適切さを欠かないようにしなければならない。(6)

二　構えたら、次にくるのは発射のチャンスである。それも、いきなり相手に向かってぶっ放《ぱな》すのではなく、とりあえずは、威《い》かく射撃《しゃげき》である。威かく射撃は、必ず人に危害を与えないような撃ち方でなければならない。

C巡査は、警ら中暴走族に遭遇《そうぐう》した。職務質問しようと思い、動作の目立つその中の一人をつかまえて質問しようとしたところが、その仲間が、どやどやと警察官を取り囲み、鉄パイプ等の凶器を持ち出して、なにをっ、ポリ公と、気勢を上げ始めた。C巡査は、すばやく、けん銃を取り出し腰に構えたが、その後である。騒ぎはおさまらない。抵抗の気勢は、ますます険悪《けんあく》になっていく。止《や》めんか。止めないと撃つぞ、と叫んでも効果はない。そうなれば、ズドンと一発、上空に向けて発射するほかはない。これが、威《い》かく射撃《しゃげき》である。

この威かく射撃で、注意しなければならないのは、通行人や、付近の人家に被害が及ばないようにすることである。上空だから、いつも安全だとは限らない。上空が安全でない場合又は上空より安全な方向がある場合には「その他の安全な方向」に向けて撃つことになる。

三　パトカーに抗議の群集が寄せてきて、棍棒《こんぼう》で車体をたたいて車体や窓ガラスやライトをいため、力を合わせて車体右側を上げて落とすというやり方で車体を左右に動揺《どうよう》させたりした、その最中、パトカーに乗っていたD巡査は威かくを決意し、どかないと撃つぞと数回警告した後、左右に大きく揺《ゆ》れているパトカーの後扉《こうひ》から半身を乗り出し、右手でけん銃を持ち、腰に構え、わずかに腰をかがめて立った姿勢で銃口を上空に向けて一発発砲した。それでも群集は鎮《しず》まらなかったので、もう一発、ぶっ放《ぱな》した。以上二発、そのうち一発は仰角《ぎょうかく》一〇度で約七〇メートル先の高地で見物していた男の左上腕三角筋部《ひだりじょうわんさんかくきんぶ》を擦過《さっか》するという結果を招《まね》いた。

D巡査はこの場合、何の過失もなかったと言えるであろうか。裁判所は、まず事態を判断して、これは、威《い》かく射撃《しゃげき》をしてもよい場合であった。それは、D巡査とその同僚《どうりょう》の生命・身体を護《まも》るためのものであった、とする。また、当該事態に応じ合理的に必要と判断される限度においてなされたものでもある。発砲自体に何ら責むべき点はない。

ところが、注意すべき一点を忘れていた。「右のような威かく射撃をするに当たっては、パトロールカーが左右に大きく揺《ゆ》れているため極度に身体が不安定となり予想外の方向に飛弾《ひだん》する可能性の大きい状況にあり、かつ周辺には炭鉱《たんこう》住宅の建つ台地もあったのであるから、D巡査としては右状況下にあってはけん銃の発射に当たり他人に危害を加えないよう十分注意して仰角を保《たも》ち発砲すべきであったものである。(7)」

仰角一〇度では、高台のある現場では不適当であった。しかも、体位は動揺《どうよう》し、かつ、不自然である。練習場や平地で、しっかり構えて撃つようにうまくいくはずはない。それを「事故が生じないと軽信して発砲した結果、原告Yを負傷させたことについて、同巡査は発射に当たっての具体的けん銃操作について過失があったものということができる。」

これによってみると、市街地のように、建て混んだ所では、同様に、よほどの注意をする必要がある、ということである。

(1) 平成一三年一一月九日警察庁丙人発第三八五号「警察官等けん銃使用及び取扱い規範の解釈及び運用について」

(2) 「受傷事故防止を中心とした警察官の勤務及び活動の要領について（昭和三七年五月一〇日警察庁乙務発第一四号。次長――以下「受傷事故防止要領」という。）

(3) 宍戸基男「注解警察官職務執行法」七七頁は、『公務の執行』とは、警察官の適法な職務の執行という意味である。警察法第二条に定める警察の責務を遂行する行為は、一般に公務の執行であり、刑法第九五条の『職務の執行』は、このような公務の執行をいい、任意的な行為であるか、強制的な行為であるかを問わないのであるが、ここでいう『公務執行』は、右のような一般的な公務の執行のうち、実力行使が認められ、強制的な態様で行われるものに限られる。『犯人の逮捕若《も》しくは逃走の防止』、『自己若しくは他人に対する防護』も、警察官の職務執行の典型的なもので、『公務執行』であることはもちろんであるが、武器使用を要する場合が多いことを予想してとくに一般の公務執行と区別して定めたものであり、その場合は、武器使用に『抵抗の抑止』という限定がされない点に意義がある。」と注解している。

(4) 「受傷事故防止要領」第12 2(3)アは、この場合について「警棒を手にしている場合又は警棒を取り出すことができる場合は、不用意に素手《すで》でその抵抗を排除するようなことなく、まず警棒を構えて相手の抵抗意思を抑圧するとともに、機先《きせん》を制して相手の手や足を払い、あるいは相手の身体を押し倒す等警棒の有効な使用によりその抵抗を排除すること。この際、警棒で相手の頭部や顔面を強打し、胸腹部打突《だとつ》する等相手に著《いちじる》しい危害を与えないようにすること。ただし、相手が多数で攻撃しまたは凶器をもって抵抗してくる場合はこの限りではない。(とっさの場合等で警棒によりがたいときは、『体さばき』、『当て身』、『けり』等の逮捕術を活用してその抵抗を排除すること。)」としている。

(5)　こういう場合に従来、第一線の指針になっていたのは、「受傷事故防止要領」である。その第12　2(3)イは、「相手が多数で攻撃しまたは凶器をもって抵抗してくる場合等で、警棒又はその他の手段ではこれを防ぐことができないと認めたときは、けん銃を構えて相手に警告を与えるとともに、必要があれば威《い》かく射撃《しゃげき》をすること。」とし、また、ウは、「イの措置《そち》をとったにもかかわらず、若《も》しくはその措置をとるいとまもなく相手の攻撃が強くて身の危険を感じたとき、又は格闘になって彼我《ひが》の力の差が大きく、けん銃を奪取《だっしゅ》されるおそれがあり、かつ、身の危険を感じたときは、相手に向かってけん銃を撃ってもよいとしている。

これに対して、平成一三年一一月九日警察庁乙官発第二四号「警察官けん銃警棒等使用及び取扱い規範の一部を改正する規則の制定について(以下『けん銃規範制定通達』という。)」は、「けん銃の使用に対する過度に抑制的な意識を払拭《ふっしょく》するため、警棒等の使用をけん銃の使用に対して一律《いちりつ》に優先することとしていた規定を削除するとともに、複数の警察官が共同で職務を遂行する場合において、けん銃の使用に係る適切な役割分担の下でその的確な使用に努めることを規定し、加えて、けん銃の使用後の報告事務を簡素化《かんそか》した。」とした。

(6)　解釈運用通達3(2)

(7)　福岡地判昭和四四年一二月二五日判時六〇三・八〇

第四節　人に危害を与えるけん銃等の使用

一　危害要件としての第七条ただし書

一　どういう場合に許されるか　二　危害要件

一　前述（三節二の一）のA巡査の例にかえってみよう。A巡査は違法にけん銃を構えて、相手方Xの前に立ちふさがった。これで、相手がおとなしくA巡査の質問に応じてくれればよかったが、相手もぎょっとしてやにわに隠し持った棒状の物を右手にして巡査の前で構えた。そして、いきなり巡査に殴《なぐ》りかかってくるような気がした。

A巡査は、すでにけん銃を構えている。凶器を捨てろ、捨てないと撃つぞ、と叫びながら、相手のほんのちょっとした動きにつられて夢中《むちゅう》で引金を引いた。弾丸は命中し、Xは死亡した。こういう場合を想定してみると、明らかにA巡査の行為は、違法である。その理由は前に述べたとおりである。

しかし、同じ法第二条に基づく職務執行であっても、けん銃の使用が許される場合がある。それは、警察官の職務質問・同行に対して度が過ぎた抵抗により、警察官自体が危《あや》うくなるような場合である。

E巡査は、交通事故の処理に当たり、被疑者に対して本署に同行することを求めた。被疑者だけなら、すんなり事が運んだかも知れなかった。しかし、そこに、被疑者の仲間が二人も来ていた。この二人が積極的にE巡査を攻撃してきた。E巡査は殴《なぐ》られ、警棒も奪《うば》われた。奪われた警棒は、逆に巡査の生命・身体を脅《おびや》かしてくる。E巡査は、一たん逃《のが》れて間合いを取り、警告を発し、かつ乱暴をしないよう説得した。しかし、相手は執拗《しつよう》に迫《せま》ってくる。E巡査はその攻撃を逃れ三〇メートルも走ったが二人は追いすがってくる。とうとうE巡査は決意して相手の迫ってくるのにけん銃を向ける。そして、一メートルに迫り、相手の警棒による一撃が巡査の頭上に落下しようとする直前、引き金を引いた。弾丸は、相手のももに命中した。

E巡査のこの発射は、裁判所で正当防衛に当たると認められた。(1)

二　けん銃の使用は、前に説明した三つの場合に認められることとされている。その使用により、相手に危害を与えてよい場合については、さらに、要件が加算《かさん》されている。第七条ただし書がそうである。これを危害要件といっていることはすでに述べた。再掲《さいけい》してみよう。

・第七条　……前略……但《ただ》し（①）「刑法（明治四〇年法律第四五号）第三六条（正当防衛）若《も》しくは同法第三七条（緊急避難《ひなん》）に該当する場合又は左の各号の一に該当する場合を除いては、人に危害を与えてはならない。」

・一（②）「死刑又は無期若しくは長期三年以上の懲役若しくは禁こにあたる凶悪な罪を現に犯し、若しくは既に犯したと疑うに足りる充分な理由のある者がその者に対する警察官の職務の執行に対して抵抗し、若しくは逃亡しようとするとき又は第三者がその者を逃がそうとして警察官に抵抗するとき、これを防ぎ、又は逮捕するために他に手段がないと警察官において信ずるに足りる相当な理由のある場合」

・二（③）「逮捕状により逮捕する際又は勾引状《こういんじょう》若しくは勾留状《こうりゅうじょう》を執行する際その本人がその者に対する警察官の職務の執行に対して抵抗し、若しくは逃亡しようとするとき又は第三者がその者を逃がそうとして警察官に抵抗するとき、これを防ぎ、又は逮捕するために他に手段がないと警察官において信ずるに足りる相当な理由のある場合」

けん銃を使用することによって、相手の生命を奪《うば》い、又はその身体に傷害を与えることが許されるのは、右の第七条ただし書以下の要件を充足《じゅうそく》する場合である。それは、①正当防衛又は緊急避《ひ》難《なん》に当たる場合、②凶悪な罪の被疑者を逮捕する場合、③逮捕状等の令状を執行する場合、である。ここでいう「凶悪な罪」とはなにかについては、けん銃規範とその関係通達に詳しい例示がある。それについては後述する（三の一）。

そして、それらの場合において、相手が抵抗したり逃げたりするとき、それを抑止し、逮捕の目的を達成するために、相手に向かって撃つことが許される。

第三者でも、相手の被疑者らを逃がそうとして、抵抗する者があれば、同様である。

ただ、けん銃は強力な武器であるから、最後の最後に使用するという態度でなければならない。それは、他に手段がないと警察官が思い、また、だれもが思う事態でなければならない。

前述の例（三節二の一）のA巡査は、右の危害要件のどれにも当てはまらない。立番中、不審者を発見した。その不審者が凶器らしい物を持っていた、それだけでは、②にも③にも該当しないことは明らかである。また、相手が、けん銃を構えた甲巡査を見て、いきなり殴《なぐ》りかかってきたからといって、直《ただ》ちに正当防衛の要件を満たすか、というと、これも怪《あや》しい。A巡査は、いきなり殴りかかられたのではない。その証拠には、違法にけん銃を構えている。予想していた事態である。他に、違法でない手段を選ぶ余裕《よゆう》のあった場合に属する。

前述のB巡査（三節二の一）の場合も他に手段が考えられる場合であった。そしてC巡査（三節二の二）は、（①）に当たる、ということで適法の裁判を下《くだ》されている。

以下、もう少し、各場合について検討してみよう。

二　正当防衛等に当たる場合

一　正当防衛と緊急避難《ひなん》　二　警察官と正当防衛

三　他人を防衛すること　四　警察官自らの防衛

一　人の生命・身体・財産が不正に侵害されたり、危難《きなん》にあったりして、しかも、それが切迫《せっぱく》している場合に、人は自らの手によって、我が身や財産を守ろうとする。他人の危難を見る場合も同じである。

人の行為によって、不正に侵害される場合に我が身や、周りの人々を守ることを「正当防衛」といい、主として、自然現象や動物から、自分や周りの人々を守ろうとすることを「緊急避難」と言っている。

正当防衛も緊急避難《ひなん》もともに、人の生命・身体・財産の保護に任《にん》ずる警察官にとっては、その職務の一環《いっかん》である。まず第一に、地域住民をそのような危害から守り、第二に、職務執行に攻撃を加える相手に応戦して、我が身と職務を保全する。

その場合に、けん銃を使用するという問題を考えてみると、人を撃つことにならない緊急避難の場合は、ほとんど考えられないことがわかる。

緊急避難の対象となるのは、主として、自然現象に起因するものであって、人間の行為によるものはほとんどない。せいぜい、人を殺傷《さっしょう》しようとする犯人に対して発射したつもりが、無関係の第三者に当たってしまったというくらいのところである。(2)

けん銃規範解釈運用通達には、「凶暴な熊等の動物が、人里に現れた場合」と、「凶悪犯人の逃走」用になりそうな「停車中の車両に接近してタイヤを撃つ場合」が、事例として上げられている。

二　しかし、正当防衛になると、日常警察官の職務執行に際して、割合に身近な問題であると言わなければならない。

警察官は、まず、地域住民の防護のため、次に、自分の身に危険が差し迫《せま》った場合に、けん銃を発射する用意がなければならない。

一般人であっても、攻撃を受けて、警察官を呼ぶ間がない場合は、とりあえず自力で自分の生命・身体を防衛する。そのため、攻撃してくる相手を殺傷《さっしょう》しても、やむを得ないと評価されることがある。

刑法は、そのことを「正当防衛」として、次のように規定する。

・刑法第三六条（正当防衛）急迫不正《きゅうはくふせい》の侵害に対して、自己又は他人の権利を防衛するため、やむを得ずにした行為は、罰しない

急迫不正の侵害に対し、すなわち、違法な侵害、理由のない攻撃が差し迫《せま》っている場合は、だれでもが、この侵害を防衛することができる。もっとも、攻撃が、げん骨《こつ》なのに、包丁で立ち向かうように、だれが見ても、著《いちじる》しく権衡《けんこう》を失《しっ》しているような場合は、やむを得ずにした行為とは認められないことがある。

警察官が、けん銃を使用して正当防衛を図《はか》る。その行為も、やはり右の刑法第三六条に当てはまらなければならない。(3)

警察官といえども一国民であるから、非番で自宅にいる場合に、もし攻撃されたりして正当防衛をしなければならないことがあれば、それは一般人と同じである。刑法第三六条の当てはまり方だ

けを問題にすれば足りる。

しかし、勤務中に、職務執行に関連して正当防衛をする。とくに、けん銃を使用して相手を殺《さっ》傷《しょう》することの可否は、直接には第七条ただし書による。そして、第七条ただし書が許される場合の一つとして、刑法第三六条に該当する場合をあげているのだから、そこで、初めて、刑法第三六条の要件に該当する場合であったかどうかを問題にする。

それは、警察官の職務執行は、けん銃発射による人の殺傷も含めて、すべて法令を遵《じゅんしゅ》守して行われることからくる。法令に従っていれば、非難《ひなん》されるはずがない。

警察官は、警察法・刑事訴訟法等、各種の法令によって職務に従事している。警察官がその職務上法令により、他人の権利を侵害することがあっても、それは、正当業務行為（法令又は正当の業務によりした行為）（刑法三五条）として違法性はない、とされているのである。

今、急迫不正《きゅうはくふせい》の侵害に対し、けん銃を発射して相手を殺傷することにより、自己又は他人の権利（生命・身体）を防衛するとする。その行為が、刑法第三六条の要件を充足《じゅうそく》し、したがって第七条ただし書に当てはまっているということになれば、その殺傷行為も、法令による行為として、正当業務の評価を受ける。

三　次に、その実際の例を見てみよう。まず他人の権利を防衛する場合である。

瀬戸内海でシージャックと称せられる観光船乗っ取りの凶悪犯罪が発生した。被疑者は出航時半狂乱の態《てい》であり、所持するライフル銃を乱射し、船員はもとより、港につめかけている警察官や報道関係者に危害を与える可能性は極《きわ》めて高く、事態は、一刻の猶予《ゆうよ》も許さないほどに切迫《せっぱく》した。その時、警察本部長の命を受けた特殊銃用員のF巡査部長は、桟橋《さんばし》から狙撃《そげき》し、被疑者Yを一発で殪《たお》した。

本部長及びF巡査部長は、特別公務員暴行陵虐《りょうぎゃく》罪に当たるか正当防衛に当たるのかが争われた。結論からいうと、両名に殺意があったかどうかに関係なく、船長はじめ船員に対する生命の危険、警察官及び報道関係者に対する生命の危険をそれぞれ防衛するためにとった、やむを得ない手段であったとされたのである。

正当防衛かどうかを決める要点は三つある。その一は、急迫不正《きゅうはくふせい》の侵害の有無《うむ》である。裁判所は、船員について、警察官及び報道関係者について、その他の市民について、それぞれ、どのように危険が差し迫《せま》っていたかを認定する。

(1) 一般市民については流れだまによる生命に対する侵害が現在もあった。もっともそれは遠方にいる者の危険であるから、これを防衛するにはYのライフル銃発砲能力を奪《うば》えばそれでよいという性質のものである。

(2)　船長をはじめとして船員の場合は、出航の時点において、今直《ただ》ちに生命・身体に対し危害が加えられるという情況にあったとはいえないが、Yはすでに半狂乱ともいうべき状態で、航海中に暴発的に船員の命を奪《うば》うという蓋然性《がいぜんせい》は極《きわ》めて高く一度出航すると右のような危険に対する防衛保護は全く期待できないという事情を加味《かみ》すると、出港時における危険は一段と高いものであり、将来の危険だといって片づけることのできないものを持っている。

第五桟橋《さんばし》入口付近の警察官及び報道関係者の危険は出航直後のものであり、うち二十余名はYの目に晒《さら》されて射殺される極めて高い蓋然性があった。そしてYが一度決心すれば直ちに狙撃《そげき》でき、その段階で防衛することは事実上困難であった。

後の二者を併せ考えれば、生命に対する危険の蓋然性はさらに高く、それは正当防衛論における危険の緊迫性に該当するといい得る。しかもそれは、手段の相当性で詳論するように、Yの抵抗力を完全に抑圧できるような打撃も許されるほどのものであった。(4)

その二は、手段の相当性である。なるほど不正の侵害であり、しかも切迫《せっぱく》している。だからといって防衛は許されるとしても、防衛の手段は何でもかまわない、ということにはならない。何回も出てくる、あの釣《つ》り合いの感覚である。

相手がげん骨《こつ》を振るって殴《なぐ》りかかってくるのに、包丁で応戦して刺し殺してしまう、というのは、いかにも釣《つ》り合いがとれていない。この場合は、手段が相当性を欠いている、というのである。

さて、シージャックに対して、特殊銃のねらいを定めて一発、その胸部を撃ち抜いたのは、右の状況に対して手段の相当性を欠いていたかどうか。裁判所は次のようにいう。

「以上の次第《しだい》で船長はじめ船員に対する生命の危険、警察官及び報道関係者に対する生命の危険をそれぞれ防衛するために採《と》った被疑者ら（警察本部長と狙撃《そげき》した巡査部長）の防衛手段はやむを得なかったということができる。被疑者らに殺意があったといわざるを得ないけれども、それがあることによって相当性が崩れるものではなく、むしろこの場合打撃が一段小となる体の部分をねらっていたら、船長や警察官が反撃を受けたということができる。そしてそのほかにも一般市民の生命に対する危険も現存していたのであるから、その相当性は一層強いといえる。(5)」

その三は、防衛意思である。正当防衛があったといえるためには、防衛の意思、侵害排除の意思が必要である。(6)

「被疑者両名らが本件狙撃行為に及ぶについては船員・警察官・報道関係者・一般市民らを防衛する意思であったことは……明らかである。(7)」

以上三点、不正侵害の急迫性《きゅうはくせい》と、手段の相当性と防衛意思が認められる場合は、正当防衛が成立し、特別公務員暴行陵虐《りょうぎゃく》致死の構成要件に当たる行為があっても、その犯罪は成立しない。

すなわち、その射殺行為は、刑法第三六条の正当防衛に当たるのであるから、第七条ただし書の危害要件を充足《じゅうそく》する。第七条ただし書所定の要件を充足する警察官の行為は、正当業務行為（刑法三五条）である。したがって、その違法性は阻却《そきゃく》され刑法第一九六条・第一九五条第一項の特別公務員暴行陵虐致死罪は成立しない。そのように結論されたのである。

四　以上は、主として他人の権利を防衛するため、やむこと得ずなされた射殺行為であるが、警察官自らがやられそうになったときも、けん銃を発射し、それによって相手を殺傷《さっしょう》しても許されることがある。

しかし、警察官の本務は、他人を助けるために危難《きなん》に赴《おもむ》くことである。自分の身が危なそうだというくらいで、そのためにけん銃を抜いて人を傷つけてもよいことにはならない。必要な限度を超えてはならないという考え方は、この場合、とくに重くのしかかってくることを知らなければならない。

相手が多数であるというような場合は別として、自分の危険に対しては、まず、威《い》かく、次に、相手になるべく致命傷を与えない、という配慮《はいりょ》が必要とされる。

だが、それは、あくまでも原則である。現実にあらゆる手を尽《つ》くしても、最後にどうしても発砲により、場合によっては射殺もやむを得ないことがある。

バーで二人の酔客が暴れていた。警察官は、その帰宅を促《うなが》した。ところが、酔って見境《みさかい》もなくなった二人は、素手《すで》ではあるが、馬鹿力を出して警察官を攻撃する。この二人は兄弟だった。この騒ぎの結果は、見境《みさかい》もない攻撃を執拗《しつよう》に繰り返す兄弟にけん銃を奪《うば》われそうになった警察官が、最後の手段としてけん銃を発射し、弟の方を死亡させたというものである。この事案においては、急迫不正《きゅうはくふせい》の侵害は次のように認定されている。

「被疑者（以下「警察官」という。）は胸倉《むなぐら》や襟首《えりくび》をつかまれて押しまくられ三度にわたり壁や窓際に押しつけられていること。

ことに弟のZ_2は終始積極的に警察官を押しまくりその間二回にわたり椅子《いす》を振り上げて警察官に殴《なぐ》りかかろうとしたこと。

警察官がけん銃を取り出した後も、警察官の再三《さいさん》にわたる警告にもかかわらず依然攻撃をやめず、それればかりか警察官が右手で差し上げているけん銃へ手を伸ばしてこれを奪取《だっしゅ》しようとする態度にでたこと。

そして発射の直前の状況は弟のZ_2が両手で警察官の右手を引き下げたためけん銃はZ_2の腹部付近まで引き下げられ、同人は左手でけん銃を持っている警察官の右手首を握《にぎ》り、右手で銃身付近をつかんで引っ張っておりそのためけん銃はZ_2の手に奪われそうになっていたこと。

一方兄Zはやはり警察官の左横やや後方から警察官に抱きつくような恰好《かっこう》で立っていたことが認められ、また証人Jの供述によれば、右のようにZ・Z_2兄弟による攻撃の結果警察官は全治までに一〇日間を要する後頭部挫傷《ざしょう》、左右前膊部《ぜんはくぶ》及び左前胸部挫傷の傷害を受けたことが認められるので、このようなZ・Z_2兄弟の警察官に対するけん銃奪取《だっしゅ》及びその身体に対する暴行は急迫不正《きゅうはくふせい》の侵害であると考えられる。」

警察官が、右の状態でやむを得ず、けん銃を発射し、ついに弟Z_2の方の腹部を撃って死に致らしめた手段の相当性については、

警察官はけがをしていること、力の強い二人を相手の格闘で心身困憊《こんぱい》していたこと、威《い》かく射撃《しゃげき》の轟音《ごうおん》一発が何の効《き》き目もなかったこと、等をあげ「かかる際警察官が、けん銃の奪取されるのを防ぎ兄弟の暴行から身体を防衛するために、同人を振り離し又は投げ飛ばすとかあるいはZ_2の下半身に向いている銃口を押し下げて確実に同人の脚部ないし足下をねらって発射すべく努力することはもはや不可能な状況にあったと考えられ、すでに瞬時の猶予《ゆうよ》も許されぬ差し迫《せま》った状況下にあったと言わざるを得ない。警察官としては、銃口がZ_2の下半身に向かっていても本件の場合発射する以外に採《と》るべき方法がなかったものと断ぜざるを得ず、かかる状況下における本件第二発の発射行為は真にやむを得なかったものと言うべく、たとえその結果Z_2を死亡させることになったとしても

そのために右発射行為が反撃行為として相当でないとは言えない。(8)」としている。

以上見てきたように、地域住民の生命・身体、また、特別な場合に、警察官自らの生命・身体を防衛するため、やむことを得ない場合はけん銃を発射して人を殺傷《さっしょう》してもよい。

これは、一般の正当防衛が、「自己又は他人の権利」を防衛できることとして、法律上保護されている一般の利益すなわち生命・身体以外の法益をも防衛の対象としているのに比べて、狭《せま》い見解である。

しかし、この狭い見解は、警察が、けん銃を使用して人を殺傷できる場合を、自ら最小限に定めるものである。犯人といえどもそれは警察が保護の対象とする国民の一人である。その人の法益すなわち生命・身体と、今、当面防衛しようとする法益との権衡《けんこう》は、それによって厳しく守られるようになる。

この見解は、旧規範第七条第一号（現行「けん銃規範」第八条第一号）に明記されていた。警察官は「刑法第三六条（正当防衛）または刑法第三七条（緊急避難《ひなん》）に該当し、自己または他人の生命または身体を防護するため必要であると認めるとき。」相手に向かってけん銃を撃つことができる。

三　凶悪な被疑者を逮捕する場合

一　凶悪な罪　二　形式的文言と実際の当てはめ
三　逃走と抵抗（第三者を含む）

一　凶悪な罪の被疑者を逮捕する際に、けん銃を発射して相手を殺傷《さっしょう》することが許される場合がある（法七条ただし書一号）。

凶悪な罪というのは、第七条ただし書第一号によれば、「死刑又は無期若《も》しくは長期三年以上の懲役若しくは禁こにあたる凶悪な罪」である。

「死刑又は無期若しくは長期三年以上の懲役若しくは禁こにあたる罪」とは、緊急逮捕が許される罪である。

刑事訴訟法は、人を逮捕する場合は、現行犯の場合を除いて、裁判官の事前のチェックを受けることを原則とし、右に示したような、一定の重い罪に限って事後の審査でもいいことにした。それは、右のような重い罪を犯したとみられる被疑者は、見つけ次第《しだい》、裁判にかけるのが相当だからである（刑訴二一〇条）。

ところで、これらの被疑者は、警察官の逮捕に際して抵抗したり、逃亡したりするのが通例であり、また、第三者がこれを助ける場合も、しばしば見られる。そういう場合に、警察官はせっかくけん銃を持っているのだから、それを活用して、有効適切な職務執行をする必要がある。

と、言っても、たとえば、こそ泥が逃げ出したからといって、たちまち、その足を撃ち抜いてもよい、というのでは激し過ぎる。こそ泥は窃盗罪であり、窃盗罪は一〇年以下の懲役である（刑法二三五条）。したがって、右の「死刑又は……」に当てはまる。緊急逮捕が許される罪である。しかし、けん銃を発射して殺傷《さっしょう》する相手としては、もう一つ弱いところがある。それが、通常人の感覚である。どうしたらよいか。

そこで、第七条ただし書第一号は、「死刑又は……」の一番最後に「凶悪な」の一語を挿入した。これが重要な意味をもっているのである。右の例でいえば、こそ泥は、凶悪でないから、けん銃で殺傷できる対象から除外される。

同じ窃盗でも、夜間人の住居に侵入してくるとなると様子が違う。入られる側に立ってみると、これは大変におそろしい。へたに居なおって、それこそ殺傷されることになるかも知れない。世に凶悪犯があるのならば、これこそ凶悪犯のうちである。通常人はそう思うであろう。凶器を持っていれば、なおさらのことである。

けん銃規範は、警察官が判断しやすいように、第二条第二項に凶悪な罪に当たるものを具体的に例示している。

新しいけん銃規範は、旧規範が、けん銃の加害的使用要件を、「凶悪な罪」とされるものを列挙《れっきょ》する方法によって定義しようとしていたのに対し、なおそれでは明確を欠くことから、思い切って、三類型の例示に改め、代表例を示すことによって、あとは、一線の千変万化《せんぺんばんか》する事情と、一線警察官の自主的な判断に重きを置くことにしたのである。(9)これによって、警察官は、より自由な判断行動が許されるようになった反面、自己責任の厳しさをより一層自覚する必要に迫《せま》られたのである。

三類型というのは、次のとおりである。

第一類型は、不特定多数の人や、原子力施設、地下鉄のような重要施設に関する攻撃で、大規模な社会的不安・恐怖を生みだすもの。テロは、その代表になる。

第二類型は、人の生命・身体に対する直接の危害である。殺人が、その代表になる。

そして、第三類型は、人の生命・身体にたいする危害の「おそれ」があるもの、凶器にからまるもので、強姦《かん》、身代金目的略取、強盗のたぐいである。

二　しかし、これを、実際に当てはめるについては、注意しなければならない点が二つある。

その一は、事実認定を誤《あやま》ることによって、凶悪でないものを凶悪に仕立てることのないよう注意することである。

たとえば、デモ隊が荒れ狂って交番を破壊し、自動車を焼き、火炎びんを投げて警察官の負傷が多く出ているような場合は、すでに一地方の平穏を害するものとして騒乱の罪に当たる可能性がある。

警官隊は、これらの被疑者を逮捕する目的をもって折《おり》から発車しようとする電車を止め、G巡査はその三両目に飛び乗った。その瞬間火炎びんが投げられ、同巡査の右前方で火が燃え出し、巡査の衣服に燃え移った。

G巡査は、すぐさまプラットホームに降り、転げ回って火を消そうとした。同僚《どうりょう》H巡査は消火を助けた。この時、火を消していたH巡査の心中に怒りの火が燃え出した。H巡査はすぐさま、けん銃を構えてG巡査のやられた三両目に飛び乗り、一間ほど離れた所に立っているデモ隊の一員の足下をねらってけん銃を発射した。弾丸は、一人のももを貫通した。

もし、相手が、騒乱の罪の被疑者であるとすると、それは凶悪な罪である。それを逮捕する目的で警官隊が囲んでいるのだから、けん銃規範第二条（当時のけん銃警棒等規範第七条）にも、法第七条にも該当し、適法な職務執行に当たるか、というと、それが問題になった。

まず、G巡査はやられたが、H巡査がけん銃を構えて飛び乗ったときは、だれもこれに抵抗していない。攻撃もない。急迫不正《きゅうはくふせい》の侵害がないから、けん銃の発射は、正当防衛には当たらない。凶悪な罪の逮捕をする際といっても、抵抗がない、逃走しようともしていない、という事実認定のうえに立つと、それも怪《あや》しくなってくる。裁判所は、この事件で、H巡査の発砲を違法としたが、右のような事実関係の判断のほかに、

「仮に、これ（今の騒乱の罪──刑法一〇六条）が認められるとしても、騒じょう〔今の騒乱〕行為を行った者のうちでも同条第一号ないし第三号のいずれに該当するかにより法定刑を異にするものであって、右デモ隊に参加した原告の行為が右のうち何号に該当するかについてはこれを断定するに足る証拠がなく、したがって原告の右行為をもって警察官職務執行法第七条ただし書第一号に定める死刑又は無期若《も》しくは長期三年以上の自由刑に当たる凶悪な犯罪と断定することができない。(10)」という点を指摘している。

その二は、単に、けん銃規範や、法の該当規定に当たるだけでは足りない。形式的にそれに当てはまることがわかったら、さらに、例の釣《つ》り合いの感覚、警察官の殺傷《さっしょう》の結果と、遂行中の職務執行の重要性とを天秤《てんびん》にかける態度が必要とされるということである。

三　相手は凶悪な罪を犯しているのだから、おいそれと警察官に捕まるとは限らない。そこに、

抵抗や逃亡の現象を生ずる。警察官は、これを抑止し、被疑者を逮捕するためにけん銃を使用し、他に手段がない、と認められるときは、これを殺傷《さっしょう》することができる、というのは、警察官の職務執行を強力なものにする。

しかし、必要性の限度が、最後の所で問題になるとすると、相手に抵抗され、その抵抗の度が激しくて、警察官がやられそうになる。つまり、正当防衛に当たりそうだ、という場合はいいが、それ以外の場合、とくに、相手が逃走する、背中を向けて走り出しているという場合のけん銃の使用については、若干《じゃっかん》ちゅうちょを感ずるものがあるであろう。どんな罪を犯しているかよくわからない場合はなおのことである。

止まれ、止まらないと撃つぞ、と叫ぶ。けん銃を取り出す。そこまでは問題がない。流れ弾のことも考えながら、上空に一発轟音《ごうおん》をとどろかす、というのも許されるであろう。また、自動車のタイヤをぶち抜く、というのもあり得ることである。

問題は、下半身を貫通して、けがをさせて逃走を不能にすることができるか、ということである。旧規範は、その点、法第七条の要件以上の注意を要するのではないか、と見られる書き方になっていた。しかし、新しいけん銃規範では、単に、「法七条ただし書に規定する場合」と、単純明快に規定し、法以上のことにくよくよする厳しさから、警察官を解放することにしている。従って、正当防衛若《も》しくは緊急避難《ひなん》に当たる場合はもちろん、法七条ただし書各号のいずれかに当たっていれば、警察官は、堂々とけん銃を発射することができるのである。しかし、だからといって、なんでもかんでもけん銃を撃つことが、できるわけではない。警察官は「けん銃使用の必要性、法益の均衡《きんこう》、反撃行為の態様等を総合的に勘案《かんあん》して『他に手段がないと警察官において信ずるに足りる相当な理由』のある場合に限って相手に向けてけん銃を撃つことができる」とするのだ。警察官は、このことを「銘記《めいき》しなければならない。(11)」

この考え方自体は、生命・身体の保護を使命とする警察の基本であり、その精神に、旧も新もない。言うまでもなく、「凶悪な罪を犯したとはいえ、その犯人が当該警察官よりもはるかに非力《ひりき》な女性や年少者である場合に武器を使用することは妥当ではない。(12)」

このように見てくると、たとい、形式的に警察官職務執行法第七条、けん銃規範第八条に該当する場合であっても、その逃走する背後から、相手に向かってけん銃を撃ってもよい場合は、よほどの場合であると考えておくべきであろう。

凶悪な連続殺人犯人を逮捕に行ったら目指す家の裏口から走り出す男がいた。あれが犯人だ、と速断《そくだん》してけん銃を発射することができるかというと、それは慎《つつし》まなければならないだろう。その家から走り出した、といっても、それが目指す殺人犯人であるとは限らないからである。けん銃を撃って逃走を抑止する相手は、ごく限られた種類の者であるから、それだけ、本人であるという確認が大事なことになる。

また、いかに、凶悪犯人でも、二階から飛び降りたあと、足を引きずって走って行く、ということになれば、すでにその実質は、足弱の老人と変りがない。元気のいい警察官が追い着くのはわけもないことである。それを、単に、凶悪な殺人犯が逃走する場合だと、杓子定規《しゃくしじょうぎ》に解釈して射撃《しゃげき》をするようなことがあってはならない。比例感覚とは、とっさの間にそういうことがわかる感覚である。

相手が抵抗し、しかも、警察官が危なくなる、という場合に、今まで警察官の中には、正当防衛の事態に立ち至らない間は、けん銃で相手を撃つことができない、という錯覚をもち、受傷する例が少なくなかった。

しかし、そこまできつく考える必要はない。相手が、背を向け、無抵抗な場合と違い、警察官に向かってくる。やめろ、でないと撃つぞ、と注意した。それでもダメなので威《い》かく発砲した。にもかかわらず、国民から信託《しんたく》されている警察官の職務執行を妨害する、一般市民には襲いかかる、という事態であれば、そこは、敢然《かんぜん》として、けん銃を発射する場面があっても、非難《ひなん》されるいわれはない。また、事態が、急迫《きゅうはく》して、予告や威《い》かくのいとまがない場合は、間髪《かんぱつ》入れず、発射することにちゅうちょはいらない。

それは、相手が別に凶悪な罪を犯した被疑者でなくてもよい。抵抗し、凶悪犯人を逃がそうとする者でもいい。しかし、妨害する者は皆撃て、ということになるか、というと、全部が全部撃ってもよいわけではない。抵抗の程度による。

警察官が公務を執行するに当たり、これに、暴行・脅迫を加えるものがあれば、公務執行妨害罪が成立する。警察官は、その抵抗を抑止し、逃走を妨《さまた》げて逮捕の目的を達する責務を負わされている。逮捕術や、警棒の操法《そうほう》はそのためにくふうされ、訓練されている。(13)

しかし、それだけでは間に合わないことがある。どうしても、けん銃によらなければならないことがある。

たとえば、警察官の公務の執行を妨害する、その妨害の仕方のうち、①「団体もしくは多衆の威力を示し」て行われるもの。②「凶器を示し」て行われるもの。そして、③「格闘に及ぶ程度の著《いちじる》しい暴行によって」行われるもの等がそれである。これらは、けん銃規範の第二条に、「凶悪の罪」の例示として掲《かか》げられている。その表現は、こうである。「団体若《も》しくは多衆の威力を示し、凶器を示し、又は格闘に及ぶ程度の著しい暴行によって行われる刑法第九五条（公務執行妨害）の罪」。

「多衆」というのは、社会通念《つうねん》上勢威を示し得る複数の者をいう。(14) 何人と確定的に言うことはできないが、ケースによって判断されることとなる。

相手が一人で、しかも素手《すで》で向かってきた場合でも、警察官が危《あや》うくなって他に方法が見当たらない場合は、けん銃で応戦し、その結果人を殺傷《さっしょう》することになったとしても、許されるのである。仮に正当防衛に該当しない場合であっても、そのような態様の公務執行妨害罪は「凶悪な罪」に該当する。

右の三つの場合であれば、相手は、それ自体が凶悪な罪を現に犯しつつあることになり、それ以前に、殺人とか何か他の凶悪な罪を犯した被疑者でなければならない、ということはない。前例(四節二の四)で、バーで暴れる兄弟がいた。これを制止し帰宅を促《うなが》すのは、警察官の公務の執行である。これに対して、兄弟力を合わせ、くそ力を出して攻撃してくるのは、まさに、「格闘に及ぶ程度の著《いちじる》しい暴行」であり凶悪な罪に当たる。警察官は、これを逮捕することができるし、どうしても必要であれば、けん銃を発射することも許される。

前例では、この兄弟のうち、弟を射殺した警察官の行為は、正当防衛に当たるとして、その職務執行の適法性が認められている。けん銃規範でいうと、第八条の第一項に当たる場合であり、警察官職務執行法では、第七条ただし書に該当している。

四　逮捕状等により逮捕する場合

一　逮捕状による逮捕の場合　二　令状執行とけん銃

一　前項三では、凶悪な罪の被疑者を逮捕する場合について説明したが、それは、逮捕状によって被疑者を逮捕する場合にも、そのまま通用する。

二　裁判所は、被告人の出頭を確保するために勾引状《こういんじょう》を発付《はっぷ》することがある。また、被告人らを監獄で拘禁するために勾留状《こうりゅうじょう》を出すこともある。

勾引状及び勾留状は、検察官の指揮によって警察官が、司法警察職員として、これを執行することがある（刑訴七〇条）。

その執行に際して、抵抗や逃亡があれば、凶悪な罪の被疑者を逮捕するときと同様に、その抵抗を抑止し、令状執行の目的を達成するために、けん銃を発射し、相手を殺傷《さっしょう》することが許されるのである。

いまだ刑の確定しない右の者に対してできることは、刑の言渡《いいわたし》を受け、刑務所に入ることとなっている者についても当然にできるとしなければならない。

死刑・懲役・禁錮又は拘留の言渡を受けた者が逃亡したとき、又は、逃亡するおそれがあるとき検察官は、収容状を発付《はっぷ》し、その執行を司法警察職員としての警察官にさせることがある（刑訴四八九条・七〇条）。

警察官職務執行法第七条にも、したがって、旧規範第七条にも、収容状のことは書いていない。しかし、事柄の性質上、収容状の執行も含まれていると解釈しておかなければならない。

（1）大阪地決昭和三六年五月一日下刑集三・五＝六・六〇五

（2）緊急避難《ひなん》の理由となる危難《きなん》の原因について、団藤重光編「注釈刑法(2)の1・総則(2)」二六四頁によると「危難には、人の行為に原因するものに限らず、自然現象によるものを含む。地震・風水害・落雷による火災・動物による加害行為などが典型例である。人の不法な侵害による危難については、危難排除のため加害者に立ち向かうのは正当防衛であるが、逃避するために第三者に害を及ぼす行為は緊急避難の類型に属するから、この関係では、急迫不正《きゅうはくふせい》の侵害が同時に現在の危難をなすと言うことができる。」としている。

（3）団藤重光編「注釈刑法(2)の1・総則(2)」二四三頁～二四四頁は、「警察官の武器の使用に関して、警察官職務執行法第七条は、正当防衛に該当する場合には、人に危害を与えることも許される旨定めている。この場合の正当防衛は、警察官自身が、逮捕しようとする被疑者から凶器による抵抗を受け、単なる威嚇《いかく》ではこれを制圧できず、放置すれば自己の生命・身体に脅威《きょうい》を受ける、という状況の下で行われる場合、及び犯人により生命・身体・貞操等の危害にさらされている一般市民など他人の安全を図《はか》るために必要な場合の二つに分けられるが、正当防衛の成立要件としては、上述してきたところと全く変りがない。」としている。

(4) 広島地決昭和四六年二月二六日刑裁月報三・二・三二〇

(5) 同右判例

(6) 最判昭和四六年一一月一六日集二五・八・九九六は、「正当防衛行為、防衛の意思をもってなされることが必要であるが、相手の加害行為に対し憤激又は逆上して反撃したからといって直《ただ》ちに防衛意思を欠くと解すべきではない。」としている。

(7) 注（4）の広島地決

(8) 福岡高判昭和四二年三月六日下刑集九・三・二三三

(9) けん銃規範制定通達第二4(2)

(10) 大阪地判昭和三五年五月七日下民集一一五・一一〇九

(11) 解釈運用通達6(1)

(12) 受傷事故防止要領第12　3(2)ウ

(13) 「受傷事故防止要領」によると、第12　2(3)「質問に対して不審者が抵抗する場合」「警棒を手にしている場合又は警棒を取り出すことができる場合は、不用意に素手《すで》でその抵抗を排除することなく、まず警棒を構えて相手の抵抗意思を制圧するとともに、機先《きせん》を制して相手の手や足を払い、あるいは相手の身体を押し倒す等警棒の有効な使用によりその抵抗を排除すること。……（とっさの場合等で警棒によりがたいときは、『体さばき』、『当て身』、『けり』等の逮捕術を活用してその抵抗を排除すること。）」とされ、第12　3(3)「逮捕に当たり犯人が抵抗する場合」にも同様の文言を並べている。

(14)「多衆」は、多数自然人の集合を意味する。人数によって一般的に規定することはできないが、少なくとも、社会の通念《つうねん》に照らして、集団的威力を示し得る人数であり、それによって一般人が威圧を感ずる程度であることを要するとされている。具体的にはケースによって人数が変わってくる。たとえば騒じょう罪の場合は、「一地方に於ける公共の静謐を害するに足る暴行脅迫を為すに適当なる多人数なることを要するものと解せざるべからず」(大判大正二年一〇月二日録一九・九一〇)であるが、暴力行為等処罰法第一条「団体若は多衆の威力を示し」これは、「団体又は多人数の集合体のもつ勢威を誇示することをいう」(藤木英雄「刑法講義各論」一九八項)とされている。けん銃警棒等規範第三条第三項第四号のそれは、この暴力行為等処罰法に近いものである。

本書は、株式会社令文社から発行されていた『新訂　警察官の職務執行』に、所要の補正を加えて小社から発行するものです。

著者略歴

1955年東京大学法学部卒、警察庁に入り、岩手・兵庫・大阪各府県警の部長・課長、警察庁交通局交通調査官・刑事局調査統計官・国際刑事課長・警察大学校教官教養部長・栃木県警察本部長・科学警察研究所総務部長・内閣総理大臣官房広報室長・警察大学校長・桐蔭横浜大学・同大学院教授を歴任。

国際刑事警察機構1966年度日本代表、1974年度・1975年度日本首席代表を勤める。現在、統治（state Governance）評論家、内閣府道州制ビジョン懇談会委員。

著書：「国際刑事警察機構―歴史と現状」（東京法令出版、1968年）、「捜査規範の話」（立花書房、1973年）、「警察官の刑事手続200問」（啓正社、1977年）、「警察官の職務執行」（令文社、1978年）、「警察官の刑事手続365問」（令文社、1982年）、「警察官の刑法」（令文社、1983年）、「警察官の使命感」（立花書房、1987年）、「Ｑ＆Ａ目でみる刑事手続110問」（令文社、1991年）、「官僚支配」（講談社、1993年）、「『政』は『官』をどう凌ぐか」（講談社、1995年）、「政官攻防史・文春新書」（文芸春秋社、2001年）、「県庁がなくなる日」（マネジメント社、2005年）、「地方再興」（マネジメント社、2007年）ほか

金子仁洋のホームページ
URL　http://homepage2. nifty. com/kjnews-ps/
Blog　http://jinyo. cocolog-nifty. com/

新版　警察官の職務執行

平成21年2月1日　初版発行

編　者　金　子　仁　洋
発行者　星　沢　哲　也
発行所　東京法令出版株式会社

112-0002　東京都文京区小石川5丁目17番3号　03(5803)3304
534-0024　大阪市都島区東野田町1丁目17番12号　06(6355)5226
060-0009　札幌市中央区北九条西18丁目36番83号　011(640)5182
980-0012　仙台市青葉区錦町1丁目1番10号　022(216)5871
462-0053　名古屋市北区光音寺町野方1918番地　052(914)2251
730-0005　広島市中区西白島町11番9号　082(516)1230
810-0011　福岡市中央区高砂2丁目13番22号　092(533)1588
380-8688　長野市南千歳町1005番地
〔営業〕TEL 026(224)5411　FAX 026(224)5419
〔編集〕TEL 026(224)5412　FAX 026(224)5439
http://www.tokyo-horei.co.jp/

ISBN978-4-8090-1200-6